中国律所经营管理之道

Operation and Management of Chinese Law Firms

徐家力 著

迈向国际化、
规模化、专业化、品牌化

Toward Internationalization,
Scale, Specialization, Branding

北京大学出版社
PEKING UNIVERSITY PRESS

图书在版编目（CIP）数据

中国律所经营管理之道：迈向国际化、规模化、专业化、品牌化/徐家力著. —北京：北京大学出版社，2023.2
ISBN 978-7-301-33640-3

Ⅰ.①中… Ⅱ.①徐… Ⅲ.①律师事务所—管理—研究—中国 Ⅳ.①D926.54

中国版本图书馆 CIP 数据核字（2022）第 251013 号

书　　　名	中国律所经营管理之道：迈向国际化、规模化、专业化、品牌化 ZHONGGUO LÜSUO JINGYING GUANLI ZHIDAO: MAIXIANG GUOJIHUA、GUIMOHUA、ZHUANYEHUA、PINPAIHUA
著作责任者	徐家力　著
责任编辑	张　亮　王建君
标准书号	ISBN 978-7-301-33640-3
出版发行	北京大学出版社
地　　　址	北京市海淀区成府路 205 号　100871
网　　　址	http://www.pup.cn　http://www.yandayuanzhao.com
电子邮箱	编辑部 yandayuanzhao@pup.cn　总编室 zpup@pup.cn
新浪微博	@北京大学出版社　@北大出版社燕大元照法律图书
电　　　话	邮购部 010-62752015　发行部 010-62750672 编辑部 010-62117788
印　刷　者	三河市博文印刷有限公司
经　销　者	新华书店
	880 毫米×1230 毫米　A5　8.625 印张　205 千字 2023 年 2 月第 1 版　2023 年 11 月第 2 次印刷
定　　　价	49.00 元

未经许可，不得以任何方式复制或抄袭本书之部分或全部内容。
版权所有，侵权必究
举报电话：010-62752024　电子邮箱：fd@pup.cn
图书如有印装质量问题，请与出版部联系，电话：010-62756370

自　序

改革开放以来,特别是从邓小平同志南方谈话之后,长期陷于停滞的法治事业重新焕发生机,相关法治机构得以重建,由律师组成的律师事务所作为法治事业的重要组成部分,也逐步建立起来。经过近四十年的发展,律师业的规模不断扩大,截至2022年2月,全国共有执业律师57.6万名,律师事务所超过3.6万家。截至2020年年底,有来自23个国家和地区的234家律师事务所设立约300家驻华代表机构。这一系列数据表明,中国律师行业的发展经历风雨后,终于得见彩虹,实现了前所未有的繁荣,律师在国家的法治事业发展中发挥越来越重要的作用。

当前,律师行业的从业人数还在增长之中,大成、金杜、盈科、隆安等大型律师事务所的规模还在继续扩张。司法部更是宣布要在2022年使全国律师总人数达到62万人。但是,我国律师行业,与西方国家发展了数百年的律师行业相比,仍然处在初级阶段。律师人数的增长以及律师事务所的扩张,带来的首先是律师事务所组织与管理方面的问题和挑战。因此,在梳理国内外有关律师事务所管理现状的基础上，结合国家对律师事务所的管理政策，研究律师事务所存在的管理问题，并寻找解决的办法，不管是在理论方面还是现实方面，都有重要意义。

本书在第一章首先探讨了律师事务所管理"四化"建设的发展；在第二章指出了我国律师事务所管理存在的突出问题，主要涉及内部会计控制、业务档案管理控制、律师与律师事务所的关系等问题；在第三章研究了律师事务所业务风险管理控制体系；在第四章进一步探讨了业界有关公司制律所管理模式与提成制律所管理模式、专职管理方法与兼职管理方法之间的优劣；在第五章梳理了《律师法》及司法行政机关关于律师事务所管理的规定；在第六章考察了部分西方国家律师事务所管理经验；在第七章考察了公司制和提成制律师事务所收入分配制度问题；在第八章梳理了国家的"一带一路"建设与律师事务所建设的关系；在第九章探讨了信息时代背景下，律师事务所管理与"互联网+"的关系；在第十章研究了律师事务所的人力资源管理问题；在第十一章以"解剖麻雀式"的方法，研究了隆安、大成、盈科等部分知名律师事务所的管理经验案例。

律师是建设法治国家必不可少的重要力量，为完善律师事务所的管理，对律师事务所管理问题的研究和探讨也是不可缺少的。本书努力为这一过程增砖添瓦。虽然撰稿过程中，笔者已尽最大努力在广泛涉猎相关资料的基础上做深入研究，但是由于时间仓促等原因，书中难免有不尽如人意之处，还望大家不吝指出。

尽管本人编著的《律师实务》一书经法律出版社出版后，历经多次再版，但本书的内容毕竟与其不同，本书涉及中国律师业的痛点即律师事务所的管理问题。我是一名老律师，遇到的管理问题都是新问题，老律师需要学习处理新问题，这也是本人特别需要说明的一点。

在此应当感谢相关专家在这一领域已经做出的研究成果为本书提供的有益借鉴。在本书的撰稿过程中,北京科技大学文法学院博士生赵威,北京科技大学经济管理学院博士生任林冲,协助书稿校对;北京科技大学文法学院硕士研究生高瑜洁、赵莹、任卓昪、金薇、罗艳茹、张唯玮、洪礼滨、孙良武、李世悦、马典典、闫盛、潘素贤、李菲、方卓航等,协助收集整理了相关资料。在此,对以上同学表示感谢。

本人作为中国律师制度改革的亲历者参与了四十年来的很多事件。能够完成这本书的写作,还要感谢中华全国律师协会的支持和帮助。

徐家力
2022 年 9 月

目 录

导 言 ··· 1
第一章 发展：律师事务所管理的"四化"建设 ················· 7
  一、律师事务所管理的国际化 ································· 7
    （一）业务国际化 ··· 9
    （二）人员国际化 ·· 11
  二、律师事务所管理的规模化 ································ 12
    （一）规模化的必要性 ······································ 15
    （二）律师事务所规模化的表现形态 ··················· 16
    （三）我国律师事务所规模化途径 ······················ 19
    （四）规模化必须以专业化、品牌化为基础 ·········· 20
    （五）良好的管理体系必不可少 ························· 21
  三、律师事务所的专业化 ······································ 23
    （一）律师事务所专业化的表现形态 ··················· 25
    （二）律师事务所专业化的实现路径 ··················· 27
  四、律师事务所的品牌化 ······································ 29

(一)律师事务所品牌化的必要性 …………………… 30
　　(二)律师事务所的品牌定位 ………………………… 31
　　(三)品牌形象的塑造 ………………………………… 31

第二章　剖析:我国律师事务所管理存在的问题 ………… 36
　一、律师事务所内部会计控制问题 …………………… 36
　　(一)内部会计控制问题 ……………………………… 36
　　(二)完善内部会计制度 ……………………………… 40
　二、律师事务所业务档案管理问题 …………………… 43
　　(一)律师业务档案管理中存在的问题 ……………… 44
　　(二)对于业务档案管理的建议 ……………………… 47
　三、律师与律师事务所的关系问题 …………………… 51
　　(一)律师和律师事务所的概念 ……………………… 51
　　(二)律师与律师事务所的关系 ……………………… 51
　　(三)律师与律师事务所关系问题案例 ……………… 54
　　(四)律师与律师事务所关系分析 …………………… 57

第三章　风控:律师事务所业务风险管理控制体系 ……… 60
　一、律师事务所业务风险的概念及其种类 …………… 60
　　(一)市场风险 ………………………………………… 61
　　(二)行业风险 ………………………………………… 62
　　(三)管理风险 ………………………………………… 63
　　(四)律师执业责任风险 ……………………………… 64
　　(五)委托人欠费风险 ………………………………… 65
　　(六)意外及其他风险 ………………………………… 66
　二、建立业务风险管理控制体系 ……………………… 67
　　(一)战略合理定位 …………………………………… 67

（二）建立执业风险管控体系 …………………………… 68
　　（三）加强对律师事务所财务管理,依法缴纳各种税费 …… 72
　　（四）完善保险体系 …………………………………………… 73
　　（五）提高人才素质 …………………………………………… 73
　　（六）改善执业环境 …………………………………………… 74
　三、霍金路伟国际律师事务所的风险管理 …………………… 74
　　（一）霍金路伟的风险管理体系 ……………………………… 75
　　（二）霍金路伟风险管理的具体措施 ………………………… 76

第四章　争议:律师事务所管理模式探讨　79
　一、公司制与提成制之争 ……………………………………… 80
　　（一）提成制 …………………………………………………… 80
　　（二）公司制 …………………………………………………… 83
　二、专职管理与兼职管理之争 ………………………………… 85
　　（一）行业现状 ………………………………………………… 86
　　（二）专职管理的必要性 ……………………………………… 87
　　（三）专职管理人的定位与职责 ……………………………… 89
　　（四）采用专职管理模式可能面临的冲击及误区 …………… 91
　三、如何选择律师事务所管理模式 …………………………… 94

第五章　官方:《律师法》及司法行政机关关于律师事务所
#　　　　　管理的规定　97
　一、《律师法》关于律师事务所管理的规定 ………………… 97
　　（一）律师事务所的设立、变更及终止 ……………………… 97
　　（二）律师事务所的组建形式 ………………………………… 99
　　（三）律师事务所的义务 ……………………………………… 101
　二、司法行政机关的律师事务所管理政策 …………………… 102

（一）律师事务所从业基本要求 …………………… 102
　　（二）律师事务所的设立、变更及终止 …………… 103
　　（三）律师事务所执业和管理规则 ………………… 106
　　（四）司法行政机关的监督管理 …………………… 109

第六章　域外：部分发达国家律师事务所管理经验 …… 112
　一、美国律师事务所管理经验 ………………………… 112
　　（一）美国律师业发展的主要特点 ………………… 113
　　（二）美国对外国律师服务的准入和待遇 ………… 114
　　（三）贝克·麦坚时国际律师事务所实现组织创新和
　　　　　竞争优势的成功范例 ……………………… 116
　二、日本律师事务所管理经验 ………………………… 122
　　（一）日本关于外国律师服务的法律规定 ………… 123
　　（二）日本的具体承诺 ……………………………… 123
　　（三）对日本外国律师服务法律制度的评析 ……… 124
　　（四）日本律师事务所瞄准中国市场 ……………… 125
　三、英国律师事务所管理经验 ………………………… 125
　　（一）英国的法律制度多元化 ……………………… 126
　　（二）国家干预增强和商业化的明显特点 ………… 127
　　（三）律师事务所公司化改革 ……………………… 129
　　（四）英国律师事务所的特点 ……………………… 136
　四、德国律师事务所管理经验 ………………………… 139

第七章　关键：律师事务所收入分配制度 ……………… 142
　一、公司制律师事务所收入分配制度 ………………… 145
　二、提成制律师事务所收入分配制度 ………………… 151
　三、公司制与提成制律师事务所收入分配制度比较分析 …… 155

第八章 时代：律师事务所建设与"一带一路" …… 169
一、"一带一路"倡议与律师事务所管理面临的挑战 …… 170
 （一）语言种类较多的挑战 …… 170
 （二）"一带一路"沿线国家法系差异 …… 171
 （三）律师远程管理的挑战 …… 173
 （四）域外案件收费纳税问题 …… 175
 （五）域外律师人才短缺问题 …… 176
 （六）律师事务所服务业务的多元化 …… 179
 （七）律师事务所经营成本的增加 …… 180
 （八）各律师事务所业务竞争将更加激烈 …… 180

二、"一带一路"倡议下律师事务所管理的机遇 …… 180
 （一）域外业务的增长 …… 184
 （二）国家政策对法律域外业务的支持 …… 185
 （三）涉外业务发展机遇，律师事务所的国际化趋势 …… 190
 （四）资金融通机遇 …… 192
 （五）传统律师事务所管理格局被打破，多元化发展趋势明显 …… 193

第九章 科技：律师事务所管理与"互联网+" …… 195
一、问题："互联网+"时代律师事务所管理所面临的问题 … 196
 （一）尚未形成规范性管理模式 …… 196
 （二）专业型人才培养的问题 …… 197
 （三）律师事务所内部会计控制问题 …… 198
 （四）律师事务所发展中出现的新情况和新问题 …… 198

二、借鉴：部分发达国家应对"互联网+"采取的措施 …… 199
 （一）美国区分律所类型、具体制定管理模式 …… 199
 （二）法国律所管理创新机制 …… 201

三、应对:我国律师事务所应对"互联网+"应采取的措施 … 201
  (一)严格依法进行律所管理工作,坚持特殊普通合伙制
      的律所管理模式 … 202
  (二)改进律师事务所的组织架构 … 203
  (三)实施品牌发展战略 … 204
  (四)引进来与走出去相结合,实施国际化战略 … 204
  (五)人才引进与培养相结合 … 204
  (六)采用公司化治理的模式 … 205
四、结论:我国律师事务所长效治理 … 206
  (一)律所自律性管理是前提 … 206
  (二)律所管理走向国际化是必然结果 … 207
  (三)规模化的律所管理是必经阶段 … 207
  (四)专业化的律所管理贯穿始终 … 207
  (五)品牌化是律所管理的最终归宿 … 208

第十章 人本:律师事务所的人力资源管理 … 209
一、对律所的人力资源管理的基本认识 … 209
二、律师事务所人力资源管理的六大模块分析 … 210
  (一)人力资源规划 … 211
  (二)招聘配置 … 211
  (三)培训开发 … 212
  (四)绩效考核 … 214
  (五)薪酬福利 … 215
  (六)员工关系管理 … 217
三、律师事务所人力资源管理现状分析 … 217
  (一)律师事务所人力资源的特殊性 … 217

(二)当前律师事务所人力资源管理中存在的问题
　　　　和弊端 ·· 218
四、律师事务所人力资源管理的完善措施 ··············· 219
　　(一)律师事务所应建立与职业规划结合的律师培养
　　　　机制 ·· 219
　　(二)转变专业性人才的培养模式 ··············· 220
　　(三)对人才招聘、识别,要严格把关 ··············· 221
　　(四)重视律师事务所的文化建设 ··············· 222
　　(五)采取有效的激励措施 ··············· 223

第十一章　案例:部分律师事务所管理经验分析　224

一、隆安律师事务所管理经验 ··············· 224
　　(一)隆安律师事务所向公司化的管理模式转型的原因 ··· 226
　　(二)隆安律师事务所的管理经验 ··············· 227
　　(三)小结 ··············· 235
二、大成律师事务所管理经验 ··············· 236
　　(一)规范的制度 ··············· 238
　　(二)以人为本的理念 ··············· 239
　　(三)精细化的管理 ··············· 240
三、盈科律师事务所管理经验 ··············· 241
　　(一)正确的分配模式 ··············· 242
　　(二)在管理模式上采用"合伙人制" ··············· 243
　　(三)创新的制度 ··············· 245
　　(四)和谐稳定的律师和律师事务所共赢关系 ··· 246
四、京师律师事务所管理经验 ··············· 247
　　(一)配套机制完善 ··············· 248
　　(二)快速扩充拓展 ··············· 249

  (三)专业化呈现 …………………………………… 249
  (四)强所基础奠定 ………………………………… 249
  (五)品牌成功塑造 ………………………………… 249
 五、瀛和律师事务所管理经验 ……………………………… 250
 六、国浩律师事务所管理经验 ……………………………… 252
 七、德恒律师事务所管理经验 ……………………………… 256

参考文献 …………………………………………………… 261

导　言

　　截至2022年2月，全国共有执业律师57.6万名，律师事务所超过3.6万家。截至2020年年底，有来自23个国家和地区的234家律师事务所设立约300家驻华代表机构。这些数据说明中国律师行业的发展实现了前所未有的繁荣，这也给作为律师、律师业务管理的最基本单元的律师事务所带来前所未有的挑战。改革开放以来，我国律师事务所建设随着经济社会发展而长足发展，律师从业人数、律师事务所数量、律师事务所规模和律师事务所营收都屡创新高，但是在发展的过程中，律师事务所内部会计控制、律师事务所业务档案管理、律师事务所与律师关系等方面存在的问题也给律师事务所的管理带来困扰。

　　随着律师行业的发展，律师事务所的管理模式和发展趋势逐渐在律师界被重视起来，围绕着该话题的探讨也越来越多。目前，我国律师事务所主要有两种模式，一种是合伙提成制，一种是合伙公司制。两种模式存在着很大的差异。合伙提成制的律师事务所，律师是无固定底薪的，其收入主要来源于律师个人的案源收入，律师承担无限连带责任。这也是律师事务所最传统的模式。而合伙公司制,其性质与传统的合伙提成制有本质的区别,其在运行机制上采用的是先进的公司化管理模式。律师事务所的公司制管理模式近年来备受推崇。

中国律师行业经过几十年的发展出现了越来越多的大型律师事务所。规模的扩大也意味着管理难度的增加。兼职管理的模式在小所尚且可以应对,但是随着规模的扩大,兼职管理的模式越来越不适用,专职管理模式的优势被越来越多的人注意到。采用专职管理的管理模式,将会有利于优化律师事务所内部结构,能够帮助律师事务所形成专业有效的运行管理机制,进而增强律师事务所的综合能力。

我国《律师法》规定了律师事务所的设立、变更及终止,律师事务所的组建形式,以及律师事务所健全管理制度、接受监督管理、规范职业道德行为等义务。为了配合《律师法》正确、有效实施,司法行政部门制定了许多配套规章及相关政策,譬如《律师事务所管理办法》等政策文件。这些政策性文件规定了律师事务所从业基本要求,律师事务所的设立、变更及终止,以及律师事务所执业和管理规则,还有司法行政机关的监督管理等事项。

加强中国的律师事务所管理,还需借鉴国际经验。以美国为例,其律师事务所在专业化和规模化等方面非常成熟。在专业化方面,不少大型律师事务所只从事特定领域的业务,不少律师也只从事特定领域的法律服务;在规模化方面,一家较大的律师事务所光合伙人就有800多位,律师有2000多位。美国律师的收费方式以计时收费为主,具体程序为:律师事务所与客户签订委托合同,律师事务所针对某一案件形成一个具体的案号,此后,所有律师的工作即都由此案号下的客户付费。美国律师一般每年的计时收费时间都在2000到3000个小时,很勤奋;同时,美国律师特别注意外在形象。此外,日本、英国、德国等国家的律师事务所,也有值得我们借鉴的经验。

在律师事务所管理中,如果说案源是律师事务所的生命,那么律师的收入分配方式则是维持生命的心脏。律师事务所的分配制度也不断革新,从中华人民共和国成立初期国办所的固定工资制,发展到现在合伙所比较普遍的占主导地位的提成制。目前,合伙制律师事务所合伙人利益的分配制度主要有:第一,平均分配制;第二,份额分配制;第三,各自提成制;第四,计点分配制。合伙公司制较合伙提成制复杂,是由某一个或一些投资合伙人承担最终成本,负责最终核算之后的盈亏,其他合伙人按照"固定比例+团队实际支出"进行分配核算,或者采取"一体化"模式。合伙公司制律师事务所在合伙人层面,有一个核算模式或收益分配方式,比如合伙人之间按照统一收益率或者在统一收益率基础上根据一些综合性指标进行上下调节的模式;而在作业层面上,事务所统一聘用作业力量、统一职级体系、统一晋升机制、统一作业分工,以匹配不同合伙人、不同作业律师的专业需求。实施合伙提成制的律师事务所主要有以下特征:一是律师从事的法律服务主要是民商、刑事诉讼和一般的法律咨询;二是律师事务所在某种程度上并不是律师业务的主角,律师个体以其个人能力拓展业务并从业务收入中获得固定收益或者按比例提取收益;三是客户在选择法律服务时更加看重的是律师个人的能力而不是律师事务所;四是事务所内部律师间的合作仅限于极个别的案件,事务所的知名度又主要依赖于某个或者某几个主要律师的知名度;五是事务所各个律师的业务相互独立,业务创收以及成本独立核算,收益分配各自为政;六是办案收入是唯一的分配标准,这一制度有利于责权分明,但是难以积累持续发展的资金，不利于事务所的长期发展；七是计算相对简单，便于操作。

律师事务所的内部会计控制问题是律师事务所管理很重要的一部分。律师事务所内部财务的把控，需要一批专业的财务团队管理所内各种财务流转、进账出账、费用报销等事项。若无专业的会计人员进行管理、把控，律师事务所在财务方面会存在很严重的漏洞、隐患。现实中存在较多钱账不分离、费用支出审核把关和资金管理不严、固定资产混乱、律师事务所内部无专门审计监督、律师虚开发票报销等问题。律师业务档案管理一直是律师事务所规范化管理的重要组成部分，但一直未得到律师事务所以及律师的充分重视。律师业务档案包括诉讼业务和非诉讼业务律师业务档案。律师业务档案管理中存在的问题主要是档案内容不规范、档案整理不及时等。

时代背景赋予律师事务所新的机遇和挑战。在2013年9月和10月，国家主席习近平分别提出建设"丝绸之路经济带"和"21世纪海上丝绸之路"（简称"一带一路"）的合作倡议。2015年3月28日，国家发展改革委、外交部、商务部联合发布了《推动共建丝绸之路经济带和21世纪海上丝绸之路的愿景与行动》。"一带一路"倡议为律师及律师事务所带来了新的发展机遇。同样，基于各国语言、法域、国情等方面的差异，"一带一路"也给律师及律师事务所管理带来了新的挑战。"一带一路"建设离不开国与国之间的沟通，这项宏伟事业，既有诱人的前景，也面临诸多的困难、挑战乃至阻力，需要相关方面凝聚共识、齐心协力、稳步推进。其中的挑战主要来自以下几方面：语言种类多元化、"一带一路"沿线国家法系差异化、律师远程管理、域外案件收费问题、域外律师人才短缺、律师事务所服务业务的多元化、多层次人才和复合型人才的录用和管理、律师事务所经营成本的增加、各律师事务所业务竞争更加激烈。律师行业作为被经济形势引导的服务业,需要有敏锐的嗅觉。律师事务所应当将业务方向紧密贴合国家政治热点及经济发展趋势,适应"一带一路"建设的大环境,抓住时机提升服务水准,赢得交易机会。域外业务数量的增长、国家政策对法律域外业务的支持、涉外业务发展、律师事务所的国际化、资金融通、传统律师事务所管理格局打破并向着多元化发展都是"一带一路"带来的难得的机遇。

全球化发展是各行各业的大趋势,在这一趋势下,律师事务所管理也要跟上步伐。现如今,中国的律师行业呈现出一个重要的特征,即国际化趋势。与此同时,我国政府也逐渐重视律师行业的国际化建设,并且提出了律师行业国际化发展的蓝图,也采取了相关的推进措施。律师事务所国际化建设的方案主要有两种:一是业务国际化,即有更多的来自国外的客户委托的中国业务或中国客户委托的涉外、国际业务;二是人员国际化,即律师事务所人员组成的国际化。随着经济发展、业务的扩大、专业化程度的增强,当前律师事务所接收的案件规模越来越大、越来越复杂,这就要求律师的专业分工越来越细,当律师事务所逐渐适应这样的压力,循序渐进地发展,也就形成了规模化的大所。律师事务所的规模化是律师行业发展到一定阶段适应社会发展的产物。律师事务所规模化有助于提供优质服务和形成律师事务所的良好品牌理念。新时代对于法律服务业来说,在涉外法律服务领域竞争将更为激烈。通常来说,实现律师事务所的规模化有下列三种方式:通过事务所合并扩大规模;通过兼并使事务所规模化;通过事务所本身自我繁衍和扩张,引进优秀人才,自身培养律师,逐渐实现规模化。律师事务所的专业化向来是法律服务行业中广为讨论的一个话题,只为某一个或几个领域(刑事、知识产权等)提供法律服务,只对法律服务的某一个环节(重组、并购、回购等)提供服务,都是专业化的体现。专业化,其实质是市场竞争的结果。对于律师事务所而言,在选定专业后,其管理的专业化应当通过文件标准化、工作流程标准化、工作方法标准化、团队化分工协作、有效的知识管理、互联网办公技术革新等方面来实现。

总而言之,律师事务所是律师的执业机构,是律师履行职责、服务社会的组织者,是律师服务功能的承担者,是律师职业形象的体现者,是律师以及律师法律服务最直接的管理者。因此,加强律师事务所管理的意义重大。首先,良好的律师事务所管理是律师事务所发展的基础。只有建立完善、切合实际、相互协调的律所内部管理制度体系并加以落实,才能充分调动律师的积极性和创造性,获得最佳的管理效益,促进律师事务所长足、全面发展。其次,科学规范的管理制度是律师事务所高效运行的基本保障。科学规范的管理制度可以维护合伙人之间、律师与律所之间良好的关系,进而为律师事务所稳定进步提供动力;科学规范的管理制度为律师事务所提供行之有效的具体管理举措,这也是律所快速发展的必要条件。最后,强而有力的律师事务所管理是发挥律师事务所作用的保障。强而有力的律师事务所管理能够促进执业律师养成良好的职业习惯、提升职业技能;可以防范律师事务所经营风险、提高律师事务所生存和经营的能力、提升服务质量和律师事务所竞争力。

第一章

发展：律师事务所管理的"四化"建设

一、律师事务所管理的国际化

现如今，中国的律师行业呈现出一个重要的特征，即国际化趋势。随之而来的是中国法律服务市场的对外开放，以及在上海实施的自贸区特殊政策，这都更进一步推动了法律服务市场的对外开放。与此同时，我国政府也开始重视律师行业的国际化建设，并且提出了关于律师行业国际化的蓝图，也采取了一些推进措施。党的十八届四中全会通过的《中共中央关于全面推进依法治国若干重大问题的决定》，号召"发展律师、公证等法律服务业，统筹城乡、区域法律服务资源，发展涉外法律服务业"，并明确要求："强化涉外法律服务，维护我国公民、法人在海外及外国公民、法人在我国的正当权益，依法维护海外侨胞权益。""建设通晓国际法律规则、善于处理涉外法律事务的涉外法治人才队伍。"这是党和国家在新形势下给中国律师业布置的新任务,也是今后一段时期,中国律师事务所涉外法律服务发展的总指针。可以说,国际化建设目前已经逐渐成为国内律师事务所要做大做强的必经之路。

律师事务所的国际化,指律师事务所的事务要有涉外因素。目前,我们的认知存在一个误区:将创造利润的多寡作为判断律师事务所是否国际化的标准。但是,以日本为例,在日本的律师行业中,经济收入高的律师不一定就能讲一口流利的英语,也并不一定是主要从事包含涉外因素的法律事务的律师。中国的律师现在有一种"崇洋"情绪,这里的"崇洋"并不是崇拜外国,而是这些人盲目认为能将涉外业务处理好的那批律师就是好律师。然而实际上,我国究竟有多少律师能够真正地做到与国外律师流畅交流业务?我国又有多少涉外法律业务呢?笔者认为,我们谈律师事务所的国际化,不能只限于表面的业务层面,更重要的是我们要看到并学习国外律师事务所的先进管理经验。

为什么很多成功的律师事务所都是由一些"海归"人员管理,而且这些律师事务所的成绩往往都还不错?因为这些人员往往能够吸取国外的律师事务所中许多先进的管理经验,所以他们能取得很好的效果。笔者有一个观点:谁学得越快、学得越像,谁离成功就越近。同时中国律师事务所也要正视中国的国情,不要忘本。律师事务所这一事物不是根生于中国的,而是移植来的。中国最初的律师出现在租界,是由外国的领事裁判权所滋生出的。因此,它难免会与中国本土的文化产生一些相抵触的地方,中国律师业的发展存在一个"排异"期。而国外的律师事务所行业发展业已两百余年,趋于完善。因此,借鉴他人两百多年的经验,对于我国律师行业的发展是一个捷径。

我们要看到目前中国涉外法律服务的现状:现如今我国在国际

第一章 发展：律师事务所管理的"四化"建设

贸易中从事反垄断领域、国际海洋领域、知识产权领域、国际投资争端领域、反倾销和反补贴等领域的业务的涉外执业律师匮乏，远远满足不了需求，而且政府在扶持力度上远远不足。不论是国企高层，还是民营老板，都不能正确认识到涉外律师的重要性。而且从律师行业自身角度来看，中国涉外律师的知识经验、外语水平要满足处理涉外法律事务的需要还需走一段很长的路。

笔者在这里对于律师事务所的国际化建设提出两种方案：

(一) 业务国际化

业务国际化，即有更多的来自国外的客户委托的中国业务或中国客户委托的涉外、国际业务，最直接的实现方式就是到海外设立律师事务所以及分所。近几年来，国内大部分知名律师事务所纷纷采取措施"走出去"，也就是通过设立办事机构、代表处或分支机构的方式，在世界各地建立律师事务所。这一举措对于国内律师事务所来说，有多方面的意义：首先是在国外建立律师事务所分所或者办事机构，这一行为本身就有宣传效果，在一定程度上能够提高律师事务所品牌在国外的知名度和影响力；其次是可以在事务进行过程中为委托人的涉外法律事务办理提供程序上的便利；最后就是能够根据东道国服务贸易的开放程度，参与东道国的律师行业竞争。

然而目前国内律师事务所到海外设立律所或分所的数量少得可怜，就算有大部分也有名无实，并无法在当地提供法律服务。因此笔者认为中国的律师事务所应当勇于到海外发达国家的发达地区、市、金融重点城市、中国投资的重点区域设立律师事务所。

目前在中国通过年检的外国律师事务所驻华代表机构有 300 家左右。相较于外国律所在中国设立的代表机构数量，中国律师事务所在海外设立的机构数量则较少，我国律师事务所目前在 35 个国家和地区设立的境外分支机构，有 150 家左右，是外国律所驻华机构的一半。尽管有些国内大所已经开始打造国际法律服务网络,但仍处于起步阶段,服务质量也难以满足中国企业"走出去"的需要。

对此笔者认为应该采取以下两种方式来改善这一状况:

1. 和境外律师事务所的协议合作

境内律师事务所和境外律师事务所根据签订的协议进行业务合作,是目前律师事务所拓展境外业务最常见的方式。律师事务所之间的协议合作,主要宗旨在于互相分享或推荐业务。这种合作关系不同于单纯的律师事务所互助,而是一种独立的形式。这种合作可以是基于国家政府在经贸方面的规划,由司法部予以批准并建立的一种联营合作关系,在我国主要体现为内地涉外律师事务所与香港律师事务所之间的联营合作。在《内地与香港关于建立更紧密经贸关系的安排》公布后,经中国司法部批准,部分内地律师事务所与香港律师事务所建立了联营合作关系。这种合作也为我国涉外法律业务的拓展提供了经验借鉴。

2. 抓住"一带一路"倡议规划的机遇

2013 年以来我国"一带一路"倡议规划的实施,给国内许多行业带来了新的市场,各个行业都在国家大力推行的"一带一路"倡议规划中摩拳擦掌力求获得机遇,面对这一机遇,法律服务行业也不例外。部分律师事务所独具慧眼,已经捷足先登,开始实施各种战略措施,力争夺得先机,争取到更多的业务。就此机遇,我国的律师协会等也已陆续发布了相关文件,为拓展"一带一路"法律服务市场提供政策性指导。因此笔者认为,现如今对于律师事务所来说,都应该或多或少去关注一下"一带一路"倡议规划,这对于国际化律师事务所的形成有着不可忽视的影响,也是充分利用我国地缘优势的一大机遇。

(二) 人员国际化

人员国际化，也就是律师事务所人员组成的国际化。20世纪80年代以来，"留学潮"兴起，大量优秀的青年学生选择到国外深造。但大部分学生，尤其是学习法律的学生，很大一部分留在国外并在当地扎根。尽管也有部分学生回国，但他们大多在高薪资的吸引下被外国律师事务所驻华代表机构挖走。这些中国涉外法律服务的重要人力资源接连不断地流失，归因于中国目前的法律执业环境、薪酬、文化等因素。

笔者还关注到一个现象，这些中国的法律人才在外国律师事务所或驻华代表机构提供的大多是中国的法律服务。这些人才大部分都通过了中国司法考试（现已改名为法律职业资格考试），他们熟悉中国法律，甚至有的已经在本土的律师事务所从事实务工作多年。尽管这批人才没有中国司法部门正式颁发的律师执业证，但是他们精通中国国情和中国文化，他们在这些涉外机构内的工作显著地提高了外国律师事务所在与中国律师事务所竞争时的成功率，这一成功率的提高，也成了中国的企业在选择到国外进一步拓展业务时选择外国律师事务所进行合作的重要因素。

我们需要的涉外业务人才需要具备以下几个条件：一是要有优良的外语水平；二是有境外的留学经历，留学经历可以从外语水平、人脉关系以及对风土人情的了解等方面提高综合实力；三是具有特定国家或者地区的执业资格，执业资格保证律师在特定的国家或地区具备开展涉外事务的资质，这一资质侧面体现了其对于所在国家或地区语言、文化、法律的熟悉程度；四是具有境外从事法律事务工作的经历。

现如今，尽管已经有一些中国律师事务所以聘用外国法务的名义聘用外国律师，但是从规模上来说，还未成熟，只能说仍处在初级的试验期。以北京德和衡律师事务所为例,该所就聘用了美籍华人律师刘吉庆先生作为外国法务。刘吉庆先生在美国拥有丰富的大所工作经验,还同时拥有加州和华盛顿特区的法律执业资格,刘吉庆先生和他的团队在中国企业对外投资过程中发挥了至关重要的作用。许多在外学习工作的华人学生以及律师多年来都一直想回到祖国服务家乡,但是他们囿于政策,其中大多数既缺乏回到中国的现实条件,也不存在在外国加入一家中国律师事务所的可能,他们只得选择为外国律师事务所工作。

外国律师进入中国大多是伴随本国企业到中国投资,国外律师行业的国际化发展与其所在国家经济的高度扩张是息息相关的。近年来欧美跨国大所风头正盛,中国律师事务所难以与其抗衡,根本原因在于外国投资基金与跨国公司在中国大肆扩张。现如今,中国在"走出去"战略的贯彻实施下,在海外的发展业绩喜人,然而中国律师业却没有伴随中国经济"走出去"而实现"走出去"的梦想。有朝一日,中国律师事务所驻外分支机构若能引进大量有丰富涉外法律服务经验的国内外律师,那么中国律师事务所的涉外法律服务能力的加强也就有望实现,中国自有的文化优势和地缘优势也将进一步得以发挥。

因此笔者认为,一个律师事务所如果能以开放、欣赏的姿态去引进法学留学生和外国律师到律师事务所执业,尤其是引进外国律师到律师事务所驻外分支机构工作,那么对于中国律师事务所涉外法律服务的业务能力增强将有不可忽视的推动作用。

二、律师事务所管理的规模化

律师事务所管理的规模化,通俗地讲就是,原来律师事务所里有三五个律师,起初办理业务还可以,但是随着经济的发展,律师事务所的步伐跟不上整个行业的进化,就陷入了"大案子接不了,小案子看不上"这样的尴尬境地。这就需要律师事务所朝着管理的规模化不断发展。当今律师行业,随着经济发展、业务的扩大、专业化程度的提高,律师事务所接收的案件规模越来越大、越来越复杂,这就要求律师的专业分工越来越细,当律师事务所逐渐适应这样的压力,循序渐进地发展,其也就成为所谓的大所。这也就是说社会环境是律师事务所发展的基础。

在社会实践中,对于大型的律师事务所的需求越来越大,许多大型的案件需要大所来支撑,小的事务所从专业程度以及抗压能力、应对风险的能力来看不足以支撑对大型案件的处理。中国改革开放已经进行了四十多年时间,虽然在我国律师的地位仍不够高,但是不可否认的是社会对于律师这一专业人才还是有需求的。法律服务业也是一种服务行业,因此,当事人也必然要求律师为其提供相应的优质的服务,这样也就形成了社会"迫使"律师事务所搞专业化、搞规模化这一局面,不过这也是律师事务所发展的必然趋势。

有人说,中国的律师事务所与中国客观现实发展是同步的,实际上可以这样说,全世界各国的律师行业发展都是与所在国家客观现实同步的。为何我们的律师事务所赶不上国外的律师事务所?对这个问题,我们可以解释为我国社会基础还发展得不到位。我们的律师事务所体现着我国社会的特点,而美国的律师事务所则体现着美国的社会特点。2021年9月22日《美国律师》杂志发布的2021年全球律所排名中,只有11家中国律所进入全球律所创收排行前200名。为什么美国律师事务所收入能那么高?因为美国有美国的社会基础。在美国,市值有几千亿美元的公司大概不下20

家。既然有那么大的资金额,那么它必然要有相当数量的律师团体。在美国,一个大型律师事务所就有几千名律师,为什么会存在规模如此大的律师事务所?因为它有严格的分工要求。而在中国是很难在短时间内形成这样规模的律师事务所的,这是因为中国缺乏有这种需求的市场,目前中国社会的法律需求水平仍不高,这导致律师这一行业在中国起的作用不显著,市场也不活跃。

据北京市高级人民法院统计,以北京这一地区为例,近年来发生的刑事案、民事案以及经济案中,没有律师进行代理的仍占到较大比例。这一现象是律师这一行业的尴尬之处。对这种情况进行分析,我们能看到造成这种情况的原因是多方面的,其中既有律师行业本身的问题,也有社会舆论的问题,还有实践中公检法机关对于律师的歧视问题。在目前中国500强的企业中,由国资委管理的国企,绝大多数是没有律师代理解决纠纷的。而反观美国,美国3.3亿人口就有135万律师,在中国14亿人口中,却仅有57.6万律师,其原因在于中国没有需求这么大的市场。美国存在一种律师,专门在国会议员之间游说。从法律专业知识来看,他们可能懂得不多,但是他们的工作并不要求他们能够处理很多专业问题,他们需要解决的只是如何去说服国会议员。然而在中国,我们从未想象过会有这种律师类型。

在律师事务所管理中,不可否认的是规模化很重要,但笔者不太认同强制推进规模化,过分地追求规模化。在中国,律师行业强调规模化是一种行政行为,但是笔者认为规模化固然有好处,但是应当依据实情,切不能拔苗助长,只有在主体文化形成并且有了固定的模式后才可以进行。以我们的邻居日本、韩国为例,日本、韩国的市场经济得到了长足发展,两国的律师事务所中有85%是个人所,具有国际规模的大律师事务所的数量在这两国内的比例不足

1%。同样地,我们中国在文化背景上与此二国相差不大,在东方人的理念中,"宁为鸡头,不为凤尾"的思想普遍存在;再加上中国目前社会基础和经济基础还不足以支撑起国际大型律师事务所的建设。根本上来说,律师事务所规模化的社会基础是整个社会,以社会作为法律的平台,而经济基础则是大规模的案源资本。因此,规模化不是想象出来的,而是自我内在地发展出来的,既不能过热,同时也不能过快。这就是律师市场的规模化问题。

(一)规模化的必要性

在此我们有必要讨论一下律师事务所规模化的必要性。

中国律师要应对"全球化"的挑战,重要举措之一就是律师事务所规模化发展。规模化的律师事务所人才资源丰富、资本雄厚、专业性强,而且具有更高的办事效率和经济效益,其能够在激烈的律师行业市场竞争中立于不败之地,还要能够以原有的优势吸引人才,并提高服务水平。因此,向更大规模的律师事务所发展,借此形成一个良性循环的局面,这对于中国律师地位的提升来说同样是十分重要的。

1. 律师行业发展到一定阶段适应社会发展的产物

就目前来看,我国律师事务所规模化水平不高,专业化水平较低,应对越来越复杂困难的法律服务的要求的能力还有待进一步提高。大部分律师的执业方式都是独来独往,没有意识到团队协作的重要性。就算是公司制律师事务所,也难以看见行业经营相互协作的局面。而现存的大规模律师事务所分布较为分散,规模效应不强。为应对经济发展的全球化进程,中国律师行业急需建立规模化、专业化的公司制律师事务所。面对越来越复杂困难的法律服务,律师事务所的团队合作、专业分工尤为重要,发挥立体作战优势,从各个角度开展业务成为重中之重。

2. 有助于提供优质服务和形成律师事务所的良好品牌理念

一个律师事务所能否保持和扩大服务市场份额,很大程度上取决于律师事务所专业水平的高低和客户是否信任。由于大规模律师事务所拥有各种专业人员,在专业分工上较为精细,法律专业技能熟练,能够为客户提供其想要的优质服务,对客户来说这就是值得合作的条件。现如今,我国小型律师事务所数量庞大,在面对复杂的法律业务时,往往会因为缺乏各类专业人才而难以胜任,导致丧失客户信任,缺少竞争优势。

3. 更为激烈的涉外法律服务领域竞争

对于法律服务业来说,新时代涉外法律服务领域的竞争将更为激烈。然而,现如今我国从事涉外法律业务的律师人数显然不足。大部分律师的实务经验和业务水平并不完全适应市场,在国际法律服务领域中竞争力不足,尤其缺乏在大型国际贸易和高新技术产业法律服务领域的专业知识和经验。我国急需加快建设一些在国际市场上有实力去竞争的大规模律师事务所,与国外律师事务所争夺广阔的业务市场。

那么中国的律师事务所该走什么样的规模化道路呢?

跨国律师事务所提供全球化服务,经历上百年的发展过程,至今形成了一批规模化的事务所。中国律师业的特点是起步晚、发展时间短,除此之外,律师事务所刚从旧的体制下转变过来,尚未进入适应和理性整合阶段,难以一步形成规模化。所以说,根据我国律师业发展的现状,尽管国内一些律所近些年有了一定的分所数量,具备了一定规模,但是律师事务所的规模化尚需时日,要一步一步脚踏实地地发展。

(二)律师事务所规模化的表现形态

规模化,不仅仅是指律师事务所律师人数规模的扩大,更是指

第一章　发展:律师事务所管理的"四化"建设

律师事务所在专业分工与合作基础之上的规模扩展。规模化是律师事务所的人员结构、知识结构、专业结构达到一定规模,并能均衡发展完成相应任务的一种效果。在《律师事务所名称管理办法》修改之前,在律师冠名仍不能体现专业业务范围之时,规模化本身就是各律师事务所追求的目标。

1. 人才结构的规模化

就现在律师事务所的大体情况来看,那些经济效益较好的律师事务所大多是规模较大的所,规模较小的所受人数等的限制,收入较少、开支又大,势必会造成经济效益不好的结果。一个律师事务所没有一定的经济基础与人才基础,它的竞争力可想而知。例如,有一个比较大的项目,其所需工作量大、周期长,就需要律师事务所可以配备足够的人员来完成,规模较大的律师事务所可以调动的人员较多,在前期可以投入的资金也比较多,而规模比较小的所很难完成如此的人员配置。

聘用人才有两种模式,一种模式是新律师由律师事务所来支付工资并由律师事务所统一调度,这样的好处是新律师可以熟悉各个资深律师的处事方式,可以博采众家之长,不利之处是不同的资深律师需要的人力资源并不相同,在这种情况下可能导致一些律师的人员需求难以得到满足;另一种模式是由各位需要助理的律师招聘助理,这样的好处是新律师与团队的融合度及配合度较高,这种关系类似于师徒关系,师徒之间的信任度、熟悉度都非常高,利于团队协作配合,不利之处是容易导致律师事务所内部各团队之间配合度、凝聚力的降低。现在还没有一种十分合理的方法来综合两种方式的优势,这也是律师事务所在发展过程中需要探索的领域。

强强联合、以强带弱也是让律师事务所壮大的方式,两个甚至几个所整合资源,由有经验的律师带领团队,这样组合起来的律师事务所的综合实力毋庸置疑,随之带来的各团队合作问题也不可忽视。相对而言这种组合起来的律师事务所本身就有较为成熟的团队,团队成员之间配合默契,也有自己的行事方式,这种类型的各个团队之间配合存在难度,在一个所内难免各自为政,导致所内人心不齐,较为松散,也容易分分合合。因此,虽有多种方式可以壮大律师事务所的律师队伍,但是每种方式均有其利弊,需要各所结合自身特点予以选择或综合使用,并且在实践中不断完善相关制度,争取在采取各种方法时扬长避短。

2. 律师事务所的业务结构规模化

一些传统的业务,例如最传统的婚姻家庭业务,不管是十年后还是二十年后,只要社会一直在发展,那么这业务范围就不会缩小。只要针对当下社会的特点,从市场、客户的消费心理的角度在业务的拓展模式上进行一定的创新,业务量必然是不会缩小的。而要实现律师事务所规模化,首先是执业律师的人数增加,执业律师人数有多种扩大方法:广纳贤才、吸收有识之士;强强联合、几个律师事务所综合自身优势组成一个律师事务所;以强带弱、实现人才的优化配置组合;等等。其次在业务方面,需要律师跟上社会发展的步伐,加强自身的学习,深入这些新的领域去了解和挖掘新的业务,现在有多种新型业务类型,例如信贷资产转让业务、动产融资业务、BOT法律服务等。各行各业都需要有法律来进行规范,都需要律师来提供法律服务,如果律师不根据社会发展的实际需要来调整自己的服务结构,那么必然会在日益激烈的竞争中被边缘化,甚至被淘汰。

同时律师事务所可通过对内培养人才,对外引进人才,利用本所资源不断拓宽新的专业服务领域,从而不断扩大本所规模,获得规模效应。也可以通过对外联合或兼并,吸取有利资源,并再次进行内部整合,以迅速扩大规模。律师事务所的规模得以扩大,其品牌价值便得到提高,同样极有利于提升该所的社会效应。

(三) 我国律师事务所规模化途径

以下,笔者针对探索和寻求跨越式发展,有成效又健康地发展规模化的律师事务所的途径,总结我国的一些实际情况,提出一些想法与建议。

通常来说,实现律师事务所规模化的途径有下列三种:其一,通过事务所合并扩大规模;其二,通过兼并使事务所实现规模化;其三,通过事务所本身自我繁衍和扩张,引进优秀人才,自身培养律师,逐渐实现规模化。设立分所亦是一种自我繁衍和扩张的途径。

第一种和第二种方式的要点均是成建制合并和兼并,而第三种方式则是集约型规模化的道路。但其实,不管采取何种模式均有其两面效应。

兼并和合并模式有其优势:兼并和合并模式使规模化的速度加快。当今世界上,市场对成本和质量的需求不再是第一位的,速度则更被看重和利用。在追求效率的市场竞争中,有更高效率的将更容易生存和发展。对于律师事务所来说,迅速规模化易于建立市场形象,取得更多的市场份额。

但同时其带来的弊端也是明显的,效率和质量通常是矛盾的,迅速地扩张会带来内部管理制度的不适应,所以快速兼并和合并模式形成的规模化会带来有效管理幅度小的问题。如果内部框架不健全,人员整合和磨合周期较长,专业分工和团队合作就无法协调,在一定时期仍不能形成叠加优势,导致律师事务所品牌优势得不到良好的发挥。因为律师业是依靠合作形成团队优势的,如果没有一个高效的领导体系和完整的管理制度,事务所规模将难以扩大甚至面临缩减。

以上海市光明律师事务所为例,该律师事务所采取了第三种方式,它通过自我繁衍和扩张的道路取得了发展,总结其经验,可以发现以下特点:第一,它在扩张和繁衍过程中循序渐进,人员整合程度高、磨合过程快,所以事务所人员结构稳定性较强,建立起的团队凝聚力较高,具有明显团队优势;第二,它致力于建立理性有效的管理体制,解决管理幅度小带来的弊端,使该事务所针对不同需求的专业性提高,事务所人员充满活力与竞争力,使事务所易于向公司制运行模式发展;第三,人才的培养坚持内部安排,按照事务所发展需求来引进律师和自我培养律师,为事务所提供了对应性强和专业度高的服务领域配置,为事务所自身规模的扩大和达到一定水准时通过兼并途径实现更进一步的规模化打下了基础。但这一方式致命的劣势是需要的周期长。

上述三种发展途径各有利弊,实际操作中,需要按各事务所实际情况来选择与使用。

(四) 规模化必须以专业化、品牌化为基础

规模化必须以专业化、品牌化为基础,并建立团队合作的框架,逐步建立公司制运行模式。

1. 事务所规模化是一个向现代律师执业模式变更的过程

律师将由单独执业逐步走向联合执业。在联合执业模式中,律师个人的工作范围将由普遍到精准,其专业水平会不断提高;对于各个独立部门来说,其业务范围是单一的;所以,整个律师事务所合力,将扩大其业务范围并提高其业务水平。

2. 事务所规模化不求"量多",而求"质高"

律师事务所的规模化主要是高素质、高水平法律人才的集聚化。因此,需要引进优秀人才,建立优秀的团队,保证整个团队的服务水平,提升市场竞争力,创建事务所品牌领域,从而加快扩大其法律服务市场的份额。

3. 团队作战和公司制运行模式

目前我国律师的客户资源大部分来自律师本身,律师个人魅力的权重超过事务所品牌。规模化的动力在于事务所拥有足够的资源,事务所本身客户资源的不足是建立公司制模式面临的巨大障碍。然而,目前一些采公司制运行模式的事务所的案源仅靠少数合伙人,这样很难形成规模效应。

总之,事务所仍沿用单打独斗的形式无法形成合力,也无法迅速扩大其市场份额。现阶段很多事务所在采用公司制模式的条件尚不成熟的情况下,可采用律师单干、团队作战及公司制并行运行模式。这样既能发挥律师的个体积极性,同时通过律师团队作战,在骨干律师的帮助下,团队内其他律师的专业水平得以迅速提高,亦保证了办案质量,并且通过公司制模式使事务所在某些专业领域所占市场份额迅速扩大,一大批律师由此亦能扩大案源并提高收入。

(五)良好的管理体系必不可少

一个律师事务所要有共同的理想和价值追求,要形成具有权威并有效的领导决策层,要建立一套完善的内部管理制度。

1. 律师事务所是以人合为中心的团队

合伙、合作首先是人合。人合的本质是志同道合,有共同的理想和价值追求。如果没有人合的基础,规模化发展的目标难以实现。在规模化的过程中必然遇到长期和短期的利益矛盾、个人和团队的利益矛盾、个人与个人之间的利益矛盾、积累与分配的冲突。如果在规模化的事务所中没有一批志向高远、志同道合、顾全大局的律师,其长期稳定和发展则前途渺茫。

2. 权威和高效的领导决策核心是关键因素

事务所主任必须有足够威信,并要有宽大的胸怀,还应该是懂市场经营和事务所管理的专家型人才。正确的决策和管理必然会给事务所带来市场,科学的管理能够引导事务所朝现代企业管理模式发展。同时,事务所还必须有一个优秀的决策层,保证事务所的经营决策不失误或最大可能减少失误,真正使事务所做大做强,顺利地朝国际化、规模化、专业化、品牌化的方向发展。

3. 必须建立或引入现代企业管理制度

现行律师事务所管理体制滞后,传统的事务所管理模式基本是"林家铺子"作坊式管理。而律师事务所要实现规模化必须建立或引入现代企业管理制度,建立优秀高效的经营决策和管理体制,建立权威的科学管理机构,有条件地逐步引入决策与日常管理相分离的管理模式,建立和健全规章制度体系,明确岗位分工,完善奖惩制度,塑造良好的事务所公众形象。律师事务所要强化其内部的自律性管理,建立优良、快捷、周到的后勤保障制度,建立健全业务质量保障体制,加强对技术支持的投资,利用现代高新技术和现代通信手段,以提高现代管理的业务水平和服务效率。

总之,律师事务所在规模化过程中需要适时加速扩张,并要建立合理的现代化的管理体制和适应市场需求的机制。在完善体制过程中,律师事务所要及时进行业务创新,创建有核心竞争力的品牌服务领域。同时,政府的扶持政策是外部的重要推动力。因此,我们有理由认为,中国律师事务所的规模化发展和科学化管理将为中国参与全球法律服务市场竞争创造良好的条件,亦是应对全球化的必要途径。

第一章　发展：律师事务所管理的"四化"建设

三、律师事务所的专业化

"律师事务所的专业化"向来是法律服务行业中广泛讨论的一个话题，可何谓律师事务所的"专业化"？是不是可以说只为某一个或某几个领域（刑事、知识产权等）提供法律服务就是专业化的体现？又或者说对法律服务的某一个环节（重组、并购、回购等）提供服务就是专业化？笔者认为这都可以算是专业化的体现。专业化问题在20世纪90年代还并不突出。我们现在所说的专业化，其实是市场竞争导致的结果。笔者认为作为律师能够涉猎各方面的法律，参与各种类型事务，或者说"万金油"律师的时代早已过去了。迎接我们的是精细化分工的时代，未来的律师行业竞争将非常激烈，这种激烈竞争源于精细分工。

例如，2020年创收排名前50名的律所总创收超700亿元人民币。其中北京、上海的律师的收入就占据了半壁江山，剩下的份额则大部分被广州、深圳这些沿海城市的律师的收入占据。为什么是这些地区的律师分到了大部分蛋糕？再深入分析，可以发现分得这部分蛋糕的律师人数仅占到我国律师总人数的两成。这一现象恰恰印证了律师行业中的一句行话：20%的律师做了80%的业务，而80%的律师在抢剩下的20%的业务。意思就是，律师行业是一个分高低阶层的行业，存在顶端的精英律师，也存在马马虎虎的小律师。有能力的律师不断地接收大的业务、利润高的业务，而这些马马虎虎的小律师就只能接那些不起眼的小案件，这就导致出现了两个极端。而有能力的律师的判断标准是什么呢？专业化程度是一项很重要的指标。

设想一下，如果一个当事人想来律师事务所咨询，他肯定会先

23

去找他自己行业的行业协会,了解在这个行业中有哪些律师比较专业,谁也不会轻易就找一个律师来处理自己的纠纷。就律师而言,如果他不是当事人所咨询业务领域的专业人员,就根本难以与当事人交流案件、了解案件。所以对当今社会而言,律师的专业化是为律师开拓市场的核心要素。以知识产权为例,笔者曾跟很多想做知识产权方面业务的律师谈论过:一个律师只有在知识产权方面具备专业的知识才能做知识产权的案件。因为知识产权领域太专业,每一件知识产权案件都必然涉及庞杂的知识产权知识体系。如果不了解这方面的知识,没有这方面的实务经验,就难以搞懂这方面的案件,连案件都搞不懂又如何处理案件?所以笔者认为,就知识产权法律领域来讲,要想从业就必须有非常高的专业化知识水平。法院也是遵循这一个规律的。

　　知识产权法官是很专业的:首先,并不是每个法院都有知识产权庭。只有少数水平较高的法院才有知识产权庭。其次,所有就任知识产权庭的法官都要经过知识产权专业知识的培训。再次,一个法院中知识产权庭的法官往往是整个法院中学历最高的,而且大部分庭长本身就拥有学者的身份,有些还是专家,专业水平首屈一指,所以我们说这样的法官专业。最后,中国的知识产权立法从2001年以后,可以说是全世界范围内较为先进的,已然领先于大多数发达国家。以信息网络传播权为例,很多发达国家都还未确立信息网络传播权这个权利。美国仍然在用版权来解释网络传输当中的法律问题。但我们中国人就很聪明地将信息网络传播权明文规定在了立法之中,使其具有独立的法律属性。这是中国立法水平的一大提升。尽管中国的执法尚不完善,但是中国知识产权的立法体系以及立法技术是很先进的。知识产权领域的法官多多少少都会接触涉外因素,也因此在一定程度上脱离了地方的保护、摒弃了一些狭隘的局部的观念。所以在知识产权案件的审判过程中也是比较开明的,这是知识产权法官很重要的特点。

那又为何说其公正?因为案件中有很专业的法律问题、很专业的技术问题,对于案件外的同一领域的人来说,透明度非常高。对法院公布的判决结果大家都会进行评判。就知识产权的原理来讲,大家就此评论的结果都是一致的。律师也好,法官也好,都是以理服人、以专业服人、以知识产权知识服人,这种案件当中掺杂的个人的因素是比较小的。知识产权案件不像其他类型的案件的可操作性很大,会受到案件以外的其他因素的影响。因为知识产权案件在技术层面是相当复杂的,这是知识产权案件的特点之一。

(一)律师事务所专业化的表现形态

随着竞争的加剧,以及整个行业服务水平的提高,纯靠一些"全能"律师简单相加组织起来的律师事务所,难以在未来竞争中保有自己的品牌,单个律师的力量已难以胜任多个法律专业领域的服务工作,因此律师事务所的专业化分工与合作便在取得竞争优势过程中变得尤为重要。

1. 领域专业化

律师事务所在专业化过程中,首先应根据本所的实际情况因地制宜地去选择专业服务领域,即首先须做好专业定位。专业定位模式多种多样,可以选择一个专业服务领域,也可以选择多个领域齐头并进,当然也可以选择一个领域作为重点,而辅之以多个相关专业领域。

2. 团队专业化

在专业定位过程中,律师事务所可利用的最为重要的资源便是人力资源,所以人才在这里起到了至关重要的作用。一个专业服务团队必须聚集多个对该领域知识掌握精深的律师,同时还须配备多名后备辅助人员,使整个团队形成梯队效应,以充分发挥集体战斗力。团队发展的最终目标是使成员固定,专业化的团队必须走固定化的发展之路。使成员相对固定或完全固定是一个动态的过程,只有相对甚至完全固定化的律师服务团队才能提供完备的专业服务,才能争取到更大的市场份额以达到品牌化效果,引领法律服务市场。

3. 服务专业化

客户对律师事务所服务质量的评判主要内容有:第一,客户对律师团队服务的评价;第二,客户对律师事务所服务的评价。在诉讼领域应当借助信息技术让客户参与诉讼的整个流程,律师在诉讼的各个阶段也必须提交办案记录,提升律师的服务态度和工作的认真程度,同时对律师团队服务的质量进行监管;在非诉讼领域,客户和承办律师的互动性比较强,客户对整个法律服务过程能充分掌握,也可以采取客户回访等方式对律师事务所的服务质量进行评价。

4. 信息专业化

律师事务所的信息化有助于提高律师服务水平,提高服务效率及质量。凭借先进的传媒技术,律师除了运用本人的知识储备及实践经验,更多的是在采集信息、运用信息并作出决策,从而提供相关的法律服务。所以,律师事务所如能建立自己的较为完备的信息库并进行科学管理,形成一整套有关信息采集、传递、共享、使用的基本制度,必将大大提升律师事务所的层次,使各律师的业务处理专业化程度大大提升。对律师及律师事务所起关键作用的信息当然是与律师行业、律师事务所相关的信息,包括法律、法规、政府规章、政策;法律服务市场及领域的发展变化情况;律师事务所、律师同行业信息等。在信息采集方面,应积极使用现代通信传媒工具,因特网、电子信箱、法律软件包、法律法规库等是必须使用的。另外,由于个人掌握的信息量有限,律师经过整理、加工、选择、转化而形成的有用信息,应在全所范围进行传递交流,为全所律师共享,以实现本所资源利用及利益的最大化。

律师事务所的专业化分工与合作,意义就在于其可以让律师在激烈的市场竞争中发挥出竞争优势从而占据先机,形成集体推动力,继而在某些专业形成相对优势,获取更多客源,有助于提高律师事务所的整体形象及知名度,实现律师事务所的品牌化。一个律师事务所的专业化服务水平愈高,则该所品牌内在的质愈能得到提升,愈有助于该所品牌外在社会效应的提高。

(二)律师事务所专业化的实现路径

1. 文件标准化、工作流程标准化、工作方法标准化

确定了专业方向后,法律工作的主要类型是基本固定的。因此,工作的许多环节的效率都可以进一步提高,可以考虑将主要法律文件标准化,制订普遍适用的文件模板;工作流程标准化,设计合理的工作环节、流程和团队分工;工作方法标准化,就特定事项采取的工作方法制定统一标准,并严格执行。通过上述标准化安排,提高工作和团队合作效率,提升工作质量,同时有效控制执业风险。但标准化并不意味着一劳永逸、一成不变,针对每个项目的特殊之处,也需要进行个案调整,在发展中不断优化。

2. 强化团队化分工协作

一方面专业化的工作意味着更多细分领域需要分工协作,另一方面标准化的工作也使高效的团队协作成为可能。因此,更高水平的专业化需要团队协作。团队协作也有利于在某个专业领域形成集合效应,各个成员之间取长补短、相互学习、相互促进。这样既有利于提升法律服务质量或效率,也有利于汇聚更多相关领域的业

务资源。

团队化并不仅仅意味着采用"合伙人+助理"的模式即可,对律师事务所来说,内部的专业部门设置与运行,也属于团队化的一种制度安排与实践。事实上,包括炜衡在内的许多律师事务所,内部都进行了专业化部门设置,对执业律师进行归口管理,从而形成更专业、更高效的合力。

3. 有效的知识管理

可以保存与分享的知识才是有效的知识,有效的知识管理对于专业化建设也至关重要。知识管理工作包括定期的相关法规收集与更新、特定问题的法律研究与案例分析、总结经验并撰写专业文章进行知识分享、定期组织相关领域的业务培训、共享资料库的建立与及时更新等。进行知识管理,既有利于保存以往的专业知识与经验,避免重复劳动或错误,提高工作效率,也有利于提升团队工作质量和协作水平。

4. 互联网办公技术革新

在信息化的互联网时代,办公技术的革新对律师的工作产生了非常深刻的影响。20世纪90年代初期,许多律师草拟法律文件还基本依靠手写,现在,电子化办公已经成为律师的日常。以往的法律检索需要查阅大量的纸质法条、书籍等,费时费力且准确度不高,现在利用电子检索系统,可在几秒钟之内完成海量的信息检索,且结果非常精确。尽管AI取代律师的工作还是个遥远的构想,但办公技术的革新(如协同办公软件、云存储技术的运用等)毫无疑问将有效提升前述标准化、团队化、知识管理等方面的水平,成为律师专业化发展的加速器。

四、律师事务所的品牌化

正如上文所述,良好的企业形象有利于增强市场竞争力,有利于加强内部凝聚力,从而有利于提高经济效益。投资企业建设,实际上就是进行品牌投资,进行无形资产投资。对于律师行业而言,其作为一个智力集中型行业,拥有利润率较高、人力资源成本高、人才培养周期长等特点。同时,由于律所提供的服务的特性,其更像一种体验产品,伴随而来的顾客初次体验成本问题,则更是由于消费者文化层次的不同而差异巨大。这也造成了律师事务所在传播推广上,更加倾向于口碑推广的方式。而口碑则往往更加依赖于提供服务的某一位律师的服务能力,涉及专业性、沟通技巧等一系列因素。但是,从企业角度考虑,个人品牌的过度强势,将造成企业品牌价值稀释的必然结果,这不利于企业稳定发展和规模的扩大。因此,如何塑造律师事务所的品牌是一个值得深入探讨的问题。

品牌的设立意在实现个性化,便于客户识别记忆。律师事务所的品牌化,是指律师事务所注重培育自身的鲜明特性,为社会提供个性化的专业服务,以获得客户群体更普遍的认同。创建良好的服务品牌、整合自身的各项资源、综合律师事务所的营销策略,可以提高律师事务所的知名度和客户对律师事务所品牌的忠诚度。

首先,律师事务所品牌的创建是提高律师事务所的核心竞争力和发展壮大律师事务所的关键工作。律师事务所的品牌创建以律师业品牌主体定位为前提、以律师专业品质为基础、以律师文化为核心、以法律服务产品创新为驱动、以律师业营销为保障、以构建律师业品牌核心价值为目标,形成律师业品牌建设策略体系,使事务所遵循经济规律和管理规律,创建品牌、经营品牌和管理品牌。形成律师事务所强势的市场能力以求得规模优势和成本领先,形成强大的专业优势和良好的获利能力,积极应对竞争激烈的法律服务市场,为客户提供专业的、精致的法律服务。其次,律师事务所各部门明确分工、各司其职,即接案、办案和客户服务相分离。律师仅在其专业范围内提供法律服务,拓展市场和客户管理等工作由市场部门具体负责。律师事务所实现专业分工,既能提高服务效率又能完善律师事务所的资源配置。最后,应当对律师进行全面考核,而且考核的内容不应仅仅限于律师每年的创收情况,更应包含客户对律师服务工作的反馈等。

(一)律师事务所品牌化的必要性

1. 品牌化是行业发展的结果

目前我国律师事务所主要有两大特点:(1)律师事务所规模小、数量较多;(2)律师事务所多为"全能"所,执业律师也多为"全能"律师,专业化分工不明显,律师办理业务分散且孤立,合作性不强。自加入 WTO 以来,我国整个经济大环境对律师业提出了更多的要求:要求律师能够提供全方位、系统的服务;要求律师不断拓宽专业服务领域,以适应经济的发展;要求律师不仅加强国内联合,还要开展国际合作。我国律师业应作出相应的调整,无论在规模的调整上,还是在专业化分工与合作上,律师事务所都必须重新定位,努力建立自己的个性化服务,形成自己的品牌,以获得更多的交易机会。

2. 品牌化是参与国际竞争的需要

加入 WTO 后,我国政府即承诺逐步开放律师服务业。当那些有着先进管理经验和服务意识,有着精深法律专业知识的律师及分工合理的世界知名律师事务所出现在我们面前时,我们的"单兵作战"的传统,我们的"小米加步枪"的形式面临严峻挑战,除了强化专业分工与合作,提高专业服务水平,形成规模并获得集体合力,建立品牌提供个性化服务,我们别无选择。

(二)律师事务所的品牌定位

律师事务所的品牌定位,其实质就是律师事务所自身的定位。任何品牌,都有其内在定位及社会定位。因此律师事务所的品牌定位也包括两方面,即品牌的内在品质定位和品牌的社会效应定位。内在的品质定位包括律师事务所的专业化分工与定位、单领域服务与多领域服务及律师事务所的规模化等;而品牌的社会效应定位则取决于社会公众对品牌的评价,包含一定品质与规模的品牌终归要为公众所认知,公众的认知度便形成了品牌的社会效应。律师事务所通过苦练内功,同样也可以将一定品牌的社会定位作为发展的目标。比如以地域而论,可先将律师事务所品牌定位为一个区域或地方品牌,随着影响力不断扩大,逐步发展为全国性品牌乃至国际品牌。律师品牌仅仅是律师事务所品牌的一部分,律师事务所的品牌与律师品牌不同,作为一个执业组织,律师事务所的品牌是团体品牌,律师事务所品牌化就是团体的品牌化。

(三)品牌形象的塑造

现如今,基于行业竞争禁止的若干规定及行业特点,律师事务所的形象宣传不同于一般工商企业直接面对消费者(客户)进行的宣传。相反,最有效的途径首先是在公检法等司法机构和国家机关形成良好的口碑,再通过它们向社会各界传播;其次是参加或举办各种有新闻效应的活动,通过媒体进行宣传,如为著名经济学家提供免费法律服务,既有新闻效应,也可以扩宽直接的案件介绍来源。

品牌形象建设的一项重要工程是导入企业形象识别(CI)。CI

的策划与实施需要专业咨询公司进行设计与辅导,CI 工作与质量认证中的服务标志有关系,应在质量认证初步建立标志的基础上进一步升华为企业形象与识别系统。CI 与企业精神与企业文化建设也有紧密关系。加强事务所的"市场营销",打造中国律师业服务名牌,应制定和实施长期的品牌经营战略。可以走"学术促业务"的路子,在专业学术研究方面给予有效的组织和支持。树立法律界学术强人的社会形象,以学术水平昭示业务水平,从而带动业务的发展。为了树立品牌形象,律师事务所可以做的具体工作包括:结合内部培训,开发行业中有影响的精品培训课程,在企业法律顾问系统内推广;举办各种学术研讨会,走在各个专业领域的研究前列,并以学术交流为纽带与司法机关等国家机关建立良好的工作关系;进行专业资料、学术著作的编著;在专业期刊发表专业文章;运作专业网站;做好每一项日常服务工作。

进行形象宣传,要注意不能违反业界反不正当竞争的有关规定。应进行服务商标的设计与注册,有条件时对办公场所进行重新设计,按科学的区域功能划分原理重新布置办公区域,配置经专业策划制作的标志(中英双语),以适应新的发展需要。当然,仅有形象是不够的,法律服务工作必须接受客户的考验,即所提供的法律服务不仅仅是合格的,而且还应是有用的、讲求实际的、经济的、及时的和有价值的。

关于品牌化建设,不同的律师事务所有不同的方案,但万变不离其宗,究其本质,应抓好三个要点:

1. 品牌能否彰显有赖于质量管理是否能坚持

建立一套质量管理与评价制度其实并不难,难的是能够以坚定不移的信念去贯彻实施。律师事务所在质量管理上存在差异,原因可能并不是有没有建立质量管理体系,或者说,其质量管理体系的设计是否更严密或规则更多,而是有没有持之以恒地将自己辛苦设计的质量管理制度长期坚持下去,并且能够根据客观情况的变化进行适时的调整以使其能够符合时势的需要——这一点,其实也是十分重要的,因为客观情况及自身的发展是在不断变化的。因而,质量管理体系也必须顺时势的要求而作相应的调整,这当然也需要长期坚持。

铸就品牌需要时间,客户不会因为律师事务所在某一件事或某一个时点的优秀表现而赋予其长久的信任。况且,经历长久时间所建立的声誉也可能会因为一时的疏忽而受到损害。卓著的声誉与优秀的品牌来自数十年甚至上百年日复一日地提供高效优质的服务。缺少持之以恒的理念支撑的质量管理体系,无论多么科学或多么优秀,也是形同虚设。所以,只有将建立的质量管理体系长期如一地坚持并且在实践过程中不断去体会、去完善以使其日臻成熟,这样的质量管理体系才能发挥铸就事务所品牌与声誉的作用和功效。

2. 人才培训是品牌持久的保证

事情最终是要人来做,法律服务也是由律师来提供的。所以,如果只有高标准的质量管理流程,没有素质合格的律师,那么优质服务的提供就是无米之炊,再好的质量管理流程也没有太大用处。因而,在有了持之以恒的理念之后,应该做的第一件事就是建立律师的培训制度。

建立培训制度的目的是要将置身于其中的每一位律师培养成为训练有素的律师。因而,我们首先应该了解一位合格的律师应该具备的素质。一位合格的执业律师应该具备如下素养:(1)专业技能。包括对法律的理解、法律实务的处理能力、语言能力(包括文字与口语表达能力),其中法律实务的处理能力是不可忽视的,单纯对法律条文的含义具有深刻理解,对于律师而言,是远远不够的,律师必须有能力将法律规定与社会现实及客户意图相结合,从而提出实际可能的法律操作方案,这种能力对于律师而言是至关重要的。(2)沟通能力。包括与客户、上司、同事及相关人员的沟通协调能力。(3)团队合作意识与责任感。

3. 客户的满意度是品牌的试金石

一个客户如果肯花时间投诉的话,可能至少表明他还希望能够通过某种途径解决存在的问题。从某种意义而言,糟糕的可能不是律师遭到客户投诉,而是客户连投诉的时间都不想花——转身就走。所以,对于客户的投诉应该以平和的心态冷静地去处理;对于客户的抱怨,要耐心地听取与解释。因为,客户的投诉可能是律师与客户的最后一次沟通机会,客户可能会因对服务的不满而离去(当然,在某种情况下,失去客户也未必是坏事),也可能会因为正确处理、化解误会而使客户加深了对事务所及律师行业的理解,甚至会成为长期的合作伙伴。同时,客户投诉最重要的作用就是评价作用,也就是说,客户对律师事务所的服务表示赞赏,对于事务所的质量管理体系是一种评价。同样地,客户的投诉或抱怨也是一种评价,表面上虽然是消极的评价,但是对于律师事务所质量管理体系的建设而言,其实却是积极作用远大于消极作用。因为,客户的投诉会使我们的头脑变得冷静,从而能够静下心来考虑:客户为什么不满意?其原因是什么?是律师没有责任心、业务素质欠缺还是没有掌握沟通技巧、抑或其他原因?那么就会进一步思考在质量管理体系中存在的什么问题致使这些问题出现,以及如何去解决。

从此可见,客户实际上是事务所质量管理体系的一面镜子,可以让律所和律师知道其真正存在的问题。对于肯花时间投诉的客户,如果能够消除误会,其完全可以成为事务所的忠诚客户和朋友。

鉴于此,律所似乎没有理由把处理客户投诉看成一件令人头疼的事儿。同时,应该注意的是:律所要把客户投诉看成找寻质量管理问题的机会,最重要的是要查清原因并对质量管理进行完善。所以,永远不要抱着惩罚的心态去处理投诉,不要认为按照客户的要求惩罚了律师就能留住客户,从某种意义上讲,一个不能客观处理问题的事务所也很难让客户相信其有能力提供优质的法律服务。

第二章

剖析:我国律师事务所管理存在的问题

一、律师事务所内部会计控制问题

随着司法行政工作的不断发展,律师事务所内部会计控制的问题越来越受到重视。为了保证律师事务所的工作正常、有效运行,律师事务所需要顺应法律建立律师事务所的内部会计制度。

内部会计控制是企业管理者为了确保法律、法规以及经营方针、政策的贯彻落实,保护财产、物资的安全和完整,保证财务会计信息和其他相关信息的真实性、准确性、及时性和可靠性,避免或降低各种风险,促进企业经营管理水平的不断提高,实现既定的目标,对所属企业和人员的行为进行制约和规范,对所拥有的资金和财产进行维护和有效利用实施的一系列方法、程序和制度的总称,是一种自我检查、自我调整和自我制约的系统。

(一)内部会计控制问题

律师事务所的内部会计控制问题是律师事务所管理很重要的

一部分,由于律师执业失败风险巨大,律师事务所会通过谨慎选择客户、购买律师执业责任保险等方式来规避风险。近年来律师事务所财务人员侵占资金案件时有发生。① 究其原因,都是管理者对财务风险关注不够。如果对财务风险予以足够的关注,就可以大大减少资金挪用事件的发生。而且有的律师事务所为了减少纳税,可能会采取假发票、设假账、隐匿收入等行为。因此对于内部财务控制问题的把控需要由一批专业的财务团队管理所内各种财务流转、进账出账、费用报销等问题。若无专业的会计人员进行管理、把控,律师事务所在财务方面则会存在很严重的漏洞。

律师是只能靠自己的法律知识赚钱的职业群体,律师事务所是律师的大本营。律师事务所内部会计控制也是律师事务所管理的核心部分,主要存在以下问题:

1. 钱账不分离

钱账不分离主要是所内的出纳和会计由同一个人进行操作时会造成的财务脱离律师事务所管控的问题,近年来部分律师事务所的会计和出纳都由一人担任,经办人和批准人为同一人。诸如此类的节约成本费用之举有很多,殊不知,为了节省小钱,造成财务内部控制关键环节的缺失,会诱发更大的损失。在这种放任式的管理下,又何谈财务信息分析、整合、战略决策?最终只会导致律师事务所的发展受限。这种钱账不分离的行为就可能导致一个律师事务所在财务管理方面存在失控的风险。

---

① 例如,2015年曝出的郭某侵占案,年终单位进行财务审计时,郭某和审计公司的人一起到开户行中国银行总行营业部,将审计公司的询证函交给银行,等他们离开后,郭某再趁机溜回来,对银行工作人员谎称刚才交的询证函数据有误,将询证函取回,再伪造银行的询证结果,盖上开户行账户管理印章,并通过开户行当地邮局邮寄给审计公司,这样审计公司就查不出问题了。所用的银行印章是郭某花200元钱在路边买的假印章,用完后就扔了。

2. 费用支出审核把关不严

律师事务所内没有建立严格的费用报销审批制度，对于审批程序、报销人员的责任没有明确规定，造成费用报销混乱、责任不清、报销监督不严的现象普遍存在。财务人员针对发票进行报销时，对于采购费用是否真实存在的问题、费用花费过高的问题、工作人员是否私收回扣等问题无法进行核实，而所内合伙人、高级管理人员对于审批程序管理不严格，监督不到位。如律师事务所的行政部门进行一次会议，所需材料经高层审批后，其实际花销却没有这么多，而所里领导则是见发票就报销，这样会存在费用花销不真实的情况，且无人监督，这样就导致费用报销真实性无法核对，浪费律师事务所的资金。

3. 欠缺资金管理

律师事务所的货币资金主要由银行存款和库存现金构成。个别律师事务所由于财经法纪观念淡薄，未在金融机构开立合法合规的银行账户，有的虽已开立账户但长期不用，业务往来直接以现金支收，随意以个人名字开立活期储蓄存折，有的甚至出借银行账户为外单位或个人办理转账业务，造成内部资金管理的混乱。在现金管理方面，存在库存现金长、短款以及白条抵库的问题，个别单位甚至会计和出纳各管一部分现金，严重违反国家财政纪律。在2015年的郭某侵占案中，郭某以做假账伪造签名的手段作案，其通过转账方式，将单位账户上的钱直接转到他和女友李某名下银行卡里。办理转账需要单位出具证明，要有预留签名人签字，加盖单位公章、财务章，而郭某利用正常盖章的机会，在转账证明上盖上公章，然后模仿单位负责人的签字，再盖上由其保管的单位财务章，后去银行办理转账。为了躲避财务检查，每次他从银行取回对账单后，通过单位电脑制作相同的对账单，把需要的数据保留，不需要的数据删除,由于他提供给财务主管的账单明细都是他制作的假账单,所以单位财务主管查不出来。

4. 固定资产混乱

律师事务所内的固定资产混乱,所内没有专门的管理人员进行固定资产管理,则会导致以下问题:

(1)固定资产管理内部管理的分散性,导致信息的不对称,账目管理与实物管理不同步,财务会计主体、采购主体、核算主体之间缺乏相互沟通,从而出现一些账实不符的现象。

(2)固定资产的录入标准不统一。由于下属部门比较多,各下属机构会计对软件的分类的理解不同,导致归类不统一。例如,对于电脑的归类,有些归入微型计算机,有些归入台式机。还有对于办公小用品,可能无法在清查软件中找到合适的归类,从而出现了任意归类的现象。

(3)固定资产信息化的程度还需要进一步加强。近年来,信息化程度不断提高,各种会计软件、固定资产管理软件也不断升级,但软件之间缺乏衔接,不是先破后立,而是自立门户,从而加大了会计入账的工作量。

(4)固定资产的变更手续不全,变更所得资金没有及时入账。特别是对于变卖的、损毁的资产,常常没有及时入账。

(5)固定资产凭证的保管、档案的管理存在纰漏。没有及时保留相应的凭证,且这些凭证与总账、收支明细账一起放置,给往后的查询带来一定的困难。

5. 律师事务所内部无专门审计监督

多数律师事务所受规模限制没有专设的审计部门,没有专门的审计人员监督。这就导致律师事务所财务人员权力集中,从而存在财务方面的隐患。而律师和合伙人大多忙于业务,很少对财务进行监管,甚至不予过问,导致律师事务所财务人员权力过大,所里的财务问题也会慢慢显现出来。由于缺少有效的监督或监督不到位,导致部分律师事务所的财务管理处于随意状态。所内没有专门的审计部门,只依靠外部的审计公司来监督财务有无问题。律师事务所内的财务部门权力过大,很容易导致2015年郭某案中类似买假章躲避审计的行为产生。

6. 律师虚开发票报销问题

在律师事务所内最懂法律的就是律师,在虚开增值专用发票的问题上,因财务人员并无法律知识的储备,所以无法把控律师提供的合同内容是否真实,更不能从法律层面把控律师是否虚开律师事务所里的专用发票,这样就会给律师事务所带来潜在风险。

律师报销发票需要律师事务所内的会计人员核查发票的真实性,对于报销发票的类别、数额违反税法规定的情形,需经有相关知识背景的会计人员进行审查,并提示律师哪些是符合税法要求的、合规的发票。如此时未经律师事务所会计人员进行核实、把控,又存在律师肆意乱开虚假发票、任意类型的发票都予以报销或违反税法规定开发票的现象,除律师会受到相关处罚,律师事务所也将承担责任。

(二)完善内部会计制度

律师事务所管理人员要树立内部会计控制的意识,改变观念意识,要认识到内部会计控制对律师事务所的发展的重要性。树立正确的内部会计控制意识,积极完善内部会计控制制度,主要从以下方面展开:

1. 明确各部门的岗位

(1)不同岗位设置不同的职务人员,各自负责各自的岗位,做好自己的本职工作,不相容的岗位设置不同的工作人员。从岗位上把控出纳和会计由不同的工作人员任职。

（2）实行岗位抽查制度，即工作人员定期强制休假，安排不同岗位的人员进行工作抽查，类似于银行工作人员会被强制休假5天进行岗位检查，从而可以定期实施工作进度的把控。

（3）强化会计人员的思想教育，提高会计人员的整体素质，首先要加强对内部会计控制的宣传，提高工作人员内部会计控制意识，通过积极宣传和营造和谐的工作气氛，加强内部会计控制。

2. 建立内部会计控制的审批制度

会计人员具有扎实的会计功底，深刻了解会计知识、会计管理层面的制度。律师事务所需要建立一个综合内部管理机构，建立严格费用报销审批制度。(1)由专门的会计人员核实所内的每项费用报销是否真实，明确费用报销主体；统一由各部门的主管每月去财务部门报销并对报销费用的真实性承担责任。(2)费用报销的流程：统一由会计人员做好报销费用表格，核实费用报销的真实性后，由财务人员上报财务主管，由财务主管递交管理者进行统一报销，完善报销费用流程。由专门的财务人员审核费用的真实性，可以减少所内人员虚假报销费用的现象。

3. 加强固定资产管理

（1）加强内部的沟通，账目与实物管理分开的目的是防止腐败，但也要加强沟通，以保证会计与实物管理员工作的积极性。

（2）对于新软件的应用，国家相关的研发部门一要注重与以往软件的兼容性，应该在原软件的基础上进行创新。如果必须放弃原有的，需要进行相应的公告，组织人员学习新软件的精髓。二是要注重新软件实际应用性的调研活动，要注意到现实运用中可能出现的问题。同时，要学习新旧软件中的区别。由于年轻干部的接受度比较高，且对旧软件的依赖性较弱，可以让他们带动中老年干部的学习。

(3) 加强学习。首先应组织专门负责人进行统一学习,集思广益,征求大家对不同分类标准的看法,征求大家在学习过程中遇到的问题,再统一进行调整。

(4) 在日记账及拨出、拨入明细账的基础上,建立损益、报亏明细账,注意要做好凭证的保管与档案的管理工作。

(5) 尽量做到一个"口子"进出,杜绝经过多个人。建议上级有关部门对下级配置资产,尽量事先通知相关入账部门,做好入口台账登记。

(6) 完善固定资产管理制度,加强对资产构建、处置的检查监督,完善管理办法,包括固定资产登记制度、固定资产报告制度、固定资产盘点制度和固定资产处置程序等。

4. 设立所内专门的审计监督

审计监督是审计机关依法独立检查被审计单位的会计凭证、会计账簿、会计报表以及其他与财政收支、财务收支有关的资料和资产,监督财政收支、财务收支真实、合法和效益的行为。审计机关依法独立行使审计监督权,不受其他行政机关、社会团体和个人的干涉。以财政资金、国有资产为线索,审计发挥在财经领域的传统专业优势,去监督资金有没有得到规范有效使用,有没有得到保值增值。审计在财政预算执行、国有企业财务收支、重点投资项目等多个方面行使监督权力,履行"公共资金的守护者"职能。

一家律师事务所内有财务部门,也应该设立审计部门,即与国家设置的审计监督制度相统一。有些律师事务所内部无审计部门监督,就会导致财务部门权力集中。内部监管制度不完善,容易出现财务混乱或侵占律师事务所内资金的现象,因为律师事务所内律师精通的是法律,对于财务问题还是不如专业的财务人员精通。这时候靠其他的非财务部门进行监督难以避免类似郭某案的案件的发生。而所内设立专门的审计部门来监督财务部门，日常财务需经过审计部门把控监督，各个部门权力制衡、相互监督，从而控制律师事务所内部的财务人员的行为，财务问题大大减少了。而律师事务所外部的审计公司则把控整个律师事务所有没有做假账或者其他违反税法的规定的现象。

5. 律师发票报销

律师进行发票报销时，为了避免税费过高，就很容易出现律师购买虚假发票进行报销的情况，这样律师事务所也需要承担责任。这时就需要专业的会计人员进行核实，如果律师事务所没有专业的人士去做这些事情，律师事务所的会计控制就有风险。而且律师事务所内部的会计账目也容易出现混乱，所以会计人员的专业性技能是必不可少的。虽然所内的会计人员根据有关税法规定的可报销发票的类型核实发票，但针对发票的真实性会计人员也不能分辨出来，律师事务所可以规定发票超过一定金额时需要提供合同，并且培训会计人员使其学习相关的法律知识，这样可以减少律师事务所的风险。当然关于律师报销发票，最主要还是依靠律师的自觉性，不干违法违纪的事，这样在执业中也会大大减少自身和律师事务所的风险。

二、律师事务所业务档案管理问题

律师业务档案管理一直是律师事务所规范化管理的重要组成部分，但一直未得到律师事务所以及律师应有的重视。律师业务档案包括诉讼业务和非诉讼业务律师业务档案。律师业务档案是律师在执业过程中形成的，能够真实反映律师执业过程的文字、录音、录像、照片等资料的总和。它能够客观地体现律师在办理委托事务过程中所付出的工作量,直观地体现出律师的价值和专业化水平。

律师业务档案是律师办理案件过程的真实记录,具有重要的参考价值。比如,律师接受二审案件的委托时,要想彻底理清案件事实,理顺法律关系,对一审案卷的查阅和分析是不可逾越的程序。一审业务档案规范与否,影响着二审代理人对案件的整体把握。若是档案整理不够规范,遗漏重要证据或是其他关键证据,甚至会导致败诉。反之,规范的业务档案可以让二审代理律师很容易在较短的时间内对案件进行整体把握,大大节省二审代理律师的时间和精力,提高二审案件的办理效率。另外,通过分析业务档案中收集的侦查机关、司法机关、仲裁机关的法律文书,可以帮助律师分析其办案思路,为以后办理类似案件积累经验,增强办案效果,提高办案质量。

(一) 律师业务档案管理中存在的问题

1. 律师业务档案的内容不规范

这一问题首先表现在律师业务档案的装卷比较随意,律师协会对于装卷材料有明文规定,但很多律师不按照律师协会的要求整理装卷。有些必要的材料如代理意见、代理词没有装卷,而一些存档意义不大的材料如经过历次修改的代理词、辩护词的草稿等却装进了档案。还有律师事务所明确要求律师规范整理结案材料,但律师总是为了省去很多麻烦,不按规范准备材料、遗缺各种必备材料,结案材料则是能简则简。其次表现在装卷材料质量不高。比如,办案小结过于简单,内容千篇一律,对于办案过程中的经验、教训没有用心总结,只是为了应对规章制度要求,这影响了律师业务档案的利用价值。

(1) 重诉讼卷宗,尤其是刑事、行政和仲裁案卷,轻民事、经济和非诉讼卷宗。在诉讼类卷宗中,律师对于刑事案件、行政案件和仲裁案件的卷宗比较重视,而对民事、经济类案件的卷宗,从业务档案的内容、材料到装订、归档、保管等方面不够重视。原因是民事、经济类案卷材料较多,甚至有大量的照片、票据等需要粘贴、整理,比较烦琐,律师不愿将案卷材料全部归档。而刑事、行政和仲裁等诉讼类案件,在办案过程中,审理的程序、阶段比较明显,大多数卷宗能按要求及时装订、立卷、归档、保管。对非诉讼类案件的卷宗管理不够重视,有的根本就没有形成卷宗。对法律顾问、咨询、代书、见证、出具法律意见书、审查有关法律文书等则不做工作记录,不建立卷宗,或内容不全,或不存原件。

(2)重案件的办理,轻案卷材料的收集。有些律师片面地认为,律师办理案件,目的是解决问题、化解矛盾,所以律师只要按照法律规定和司法机关的程序办理案件就好。至于案卷中的材料,只是案件办理过程中的依据而已,整理和归档工作应该归司法机关,需要查阅和复制案件材料可以到司法机关申请,案子办完了材料也就没多大使用价值了。殊不知案件办结后,案卷还能成为律师总结案件心得、供上级主管部门查阅和年轻律师学习的素材。

(3)重业务管理,轻档案管理。有的律师办理完自己承办的案件后,因为业务繁忙不能及时归档甚至不归档;有的律师事务所因为人员紧张没有专人管理卷宗,律师即便是按照要求归档也无人接收,久而久之档案管理也流于形式;有的律师事务所虽然配备了专人,但是由兼职人员或者实习律师担任,因为不熟悉业务,专业技能生疏,造成档案接收不规范,借阅借调登记混乱,卷宗遗失时有发生;有的律师事务所接收了案卷但没有按照档案管理要求建立档案目录、编号、装盒等,凌乱地堆放在文件柜内,无法及时查找,不但容易丢失,也无法做好保密工作;还有些律师事务所考虑到建立专门档案存放办公室成本过高,会给律师事务所造成太大的经济压力,将档案室和律师工作室分离,这都不利于档案的利用和管理。上述情况短期内可能不会影响问题的解决,也不会影响律师事务所的业务开展,但长远来看,使律师事务所的业务档案管理流于形式,不但会影响当事人权益的实现,也会影响律师事务所的信誉,甚至会造成很大的管理风险。

(4)重档案的收集,轻档案的开发利用。可喜的是,目前大多数规范化管理的律师事务所能认识到律师业务档案的重要性,配备专门办公室、专人负责、规范要求,并建立档案目录、编号、装盒。但对于律师业务档案的开发利用还存在不足,搞好律师业务档案的开发利用,对于指导律师办案和引导律师事务所向健康方向发展都大有益处。

2. 律师业务档案的整理不及时

当前,法律服务市场竞争日趋激烈,律师疲于办案创收,把大部分精力都用在了承揽案源和办理案件上,而后续的业务档案则是堆积如山,只有等到司法行政管理部门对律师事务所进行考核时才草草装卷应付检查。因为档案整理不及时,有时造成档案材料的丢失或者毁损,这就形成了律师业务档案不规范的现象。这也会导致律师整理档案时缺少各种归档材料,无法办理业务档案手续,造成案件一直在律师手里,久结不了。

(1)诉讼类业务档案。律师在诉讼案件办理中通常会把一些案卷所需的必备材料提交法院,不预留备份,这样就导致后期业务案件进行归档的时候材料不齐全。当律师事务所有专门的管理人员指导律师办理案卷材料的归档手续时,律师内心是抵触归卷的,从思想上排斥案卷整理带来的麻烦,很多律师认为每天案子都接不完、办不完,哪里有这么多时间进行案卷后期整理工作?这些抵触心理主要来源于有些律师事务所对于业务档案管理不重视。

律师事务所应重视业务材料的归档,加强律师对案卷材料归档的认识,宣传律师业务档案对于律师的好处,完善律师事务所关于案卷材料整理的规章制度。

(2)非诉讼类业务档案。律师事务所对于办理非诉讼案件的把控是比较严格的,因为非诉讼类业务的风险比较高,在出具法律意见书时,律师事务所内部需要核查有无虚假现象,但单单靠书面的法律意见书核查不出律师在出具法律意见书时是否有造假行为,这时需要审查非诉讼类案件的工作底稿。非诉讼类案件的工作底稿一般是比较多的,制作、保存完整的各种记录是律师事务所及项目承办律师的基本职业操守之一。在进行非诉讼类业务的案卷归档时要保存工作底稿且需要加盖公司公章的原件,而律师在承办非诉讼法律业务时,往往不想提供纸质版工作底稿或者提供的工作底稿不够详细。如果律师事务所内没有专门的人员进行工作底稿的核查与保存,就会导致工作底稿缺少或者不详细,后续将会给律师事务所造成很大的困扰与麻烦。

(二)对于业务档案管理的建议

1. 认识业务档案对于律师事务所的重要性

律师事务所的高层管理人员应该认识到档案对于律师事务所的重要性,并加强律师对档案的认识,加强业务档案的宣传工作,要明确律师业务档案是律师事务所业务工作的记录,是律师事务所的财富,也是律师业务研讨、查阅类似案件判例的重要依据,是律师和实习律师借调、借阅和学习的重要材料,更是律师事务所对外宣传案件办理质量的凭证。通过进行档案的管理,可以总结律师办案过程中存在的问题。对于案卷中发现的问题进行总结,可以让律师从中吸取教训,提高客户的满意度,以降低律师事务所的风险,此外,律师业务档案也是律师面对当事人投诉时的主要证据。因此，要加强律师对于业务档案的认识，使其认识到律师业务档案既能体现自己办案的成绩，也是在与当事人发生纠纷时保护自己的重要证据。律师事务所必须重视对卷宗的收集、归档和管理，强化律师事务所合伙人对于档案管理的意识，建立健全档案管理的规章制度，把档案工作列入律师事务所管理工作计划中。

（1）设立专门的档案管理人员。律师事务所应该设立专门的档案管理员管理所内的律师档案，提高律师事务所业务归档材料的齐全性，对于专门的档案管理员应该普及和提高档案知识及技能。对于律师事务所的档案管理人员，首先进行档案管理的基础培训，即学习律师协会对于档案所需的材料的要求，熟悉档案归档所需要的材料。再由档案管理人员对律师、实习律师和律师助理进行案卷归档的培训，告知档案归档所需要的材料，从而指导律师把档案工作做得更好，提高律师开展档案工作的主动性和积极性。档案工作应从实习律师入门抓起，要提高实习律师的档案意识。在律师事务所内，通过对不同类别人员进行不同层次的培训，提高律师事务所的整体档案工作水平。

律师事务所应明确由一名专职或兼职人员负责档案管理，明确档案管理人员岗位责任。档案管理人员要认真负责，按照律师协会归档要求，认真审查每一本卷宗的内容是否齐全、装订是否符合规范、填写是否正确，只有符合归档材料要求的卷宗才能归档。必须改变律师只顾业务经济效益，不重视业务后期的案卷归档的局面。对档案材料不规范的案卷却进行了归档的，律师事务所要追究档案管理人员的责任。律师事务所对归档的卷宗要进行不定期的检查和抽查，以确保归档卷宗的质量。

（2）注重区分业务档案的不同分类。律师事务所的业务档案应该明确诉讼和非诉讼案卷的档案分类，所需要的材料根据案件的

第二章 剖析:我国律师事务所管理存在的问题

性质不同进行不同的材料归卷。针对诉讼类的案卷,律师需要注重保存当事人的案卷材料,后期进行归档。卷宗材料应按诉讼程序的客观进程或时间顺序装订。律师在承办业务中使用的各种证明材料、往来公文、谈话笔录、调查记录等都需要保存。对于业务档案的卷宗应编目并装订,卷面及目录要逐项填写,卷宗要逐页编号。对于大于卷面的材料应当折叠整齐,小于卷面的材料要加裱衬底,破损的材料应修补或复制。卷宗装订处应当贴上本所封签,骑缝线上应加盖立卷人的姓名章。收案日期以委托书签订之日为准,结案日期以收到判决书(裁定书、调解书)之日为准,法律顾问业务则以收结日期为准,其他非诉讼法律事务,以委托事项办结之日为结案日。卷宗整理应在结案或事务办结后3个月内完成并归档。凡不符合归卷规定要求的档案,一律退回交卷人再整理。涉及国家机密和个人隐私的案卷应当确定密级,归档时应在档案封面左上角加盖密卷章。

律师承办非诉讼法律业务,应当注意材料的收集、整理和妥善保管,制定完整的工作计划、编制完整的工作底稿和工作报告后,一并将所有材料汇编成业务档案交由所里档案室管理。非诉讼项目业务档案必须从项目完成之日起算保存7年。全部项目档案应当由律师事务所统一保存,出现律师转所、律师事务所合并、分立、注销等情况时,非诉讼项目档案必须按照律师监管部门的要求妥善安排。

2. 建立健全规章制度,档案管理有章可循

(1)案卷管理与规章制度相结合。律师事务所应当建立档案管理制度,明确归档的具体时间和标准。档案管理制度应包括以下几方面:①结案:材料种类、手续、排序、装订;②归档:归档时间、归档要求;③电子目录:分类、排序、索引;④借阅:内部借阅、外部借阅、审批手续、借阅期限;⑤利用:利用档案编写大事记、成功案例

等。建立档案管理制度后，明确告知律师、实习律师阅读规章制度。对于各个环节所需要的各种材料，明确规定在规章制度中，方便律师查看，规范业务档案的整理。如进行结案时所需要的各种材料明确写入规章制度中，对缺失材料的不予进行结案归档；律师借卷则需要走审批程序，留存纸质材料方便后续律师归卷记录。

（2）案卷管理与财务管理相结合。律师事务所需要律师整理纸质材料，所以律师事务所对于律师业务应预留部分款项，督促律师进行归档，律师的业务案卷需要经档案管理人员审查合格，签发结案审批表后，交至财务处结清提留的费用；对卷宗不符合要求，出现遗失等问题的，需要提醒律师补齐材料后，再次进行归卷。对于不符合要求的，不能结算遗留的费用。

（3）案卷管理与人事管理相结合。对于律师转出本所的，应对档案进行清理，明确未结的案件，并与转入律师事务所形成书面的转入转出协议（三方协议：律师、转入所和转出所），以免律师在转所过程中造成案卷管理出现漏洞。所以需要律师在办理"三清"证明，由档案管理员进行核查，对于没有结案的案卷需要提醒律师签三方协议。转出案卷后，才能由人事部门开具"三清"证明，这样才能保证律师业务卷宗规范完整。

3. 建立专门的律师事务所档案库房

很多律师事务所并没有建立专门的档案库房，很多小型的律师事务所的案卷都是律师本人保存，在办理转所时，才统一办理档案的事情。不过现在很多正规的律师事务所已经开始统一管理律师的业务档案，建立专门的档案库房，统一存放暂时不使用，并且需要长期保管的律师业务档案。这样既解决了律师办公用房费用成本过高、不具备保管条件的问题，同时又解决了专业管理人员的不足问题。

三、律师与律师事务所的关系问题

(一)律师和律师事务所的概念

《律师法》对律师的定义规定在第 2 条第 1 款：本法所称律师，是指依法取得律师执业证书，接受委托或者指定，为当事人提供法律服务的执业人员。

律师的属性包括：其一，具有一定法律知识，符合报考国家统一法律职业资格考试的学历条件；其二，经国家"法律职业资格考试合格"，取得资格；其三，经国家司法行政部门批准，取得执业证书；其四，为社会提供法律服务，并以此为职业。

因此，律师是指通过国家统一法律职业资格考试并依法取得律师执业证书，接受委托或者指定，为当事人提供法律服务的执业人员。律师的性质就是以为社会提供法律服务为职业的法律服务工作者。

律师事务所在规定的专业活动范围内，接受中外当事人的委托，提供各种法律服务；负责具体分配和指导所属律师的业务工作；根据需要，经司法部批准，可设立专业性的律师事务所，有条件的律师事务所可按专业分工的原则在内部设置若干业务组。律师事务所原则上设在县、市、市辖区，各律师事务所之间没有隶属关系。

(二)律师与律师事务所的关系

关于律师与律师事务所之间的关系有两种说法，一种认为律师与律师事务所之间属于挂靠关系，另一种认为二者是劳动关系。对于律师事务所和律师的关系，一般人往往理解为劳动合同关系。在某些时候，无论司法行政机关、律师协会，还是当事人，以及劳动纠纷处理机构,也都把律师事务所和律师的关系,按照劳动合同关系来对待。《律师法》第 2 条规定,律师是指依法取得律师执业证书,接受委托或者指定,为当事人提供法律服务的执业人员;该法第 28 条规定,律师可以从事担任法律顾问、担任代理人、担任辩护人等业务;该法第 14 条规定,律师事务所是律师的执业机构。

从《律师法》的这些规定可以看出,律师个人才是提供法律服务的主体。司法行政机关颁发给律师的律师执业证是持证律师获得执业律师职务的有效证件,并且律师执业证需每年进行注册,未经年度注册的无效。律师协会会费也是向律师个人收取的。这也说明了律师个人才是依法获准为社会提供法律服务的主体。再从律师的工作方式来看,一般都是律师个人为自己联系业务,各人联系的业务归各人自己办理,收入也归各人与律师事务所分配,与其他律师基本无关。另外,律师事务所的律师之间,除了合伙人可以参与律师事务所的管理之外,律师之间在业务上都是平等关系,没有管理与被管理的关系,除了授薪律师以外。

虽然当事人与律师的委托合同等一切对外的文件都是以律师事务所的名义统一签订,但实际上律师事务所一般并没有安排承办律师的权利,当事人和律师之间的业务都是由律师自行商谈,律师事务所为其提供场地,所以律师事务所作为律师的执业机构,其实并不是律师的用人单位。而律师事务所向律师收取的管理费并不是因为其为律师事务所劳动而缴纳的,律师的劳动付出主要是为委托人提供劳动,而并非为律师事务所劳动。律师事务所与当事人之间并没有直接的关系,律师的"用人单位"实际上可以说是委托人,而不是律师事务所。律师的工作也主要是对委托人负责,其次才是对律师事务所负责。

而授薪律师与律师之间则是属于劳务关系,所谓的授薪律师和

第二章 剖析:我国律师事务所管理存在的问题

律师助理差不多,他们主要是年轻律师,还没有自己的案源或者尚在实习期间无工作经验,其选择与律师签订劳务合同,二者形成律师个人之间的劳务关系。律师和律师事务所之间的关系不能用劳务关系来界定,律师事务所对于律师收取的是律师办理案件的管理费,律师事务所只是为律师提供了一个可以执业的平台。应该说二者之间的关系更像是挂靠。

在一般劳动合同关系中,只有用人单位才有经营范围和经营资质,劳动者个人并不需要具有经营范围和经营资质。虽然有些岗位也要求劳动者必须具备某种职业资格,但具备这种职业资格并不能使其成为独立经营主体。劳动者与用人单位根据劳动合同约定工作内容、工作地点、工作时间、劳动保护和条件、劳动报酬、劳动纪律等内容,劳动者个人不需要对企业经营负责,只需要对自己的本职工作负责。简单地说,劳动者与用人单位的劳动关系,只关系到劳动者和用人单位双方。而律师和律师事务所的关系,不仅关系到律师和律师事务所,而且还关系到委托人和律师的主管机关。所以律师和律师事务所的关系,远远要比劳动者和用人单位的关系更为复杂,二者是有显著的区别的。律师事务所主任并非真正意义上的老板,律师事务所也并非单纯的经营性质的企业,因此,不能把律师和律师事务所的关系按照劳动合同关系来对待。

那么如何认识和界定律师事务所和律师之间的关系呢?律师事务所是律师的执业机构,为律师执业提供办公场地、辅助性服务,负责管理律师遵守《律师法》、恪守律师职业道德,协助律师研究、讨论案件,组织律师培训和学习,但只能收取律师业务收入的一部分。而律师个人则承担着联系业务、承办业务等大量具体的实际法律服务工作,并获得大部分业务收入作为报酬。律师和律师事务所共同对当事人负责,对当事人承担法律责任,受律师和当事人之间的委托合同的约束。根据这种实际情况判断,律师事务所实际上是介乎委托人和律师之间的中介服务机构,其与委托人是平等的法律关系,与律师之间也是平等的法律关系。律师事务所只是为律师执业提供了平台,因为律师只有挂靠律师事务所才能执业,而律师与律师事务所签订的合同是属于双方当事人签订的普通合同,不属于劳动合同。例如,律师的社保是由律师自行缴纳,律师事务所内的办公用品和办公室工位都是由律师向律师事务所缴纳费用后使用的。而律师与律师事务所之间只有挂靠关系,对外由律师与律师事务所共同承担责任,对内进行追偿,与普通的劳动关系是有区别的。

律师与律师事务所的关系,从法条来看有劳动关系的特征,如2011年《工伤保险条例》也将律师事务所、会计师事务所、基金会列为应参加工伤保险用人单位。从这条规定来看,律师事务所属于参加工伤保险用人单位,律师的工伤保险应该由律师事务所来缴纳。但是在现实生活中,律师的社保由律师事务所缴纳,但是实际的费用需要律师自行承担,也就是说个人缴纳和单位缴纳部分都由律师承担,从现实情况来说律师与律师事务所之间的关系是属于挂靠关系的。

因为律师与其律师事务所属于挂靠关系,对律师存在的不法行为,律师事务所在其内部对律师个人进行追偿。律师事务所需要有管理层人员把控律师事务所的风险,因为其与律师仅存在挂靠关系,并不能真正地把控律师的行为。当律师与律师事务所存在利益冲突的时候,律师可以随时转所,而律师事务所则首先需要对外承担责任。

(三)律师与律师事务所关系问题案例

关于律师与律师事务所关系问题的争议还有很多,比如下面的案例:

第二章 剖析:我国律师事务所管理存在的问题

2007年4月18日,原告唐某开始在被告辽宁某律师事务所执业,双方约定以收取律师费的50%为原告提成工资,按月发放给原告。2007年10月18日案外人沈阳某有限公司与被告签订委托律师合同,合同约定被告委派原告和案外人赵某作为律师代为申请诉讼保全活动,律师费3万元。2008年11月10日,被告又与沈阳某有限公司签订委托律师合同,约定被告继续委派案外人赵某与原告担任诉讼代理人,代理费3万元。上述两份合同中约定的代理活动,被告均已完成,但沈阳某有限公司未付清代理费用,被告于2008年3月3日向法院起诉该公司,要求该公司支付律师费,原告和案外人赵某为被告的委托代理人。法院于2008年5月13日作出(2008)西民合初字第470号民事判决书,判决沈阳某有限公司给付被告律师费4.5万元。判决生效后,被告申请执行,执行回款3.8万元,但被告未给付原告该笔代理费提成。2010年12月15日,原告申请劳动仲裁,要求被告支付拖欠的工资及押金,大连市劳动人事争议仲裁委员会做出大劳人仲裁字[2011]第37号仲裁裁决书,裁决被告支付原告工资400元,原告不服,向法院提起诉讼,要求被告给付拖欠工资2.14万元(提成1.9万元、2009年4月工资400元、垫付交通费等2000元),返还1000元电脑押金。

该案中涉及的法律关系即律师事务所与律师之间是否属于劳动关系在理论与实践中存在两种不同意见:

第一种意见认为,律师事务所与律师之间属于劳动关系。主要理由是,《劳动合同法实施条例》第3条规定:"依法成立的会计师事务所、律师事务所等合伙组织和基金会,属于劳动合同法规定的用人单位。"2011年《工伤保险条例》也将律师事务所、会计师事务所、基金会列为应参加工伤保险用人单位。从以上法条规定来看,律师事务所具有作为用人单位的主体资格,而律师作为自然人,具有劳动者的法定条件,双方都具备劳动关系的主体条件。律师与律师事务所签订聘用合同后,律师向律师事务所出让劳动力的使用权,即律师事务所对律师有用人自主权。而律师事务所必须向律师提供符合国家有关规定的劳动条件,包括办公场所和必要的办公工具,同时要支付律师相应的报酬。律师必须接受律师事务所的监督管理,遵守律师事务所的劳动纪律和规章制度,从事律师事务所分配的工作和服从律师事务所的人事安排。因此,律师与律师事务所之间是劳动关系。本案中仲裁机构就是按照双方之间存在劳动关系支持原告部分工资的仲裁请求。

第二种意见认为,律师与律师事务所之间的关系不是劳动关系。因为律师必须要挂靠律师事务所才能执业,律师与律师事务所之间签订的聘用合同是司法局或律协组织的管理性要求,合同内容大部分是关于律师事务所与律师之间利益分配的约定,与正常的劳动合同约定劳资双方的权利和义务不同,因此律师与律师事务所之间的关系不属于劳动关系。

该案中,原告与被告约定按照50%的比例分配代理费就是典型的提成律师类型,"按月发放"只是按比例计算的代理费的支付方式,不能以"按月发放"这种方式认定其属于正常劳动关系中的工资,因此本案原告与被告之间的关系不属于劳动关系。在庭审后,经法院主持调解,原告与被告达成调解协议:"被告辽宁某律师事务所一次性给付原告唐某8000元(已当庭给付),双方权利义务终止,再无其他纠纷。"虽然最后调解结案,但该案涉及的法律关系在理论和实践中存在争议,引发的讨论和思考对以后的审判工作都有一定的参考作用。因此,在判断律师和律师事务所之间关系时应具体情况具体分析,作出准确认定。

针对上述案例来说,随着2011年《工伤保险条例》将律师事务

第二章 剖析:我国律师事务所管理存在的问题

所、会计师事务所、基金会列为应参加工伤保险用人单位,律师事务所与律师之间属于劳动关系一度成为谈论的热点。其实律师事务所是司法局批准成立并进行管理的,并不是经过工商登记的企业,更不是民政部登记的民办非企业单位。尽管《劳动合同法实施条例》第3条和《工伤保险条例》规定依法成立的会计师事务所、律师事务所等合伙组织和基金会,属于《劳动合同法》规定的用人单位,但上述条文只是列出律师事务所、会计师事务所等组织可以作为用人单位,而并没有明确要求律师事务所与全部律师都是劳动关系。因此,律师事务所和律师之间的关系应该区分不同的情况来确定是否为劳动关系,不能一概而论。

(四)律师与律师事务所关系分析

在对律师与律师事务所之间法律关系作出评析前,我们应明确劳动关系的确认标准。原劳动和社会保障部《关于确立劳动关系有关事项的通知》第1条规定:"用人单位招用劳动者未订立书面劳动合同,但同时具备下列情形的,劳动关系成立。(一)用人单位和劳动者符合法律、法规规定的主体资格;(二)用人单位依法制定的各项劳动规章制度适用于劳动者,劳动者受用人单位的劳动管理,从事用人单位安排的有报酬的劳动;(三)劳动者提供的劳动是用人单位业务的组成部分。"该通知虽然属于部门规范性文件,但与《劳动法》《劳动合同法》等其他法律规范相比,该通知不仅能够体现出劳动法律法规对劳动关系认定的法理,更具有较强的操作性,因此该通知也成为司法部门在审理案件时确认双方劳动关系最主要的标准。判断律师与律师事务所之间是否属于劳动关系,也应严格遵照该通知来进行。一般的律师事务所包括专职从事行政事务或勤杂工作的人员、从事律师事务领取固定报酬的律师、与律师事务所按利益分成的律师和合伙人。现根据上述认定标准,对上述不同类型人员与律师事务所之间的法律关系进行分析。

1. 专职从事行政事务或勤杂工作的人员与律师事务所之间的法律关系

此类人员与律师事务所之间应该属于劳动关系。首先，按照《劳动合同法实施条例》的规定，律师事务所具备一定用工主体资格，该类人员亦具备劳动主体资格，因此二者具备成立劳动关系的主体资格。笔者认为《劳动合同法》与《工伤保险条例》之所以规定律师事务所可以成为用工主体，主要针对的就是此种类型劳动者权利的保护。其次，行政事务或勤杂工作人员从事的工作内容相对固定，律师事务所对内制定的各项劳动规章制度均适用于该类人员，包括考勤、请假、工作纪律等规章制度。该类人员受律师事务所管理，从事律师事务所安排的有偿劳动，该部分劳动亦都属于律师事务所业务的组成部分。因此，行政人员、勤杂人员和律师事务所之间属于劳动关系，受《劳动合同法》调整。

2. 领取固定报酬的事务型律师与律师事务所之间的法律关系

传统律师事务所的经营方式是合伙制，近年来越来越多的律师事务所实行公司制管理，将律师分为两种，即纯粹从事内部法律事务工作的律师与从事外部联系业务的律师。纯粹从事内部法律事务工作的律师，不负责也不允许其对外联系案源，只负责律师事务所分派案件的内部法律事务的处理，包括合同的审核、诉讼材料的准备、文书书写，有些还负责出庭参加庭审、顾问单位的维护等工作，每月领取固定报酬，关系相对稳定。因此，领取固定报酬的事务型律师与行政人员和勤杂人员相同，受律师事务所管理，从事律师事务所统一安排的有固定报酬的工作，与律师事务所之间就劳动报酬产生的纠纷属于劳动争议，应按照劳动争议有关规定处理。

3. 合伙人、领取提成报酬的律师与律师事务所之间的法律关系

合伙人与领取提成报酬的律师都是按照与律师事务所之间约定的提成比例提取案件的代理费用,在当事人交纳案件代理费用后扣除律师事务所应提部分,其余由律师所有。律师主要依靠自身的能力、社会关系网络等搜集案源,不从事律师事务所安排的工作。有时律师事务所也会分派一些案件给律师办理,但双方亦会约定一定的提成比例分配利益。这种类型律师的报酬是与当事人约定的代理费,而不是律师事务所支付的,他们不从事律师事务所安排的工作,也不受律师事务所规章制度的管理。因此,这种律师与律师事务所之间是一般的合同关系,不是劳动关系,因合伙利益的分配方式及具体利益分配等问题产生的纠纷,属于民事纠纷,适用相关民事法律规定处理。

第三章

风控:律师事务所业务风险管理控制体系

一、律师事务所业务风险的概念及其种类

法治社会中的律师是公民私权利的忠实代表,是社会理性不同声音的忠实代表,是以私权利制约公权力的忠实代表。律师的执业权利与地位,是一个社会民主法治进程和人权保障情况最灵敏的晴雨表。可喜的是,随着我国社会主义市场经济的发展,律师事务所如雨后春笋般遍地开花,律师行业呈现一片欣欣向荣的景象。然而,在优胜劣汰的机制下,法律服务市场的竞争也日趋激烈,不正当竞争的例子也屡见不鲜。与此同时,随着我国法治的不断健全和完善,规范和制约律师及律师事务所行为的法律规范和行业自律条款越来越多,对律师事务所执业行为和管理方面提出的要求越来越

高,律师事务所面临的法律风险也日益升高。有鉴于此,律师事务所加强自身风险管控能力对于维护品牌和口碑,提升律师业务水平,拓展业务边界,保持在轨道内有序运行,最终在市场竞争中独占鳌头、拔得头筹,具有毋庸置疑的重要意义。

律师事务所面临业务风险,这是毋庸置疑的客观事实。所谓业务,是指个人或某个机构的本行业本职工作,简单来说就是各行业中需要处理的事务,但通常指的是销售方面的事务。因为任何公司单位最终仍然是以销售产品、服务、技术等为主,所以业务主要指的是进行或处理与商业利益相关的活动。所谓风险,是指在某一特定环境下,在某一特定时间段内,某种损失发生的可能性。简而言之,风险指在某一个特定时间段里,人们所期望达到的目标与实际出现的结果之间产生的距离。

那么,何为律所的业务风险?律师事务所的风险是指律师事务所在执业过程中,因向当事人提供法律服务或履行职务不符合约定或法定条件,或未被当事人认可,从而导致的遭受经济损失、声誉损失或其他损失的可能性。这种定义将时间局限在"执业过程中",有一定合理性,因为律所归根结底是商业组织,业务风险主要发生在执业过程中,然而除此之外业务风险与市场环境、律所管理、意外事故等因素也密切相关。概括来说,业务风险可以分为市场风险、行业风险、管理风险、律师执业责任风险、委托人欠费风险、意外及其他风险。

(一)市场风险

1. 法律服务市场不成熟

律师服务的领域相对狭小,本来应当由律师承担的工作,很多情况下可能由行政部门、事业单位、专门机构等承担。比如由地方政府部门成立的中小企业法律咨询服务机构,为中小企业免费提供法律培训、免费规范合同范本、免费提供法律咨询、免费提供法律疑难问题解决方案等服务。这对于担任中小企业法律顾问的律师们来说服务的范围又狭小了许多。

同时,法律服务市场还存在分割的情况,主要表现在法律服务所甚至各种性质的单位提供法律咨询,利用行业优势甚至行政权力,来包揽应当由律师承办的该行业的法律服务业务。

2. 竞争规则不规范

在律师事务所之间,在不同地区律师之间,承揽业务并不完全依赖律师的业务水准,还会依赖于某些特殊的关系。并且各律所之间通过支付介绍费、打"价格战"等方式进行恶性竞争的现象也时有发生。法律服务所的法律工作者也存在打着律师的名义承揽业务的情况。

(二)行业风险

1. 本地以外律师的准入

开放法律服务市场给本地以外的律师不仅带来新的机遇,同时也带来挑战和风险。首先,本地律师的法律服务市场必然被分割;其次,根据"适者生存、优胜劣汰"的法则,本地相对弱小的律师组织机构很难与外来的大律师事务所抗衡。例如,地方上的很多重大的刑事案件、企业上市等业务,当事人还是更愿意选择北京的几个大所。

2. 法律服务产品专业化程度低

中国律师制度恢复仅仅40余年,中国律师业处于青少年期,律师法律服务的专业化程度从总体上说是较低的。这影响了律师行业的综合实力和整体优势。

3. 业务结构相对单一

少数律师事务所法律服务业务结构单一,当国家经济调控政策或者经济状况发生变化时,在该单一业务的法律服务市场大幅缩小甚至没有的情况下,其生存和发展形势就变得非常严峻。

4. 规模小,团队精神缺乏

当然,不能说律师事务所规模小风险就大,但规模小又缺乏团队精神的律所的确很难抵住大风浪。团队精神缺乏是律师行业比较普遍的问题,影响了人的潜力发挥和事务所的整体实力。

(三) **管理风险**

1. 财务管理风险

财务管理风险主要是指律所在经营中,由于观念上的陈旧和管理机制的不完善导致的财务上的风险。现阶段律师事务所的内部财务管理风险主要有:

(1) 财会人员素质不高,会计核算基础工作薄弱。由于一些事务所的管理者,从利益角度出发重视开拓律师业务而忽视内部财务管理工作,未能配备较高业务素质的财会人员,大量聘用兼职会计和未经专业培训的出纳人员,使会计核算出现账表、账账、账证和账物不符的现象,会计核算未能为内部财务管理提供真实、准确的财务数据和信息,更无法实施有效的内部财务管理。

(2) 由于我国当前律所主要采取合伙人制度,在财务管理上存在漏洞,难以杜绝律师个人私自收费现象,一旦被当事人投诉,将给律所带来巨大的财务损失。

(3) 律师事务所不按规定缴纳税费的风险。个别律所为了追求经济利益最大化,不惜铤而走险,偷税漏税,一旦被税务部门查处,会给律所带来严重损失,严重的甚至构成犯罪。

2. 文书管理风险

律师文书管理制度对于提高律师事务所形象,拓展律所业务有着积极意义。律师事务所文书管理主要涉及两大方面:一方面是各类授权委托书、委托代理合同等文书的发放不规范，往往容易给律师私自接案收案可乘之机，一旦出现问题，将给事务所来巨大损失。另一方面是事务所公章的管理。有些律师事务公章没有设立专人专管，对公章使用的审查不严格等，这也会给事务所带来风险。

（四）律师执业责任风险

执业律师受律师事务所指派为委托人提供法律服务，律师的执业行为即为律师事务所的执业行为，如律师在执业中违规给委托人造成损失，律师事务所不得不按《律师法》第54条的规定为之承担责任。律师执业责任风险主要表现为以下几类：

（1）积极风险。所谓积极风险是指由律师积极、主动追求某种结果的发生而造成的责任风险。主要表现为以下几种类型：一是向委托人做虚假承诺；二是私自向委托人收取费用、索要财物；三是在同一法律事务中为双方当事人或有利益冲突的委托人代理；四是利用提供法律服务的便利为当事人谋取有争议的权益；五是滥用代理权或越权代理；六是无正当理由，不履行约定的法律服务义务，比如，部分律师不顾个人实际能力，为了经济利益盲目接案，有时出差在外，忘了开庭，在当事人未到庭的情况下，被法院视为自动撤诉或作出缺席判决；有的律师庭前准备不足，该举证的重要证据未提供，该做的调查未做，以致委托人承担不利的诉讼后果。

（2）消极风险。所谓消极风险是指律师在执业过程中，由于消极、不作为而造成的责任风险。其一表现为律师及律师辅助人员的不尽职尽责、疏忽大意等过错行为。例如，不慎将委托人提交的重要材料遗失；错过了法律规定的上诉期、举证期、申请执行期、申诉期等法定期间，导致当事人利益受损；或本应该争取到的权益未能争取到，输了不该输的官司等。这些现象在律师执业实践中时有发生。对未造成严重后果的行为，当事人一般只是要求退还代理费,对造成当事人较大经济损失的,当事人往往会依据《律师法》第54条的规定要求律师事务所赔偿。其二则表现为律师事务所对律师承办业务把关不严。律师事务所对律师出具的法律文书把关不严,法律意见书、律师函不严谨、不真实,律师对新业务不熟悉,缺乏经验使委托人决策失误造成损失等。这在办理非诉讼业务时较常见,如有的律师出具法律意见书时对有关材料未认真核实,便出具了"经审查,有关材料真实有效"的法律意见书。这一情况在近几年开展的为银行个人住房、汽车按揭贷款业务提供法律服务中时常发生,主要在申请贷款的个人真实身份、实际收入的审查方面,很多律师只是进行材料上的形式审查,并未能做到实地核实,这就很容易给律师事务所和律师带来执业风险。因为银行决定是否发放贷款的一个重要依据便是律师事务所出具的法律意见书。此外,在实践中还出现由于现行有关法律规定不完善,导致律师对法律条文的理解与司法机关、仲裁机关不一致的情况,司法文书或仲裁裁决书的结果一旦与律师出具的法律意见相左,委托人也会向律师事务所索赔。

(五)委托人欠费风险

根据国家发改委、司法部印发的《律师服务收费管理办法》第11条、第13条的规定,律师事务所办理涉及财产关系的民事案件时,委托人在被告知政府指导价后仍要求实行风险代理的,可以实行风险代理收费;实行风险代理的,律师事务所可以在不高于收费合同约定标的额的30%的幅度内收取风险代理费。现在不少律师事务所都采用风险代理方式,即当律师服务达到一定目的时委托人才付费,但有时由于风险代理合同条款规定得不够严谨,在律师办结委托事务后委托人便找借口不付费。比如,某位律师办理房产买卖合同纠纷,双方签订委托代理合同,约定该委托代理事项实行预先收费与风险代理（胜诉收费）相结合的收费方式，其中诉讼对方提出本诉的部分，按照对方起诉标的额的3%计算，预先收取律师代理费；被告提出反诉的部分实行风险代理，按照代理律师帮助其获得胜诉判决，获取实际利益的数额的30%计算收取律师代理费用，并约定本委托事项为甲方（被告）不可撤销之委托，因甲方中途反悔或不配合诉讼导致案件不能胜诉的，推定案件已经胜诉，甲方应按其反诉标的额和双方约定的比例，向律所支付风险代理费用。后来律师尽职尽责地履行了合同义务，但委托人不仅长期拖欠预先收费部分的律师代理费2.1万元，而且在其诉讼过程中由于律师的出色代理而化不利为有利，使案件明显有了转机之后，多次违反合同约定，企图摆脱律师的代理，以达到不支付风险代理费和其他费用的目的，最后律师不得不诉诸法庭。发生欠费风险多是由于律师事先对案件和委托人的信用判断不准，或是风险代理合同条款约定不明确所致，当然也有少数是委托人在事后失去诚信，故意违约欠费的。

（六）意外及其他风险

1. 被错误追究责任

如在刑事诉讼中，因犯罪嫌疑人翻供、证人改变证言，辩护律师被怪罪的事件时有发生。这不仅极大地挫伤了律师承办刑事案件、担任辩护人，履行宪法、法律赋予律师的使命的积极性，也给律师执业保障带来了极大的风险。

2. 意外伤亡及恶性疾病

律师执业的特点是为不特定的委托人服务，出差机会多、流动性大。防止意外伤亡，也在律师事务所风险防范之列。执业律师辛苦操劳，每天工作时间特别长。因此，一个律师生重病，困扰了整个事务所的情况也时有发生。

3. 律师无序流动

从一个青年大学生到一个小有名气的青年律师,需要5到10年时间的培养、磨炼。事务所将新人引进来加以培养,在花费了巨大的投入将人才培养起来的时候却面临人才流失的风险。因此,律师无序流动,不能不说是律师事务所要面临的一种风险。

二、建立业务风险管理控制体系

对于律师行业中的各种业务风险,很多律师事务所都缺乏足够的风险防范意识,更疏于建立完善的风险管理控制体系。律所一方面要有战略意识和长远目光,提升律所整体水平以规避长期风险。另一方面要聚焦律师执业过程中的每个环节,在执业活动中建立完善有效的风险管控体系。据介绍,国外的一些律师事务所不仅设有专管律师风险防范业务的执行合伙人,还制定了律师风险管理规则及组织条例。这对我们具有相当大的借鉴意义。

(一) 战略合理定位

律师事务所要根据自身的人力资源和业务状况,制定近期、长期发展规划,确定近期、中期和远期的发展目标,为自身正确定位,使自己的工作计划、发展目标、执业行为符合客观情况,避免与减少风险。

1. 法律服务产品结构恰当

律师事务所根据现有人员及其法律服务产品,判断自身擅长非诉讼业务还是诉讼业务。如果擅长非诉讼业务,则应该主攻金融业务、证券业务和公司法律业务。

2. 业务结构合理

业务结构单一,对事务所肯定是有较大风险的。律师个人可以朝"专科"发展,在某一领域成为带头人,但一个事务所不能专注于一个"专科",而应该专业化服务与综合服务并举,在拥有几样特色产品的基础上,不仅有"专科"还有"综合科",以适应法律服务市场的需求。

3. 人员规模、知识结构合理

律师事务所及律师,有以诉讼为主与以非诉讼为主之分,凡以非诉讼为主的律师事务所,其规模应当大一点。尤其要担当大客户的法律顾问,要做大项目的法律服务业务的,必须要有涉及不同法律服务领域的律师。

4. 以团队协同执业来发挥整体优势

无论是何种规模的律师事务所,只有把有限的律师组成一个团队,协同执业,才能体现整体优势。这一步迈不开,律师事务所人数即使成规模,达到几十人、上百人,却仍然会有各自为战的情况,背离了规模化的初衷。只有抱成一团,拧成一股绳,才能使律师事务所的竞争力大大提高。

(二)建立执业风险管控体系

针对律师执业过程各个环节的风险,律所要制订详尽、科学、合理的措施,形成一个完善有效的管理控制体系。就当前的现实情况来看,律所应当从收案、利益冲突处理、风险评估及告知、缔约、确定承办人、过程管理控制、案件研讨与汇报、记录与备案、业务学习、质量监控、责任追究、投诉调查反馈等方面,分别制订管理、监督及控制措施。

1. 建立健全科学的收案制度

收案是律师办理一宗律师业务的起始点。如果没有收案,就不可能发生执业风险的问题。律师事务所对收案程序进行严格的审查与管理、控制,有利于从源头控制、防范执业风险的发生。

在当事人提出委托要求后,由收案律师进行必要的、细致的、审慎的审查,可以较准确地把握该委托事务的法律属性,明确其法律关系及相关的法律要点,从而便于将之分配给在该类法律案件办理方面有专长的律师来处理。这样能更好地维护委托人的利益,进而防范风险事故的发生。

2. 利益冲突的处理制度

当律师接受当事人的委托,承办某一法律服务时,除了在收案时明确事务的法律属性,还应当审查和评估代理该客户时,是否与以前代理的客户有利益冲突,是否与现在代理或受聘的其他客户有利害冲突。如果即将代理的客户与过去代理过的客户是有利害冲突的,不论该代理是否结束,均不应接受委托;同样,如果将要代理的客户在该诉讼中的对方是已担任法律顾问的企业或者有利害冲突的单位和个人,事务所也不应当接受其委托,从而避免因双方代理引起的某些风险的产生。例如,某律师曾担任过仲裁员,裁决过某客户的案子,现在该律师被该客户委托担任其代理人;又如,某律师过去担任过审判员,审理过某一案件,现在该律师成为该案的代理人。凡此种种,对涉及利害冲突当事人的委托,应当加以规范。

3. 建立并执行风险评估及告知制度

在律师办理法律事务的过程中,常常由于各种出乎律师意料的及律师本身无法控制的因素而影响法律事务的办理结果。这种情形的发生,常常导致委托人对律师的误解甚至抱怨,进而引发其提出赔偿请求。因此,律师或者律师事务所在办理某一法律事务之初,就应当谨慎地对有关的可能出现的风险进行评估,并将之如实地告知委托人,以尊重委托人自身的意志,由其作出相关的决定。

4. 缔约明确化制度

律师在为委托人办理有关法律事务之前,会用委托合同的方式来约定双方的权利义务关系,以互相约束。但在现实生活中,一些委托代理合同内容极为简单,许多的权利义务约定不明,甚至没有约定。这种情况下,由于双方权利义务关系不明确,极易导致争议的发生。因此,律师事务所应当与委托人就双方的权利义务关系作出明确的约定,并用准确的、不易引起歧义的语句和词语进行表述。如此,可以在相当程度上避免纠纷的发生。

5. 设立主承办人制度

现代社会中,对于需要集体协作的工作或者活动,不管是建设公司进行一项建筑工程,还是商务公司进行一宗商务活动,往往都会确定一人作为项目经理(也可能为其他的称谓),由其就该项目对公司负责,具体发挥有关的协调、管理职能。律师办理法律事务时,存在类似的情形,即一项法律事务往往不是一人就可以独自处理完毕的,常常需要多人的参与、集体的协作,但又必须明确其具体的负责人,以利于组织协调。因此,有必要借鉴项目经理制度,设立主承办人来具体负责一项法律事务全过程的处理,以免因无人负责或者责任不明而使事务处理不当,从而对委托人的权益造成损害。

6. 过程管理控制制度

一项法律事务的处理,都需要经过一定的或长或短的时间才能完成。在处理过程中,如果承办人员由于疏忽或者其他原因,未能及时处理相关事务或者处置不当,就会对委托人合法权益造成损害。因此,有必要建立有关的过程管理控制机制,由承办人按一定时限将法律事务的办理进程反馈给管理部门,再由专门的负责部门或者人员依照各类法律事务的特点对有关的承办人予以提醒或者催促,从而避免延迟处理情况的发生。

7. 案件研讨与汇报制度

当案件只由某一个人单独办理时,由于其个人能力及知识的局

第三章 风控:律师事务所业务风险管理控制体系

限性,很容易产生对法律事务性质把握不准的情况。如此处理,则势必影响办理的质量,损害委托人的权益。俗语有云:"三个臭皮匠,顶个诸葛亮。"因此,完全有必要根据具体情况,将案件交由集体或者专门的部门进行研讨,发挥集体的智慧,形成综合意见供承办人作为办案的参考。

8. 记录与备案制度

律师在处理有关法律事务过程中,有相当的工作环节可能没有形成书面文件,或者有书面文件但可能因为某些意外情况而丢失,这些情况的出现都会导致工作不能正常进行,也可能使律师在与委托人发生争议时,无法有力地证明自己的主张。这也成了执业风险的一部分。因此,应当建立和完善文字记录及备案制度,这既有利于保护委托人的利益,也有利于保护律师自身的利益。

9. 业务学习制度

社会处在不断地发展变化之中,新情况、新问题不断出现,法律也在不断地完善与更新。律师如果不去积极学习各种新知识,就不能很好地维护委托人的权益,甚至可能给委托人的权益造成损害。因此,应当建立业务学习制度,敦促律师积极、认真地学习,这也可以从某种程度上防范律师执业风险的发生。

10. 质量监控制度

律师承办案件,在实际操作中往往单独行动。对律师担任法律顾问、实际履行职责的情况事务所亦不甚了解。律师法律服务的质量如何?当事人对律师服务的满意程度怎样?要掌握以上信息,律师事务所应当有控制律师办案质量的方法与制度:一是重大、新颖法律事务文书预审制度。对事务所出具的重要的法律文书,应建立复核制度以保证文书的质量。二是律师事务所应建立案件质量抽查制度。在可能的情况下,对全体律师承办的案件按一定的比例进行随机抽查,组织律师办案质量评估小组,对案件质量进行评估,找出问题,提出应注意的问题,探讨提高律师办案质量的措施。三是建立客户回访制度。对顾问单位和长期客户,定期或不定期地进行回访,征求和听取意见,改进服务方式,提高服务质量。

11. 责任追究制度

当人们追求利益的时候,还会注意避免损害自身的利益。也就是说,如果用一种制度措施去对有关责任人的过错行为予以追究并以限制甚至取消其某种利益为后果时,该有关责任人将会尽力避免过错的发生。当这种责任后果较为严重时,对主观故意形态的过错具有极为明显的抑制和防范作用。因此,在律师执业风险内部控制与监督制度中,绝对不能缺少有关责任追究的内容。

12. 投诉调查反馈制度

律师事务所要有专人负责听取委托人的访问、投诉。对投诉信件要认真听取各方面的意见,进行必要的调查;将调查的结果反馈给投诉人和被投诉的律师,消除误会,化解纠纷,改进律师的工作,提高服务质量。

(三) 加强对律师事务所财务管理,依法缴纳各种税费

从我国现阶段律所总体财务现状来看,其管理仍然相当粗糙和落后,突出表现在许多律所的财务管理还仅仅停留在简单的记账和统计上。随着政府部门特别是税收部门监管的日趋严格,律所的财务管理风险日益提高。财务人员的欺诈或虚假账务都会影响律所的正常财务状况,同时给事务所带来巨大风险。因此律所要加强对财务人员的教育和管理,严格要求依法做账,依法纳税,尽量避免来自财务管理瑕疵方面的风险。

(四)完善保险体系

律师及律师事务所的执业风险、市场风险以及意外风险的化解,要与国家的保险保障体系建立健全同步进行,要建立自身的保险保障体系。

1. 执业责任保险

律师业作为法律服务业,是一个具有一定风险的行业,尤其是承办非诉讼法律事务较多的律师事务所,在按照常规办理律师执业责任保险之外,还应针对承担某些项目的法律服务,投保单项的法律服务保险,使律师事务所的执业责任风险得以减轻。

2. 医疗保险与意外伤害保险

律师事务所现已开始办理医疗保险。对律师及其工作人员,律师事务所还应当定期为他们进行身体检查。

3. 养老与失业保险

养老保险作为一项强制性保险,是必须办的,失业保险也是,这是律师事务所应履行的社会义务及责任。在竞争十分激烈的市场经济环境下,律师事务所停业、律师"下岗"失业,也不是不可能的。

(五)提高人才素质

律师事务所的风险管理,归根到底是对人员素质的管理。它是一项事务所文化建设事业,是由律师事务所的宗旨决定的。

1. 律师的能力

律师应当向委托人提供称职的代理。要提供称职的代理,律师就必须具备进行代理所需要的法律知识和技能,并为代理进行必要的调查和准备。如果一个律师不具备这种能力,律师事务所应当指派具备这种能力的律师共同承办或指导该律师承办。律师没有这方面的能力,没有承办该类案子的实践经验,事先又没有对该法律事务进行准备和研究,又不同在该法律领域中有相当经验的律师讨论或请教或合作,很难提供称职的代理。委托人是律师事务所的客户,事务所有责任从能力和技能上要求律师为当事人提供称职的代理。

2. 职业道德的恪守

律师的事业心、责任心、律师的职业操守,是律师最起码的条件,也是律师办好法律事务所必备的前提。律师事务所应当从防范风险的角度出发,对律师进行持续的、不间断的律师职业道德教育,使律师在办理律师业务时,尽心尽责。

3. 严格执业纪律

"没有纪律不成军队。"没有严格的执业纪律,就不可能有一支社会公认和群众欢迎的执业律师队伍。律师事务所纪律不严格,就会投诉不断。律师事务所在执业纪律的遵守上来不得半点马虎。

(六) 改善执业环境

当前,律师执业环境有了很大的改善,但仍不尽如人意。律师执业环境的改善,单单靠律师事务所的努力是远远不够的。这涉及立法、执法部门,涉及司法行政机关,涉及行业协会。但律师事务所处在第一线,要与各方面加强沟通,要主动反映,据理力争,逐步改善律师的执业环境。这对防范律师执业风险,是最重要最基本的环节。

三、霍金路伟国际律师事务所的风险管理

霍金路伟国际律师事务所是一家全球排名前十、总部位于伦敦、在世界各地有 2800 多名律师,在世界各地有 50 个办事处的著名国际律师事务所。迄今,霍金路伟已有一百多年的历史,其风险

管理的模式也十分完善。

(一) 霍金路伟的风险管理体系

1. 霍金路伟的风险管理委员会

霍金路伟的风险管理委员会由来自英国、欧洲其他地区和亚洲的5位合伙人、首席运营官、首席财务官、总法律顾问及事务所秘书组成。其中，这5位合伙人负责对本地区事务所内部各项活动进行法律法规、政策、程序上的控制以及其他风险管理实践。首席运营官负责制定和实施符合整个事务所的风险管理办法，监测事务所可能发生的风险；首席财务官负责制定和监督实施关于财务方面的风险管理方法；总法律顾问为风险管理委员会的主席，其负责对事务所主要风险领域的风险管理以及对改进事务所内部程序与控制的过程进行评估；路伟的风险管理经理则由事务所秘书担任，负责审查并批准风险管理的范围、制定风险对策、程序。

风险管理委员会还设有风险管理员作为风险管理委员会的秘书，同时这些风险管理员也要向委员会提供咨询意见，提供风险管理的建议，以确保事务所的风险管理能够做好。他们提供的支持包括制定事务所的手册、构建风险管理的内部局域网等。

风险管理委员会每年举行6次会议，负责审查所有实质性的或重大的风险；并向管理层提出规避或解决风险的建议。

2. 风险管理联系合伙人

霍金路伟认为，风险管理不能仅靠开几次风险管理的会议就完成。风险管理实际上是一种文化，要持之以恒，渗透到事务所运营的每个环节中去。只有这样，才能真正做好风险管理。因此，路伟为每一个国家或地区的办公室均设一位风险管理联系合伙人，其主要负责了解管辖区的风险，组织当地的风险管理工作，为促进有效风险管理发挥作用。

3. 霍金路伟的风险管理培训

霍金路伟平时会对新合伙人、新获得执业资格的律师、实习律师及其他人员召开风险管理会议，以培养他们的风险意识，指导他们如何识别风险并在日常工作中如何进行风险管理。

（二）霍金路伟风险管理的具体措施

1. 霍金路伟的具体业务风险管理

在路伟，风险一般由国际执行官、国际管理委员会、专业支持律师、风险管理人员、事务所运营官、项目负责人、部门合伙人等人员在风险研讨会上以头脑风暴的方式讨论确定（参见表1、表2）。

表1　风险可能性评测表

几乎确定	以后 12 个月发生的可能性大于 75%
很可能	以后 12 个月发生的可能性大于 25%
可能	以后 12 个月发生的可能性在 10% 到 25% 之间
不大可能	以后 12 个月发生的可能性在 2% 到 10% 之间
可能性不大	以后 12 个月发生的可能性小于 2%

表2　风险严重性评测表

严重性	业务	名誉	货币风险	健康与安全
灾难性的	摧毁业务	不可恢复的名誉损害	大于基准数额	恶性的；停止办公一周以上
严重	对业务有重大损害，如严重的客户投诉等	在主要客户中名誉受损	基准数额的 20% 至 100%	严重损害；停止办公一天以上
中等	业务质量受损，导致不得不更改交付时间以保证质量	名誉部分受损	基准数额的 2% 至 20%	较小损害；停止办公小于一天

(续表)

严重性	业务	名誉	货币风险	健康与安全
较小	业务受到边缘性损害	名誉轻微受损	基准数额的0.2%至2%	微小损害；业务小规模中断
几乎没有	对业务的影响可以忽略	对名誉没有影响	低于基准数额的0.2%	没有损害；办公不受影响

2. 霍金路伟的个别办公室风险审查

风险管理委员会每年根据实际风险情况选定不同的办公室进行风险审查，一年大约6次，每次4至5天，通过风险研讨会、讨论及文件审查的形式，对下列领域进行风险审查：客户事项，如核实聘用函、重要日期和利益冲突；律师费率、合伙人的文档；财政风险，包括客户资金、员工工资、采购和职责分工；现金流动，包括银行业务、客户公司账户转账、账单与收款；人力资源，包括新进员工、离职员工、员工工资；网络技术，包括资料库的进入和备份等；安保工作，包括办公通道、紧急疏散计划；了解各地方的法规。

为了进一步控制事务所的风险、保障事务所各项活动的正常运行，路伟的风险管理委员会在日常的风险管理工作中不断加强对各类员工关于风险管理的培训，加强对各部门、各领域风险的监管和报告，坚持定期审查风险与制定风险应对对策，并根据最新情况对风险应对对策进行更新，在事务所的各项管理活动中不断提高风险管理的价值。

律师事务所对风险的管理和控制，与社会环境对律师执业保护的加强和改善，以及律师行业全体同人执业素养和执业能力的提高都是密不可分的。对于律所面临的业务风险，要从战略高度规划，针对业务流程的各个环节建立相应的监督管理制度，由上到下形成完整的风险管理控制体系。在具体活动方面，可以从路伟国际律师事务所的实践中汲取有益经验,将风险管理和控制的制度认真扎实地建立和落实。如此,在社会法律服务领域中,才能减少和避免律师事务所风险事故的发生,使事务所在这个竞争日趋激烈的环境中不断发展壮大,为我国法治的进步和发展做出自己积极的努力。

第四章
争议:律师事务所管理模式探讨

　　随着律师行业的发展,律师事务所的管理模式和发展趋势在律师界逐渐被重视起来,围绕该话题的探讨也越来越多。很多专家学者及实务界的律师,均对律师事务所的管理给予了相当高的重视。然而,虽然我国律师行业的从业人数在不断地增加,但是整个行业的发展仍存在很大的问题。例如,激励机制不足、内部管理混乱、民主制度缺乏等。律师事务所的管理模式与律师事务所乃至整个律师行业的发展息息相关。选择正确的、合适的管理模式,提高管理能力,已经成为目前我国律师行业亟待解决的问题。为此,围绕律师事务所管理模式的讨论和争议也从来没有停止。本章主要从公司制与提成制之争、专职管理与兼职管理之争两个角度来探讨律师事务所的管理模式。

一、公司制与提成制之争

目前,我国律师事务所主要有两种管理模式,一种是合伙提成制,一种是合伙公司制。两种模式存在很大的差异。简单来说,采合伙提成制的律师事务所,律师是无固定底薪的,其收入主要是律师个人的案源收入。采合伙提成制的律师事务所的律师是承担无限连带责任的,这也是律师事务所最传统的管理模式。而合伙公司制,其性质与传统的合伙提成有本质的区别,其在运行机制上采用的是先进的公司制管理模式。律师事务所公司制管理模式近年来备受推崇。然而,目前提成制的管理模式在我国律师事务所的管理中还占据着主流地位。

(一)提成制

律师事务所的提成制即在收入分配上,按照律师业务收费的数额,给予执业律师一定比例的提成作为律师提供法律服务工作的报酬的一种模式。

提成制作为目前国内律师事务所管理模式中最主流的一种,有很多优势,因此也有很多推崇者。提成制由于其"过程简单、操作简便、见效明显"等特点,至今仍然被多数律师事务采用。由于提成制使得律师的收入与其总业务收入水平之间建立了直接联系,多劳多得,因此极大地调动了律师的工作积极性,与此同时,也保障了律师事务所收入的增长。

提成制能够存在至今,并且在律师事务所管理模式中占主流地位,说明其仍然是适应当今社会发展的。然而,近年来,这种传统的提成制管理模式受到了越来越多的诟病。

提成制的反对者提出了以下提成制的弊端:

第四章 争议:律师事务所管理模式探讨

首先,提成制使得律师事务所的资源无法充分利用,容易造成资源浪费。随着市场经济的建立和发展,我国的律师行业也在不断向着专业化发展。需要法律服务的客户,对律师及整个律师行业的要求也在逐渐提高。律师完全靠自己单打独斗越来越难以被行业及客户认可。法律服务行业的客户,不仅要求律师个人能够提供优质的法律服务,而且希望其获得的服务来自整个律师事务所律师团队的智慧而非律师个人,这也是法律服务行业市场的一个重要变化和未来的发展趋势。为了适应这一变化及趋势,律师事务所就需要有意识地进行资源整合,对整个律师事务所的资源进行分类及共享,来打造律师事务所的团队及优势。但是这种资源整合与共享,在提成制的管理模式下是无法进行的。

在律师行业,对于律师的发展最重要的有两点。一是案源,首先要有案源,有机会做事情,才能产生收益;二是办案能力,这也是长久地维系收入的前提,只有拥有过硬的技巧和水平,能够提供优质的法律服务,才能保持案源的稳定性。但是在现实中,并不是所有律师都可以同时具备这两点。案源多的律师,未必有很强的办案能力,并且,律师行业的专业分工也越来越重要,每个律师都有自己擅长与不擅长的领域,各个事务所也均有自己的长处和短板。案源的维持,需要过硬的办案能力,而办案能力需要在案件的办理中练就和提高。为此,如果律师和事务所能够对自己所拥有的资源进行合理调剂,无论对于自己的发展,还是对行业的发展都是有百利而无一害的。

然而,在提成制下,由于受到经济利益的驱使,大多数律师都视自己的案源为珍宝,宁可自己办案质量下降,也不愿意与其他人分享自己的客户资源。这种情况必然导致两种结果:一是受到时间和精力的限制,案源较为丰富的律师不得不放弃一些无精力或无能力承办的案件,这样便白白浪费了这部分资源。二是律师强行承接所有案件,由于其精力和能力有限,便会不可避免地导致办案质量下降,长此以往则会影响自身声誉,导致案源萎缩。并且,对于自身没有足够的案源,而又无法分享其他律师的经济利益的律师,没有利益会使得他们不愿意为其他办案人出谋划策,即使其根据所在事务所的要求,参与其他律师的案件讨论,也不会愿意真正贡献自己的意见。这样,便使得这种讨论沦为形式,不能实现发挥集体智慧的目的。

其次,提成制不利于律师队伍的稳定及律师的成长。在律师这个行业当中,不同律师在案源收入与办案能力上的差别是普遍存在的,在资深律师与新律师之间,这种差异尤为明显。对于新入行的年轻律师而言,解决直接关乎其收入的案源问题,使其温饱获得起码的保证,是他们的最基本需求。但是律师的成长需要时间,使案源由无到有更为困难。年轻律师的发展对于整个律师行业队伍的稳定及行业的发展至关重要。要想解决年轻律师的这一问题,便需要给予年轻律师一个可以成长和发展的空间和环境。但是在提成制的管理模式下,年轻律师很难有这种成长环境。一些资质比较不错的年轻律师,在这种模式下长期得不到发展,便会丧失对在该行业继续发展的信心和兴趣,长此以往也会阻碍律师事务所的发展。

同时,资深律师经过多年的奋斗,在案源上已有一定程度的积累,其需要的也不再仅仅是经济收入。在满足了经济收入的基本需求后,他们必然会追求更高层次的发展,而这种发展仅靠个人也是无法达到的,实现这种多层次的发展,需要依托一个能够满足不同需求层次的环境和平台。这种环境和平台应当是一个有良好合作氛围、发展前景,能够团结广大律师共同奋进的环境和平台。但是,如果律师事务所日常关注的仅仅是办案和收入,实行高提成制的管理模式,律师事务所的集体收入几乎没有积累,那么,这种情况下的律师事务所在维持日常管理工作外,并不会有足够的经济实力来为这种环境和平台提供保障。长此以往,提成制的管理模式必然会影响律师队伍的稳定及律师的成长。

(二) 公司制

律师事务所的公司制管理模式近年来备受推崇。公司制是律师事务所组织形式创新的有益尝试。公司制,是指律师事务所在组织形式、产权结构、管理模式、责任承担等方面,按照公司制度的要求管理,使律师事务所建立起符合公司制度要求的组织机制、责任机制、管理机制、经营机制和分配机制,形成一个产权明晰、权责明确、管理科学的现代化公司制度,从而推动律师事务所的国际化、规模化、专业化、品牌化建设与发展。

律师事务所采取公司制的管理模式有以下优势:

首先,公司制使得律师事务所拥有独立的财产,可以实现所有权与经营管理权的分离,使得律师事务所有能力进行科学分配。在实行公司制管理模式的律师事务所内部,实行股东大会、董事会和监事会共同管理的模式。其日常管理工作可以由聘请来的具有管理经验的人来进行,如收案收费、案件讨论、学习培训、业务拓展、联合兼并、宣传策划、会务接待等事宜,均可以安排得井井有条。同时,由公司制律师事务所统一安排专业人员进行管理,也可以使律师事务所的管理有权威,对律师事务所的发展作出科学安排。如此一来,律师事务所的管理便可以实现职业化、专业化。对内,事务所律师有完整的组织,可以享受到更完备的管理,拥有更好的办公与学习环境。对外,也有利于树立律师事务所的品牌形象,使律师事务所获得更好的口碑。并且,这种案源管理模式不仅有利于调节律师事务所内部的关系,而且有利于把律师事务所的律师作为一股力量团结起来,共同为律师事务所的管理出谋划策。

其次,公司制有利于律师事务所的投资主体多元化,可以使得律师事务所吸纳更多资金来谋求自身发展。任何企业的发展与壮大都需要资金,律师事务所也不例外。律师事务所实行公司制管理模式,可以吸引国家、其他组织和个人为其出资,任何合法的主体均可成为律师事务所的出资人或股东。而投资主体一旦多元化,不仅会有更多的人投身律师行业,也会有更多的主体投资律师业。律师事务所有了更充足的资金,便可以充分利用这些资金来进行事务所建设,这对于律师事务所吸纳人才、扩大规模、提高律师事务所层次并提升其社会形象,无疑是有非常重大的意义的。并且,这并不只有利于某个律师事务所,也不仅会惠及某个律师,这对于整个律师行业的发展,都是有极大的促进作用的。

再次,公司制有利于律师事务所进行资源整合,优化资源配置,避免资源浪费。在提成制的管理模式下,事务所律师独立性较强,合作性较差,通常排斥与其他律师分享案源。这样便导致很多案源充足的律师由于精力不足不得已放弃一些没有精力去做的案子,同时,也会有很多律师由于经验不足缺乏案源,而丧失很多可以锻炼的机会。而在公司制的管理模式下,律师事务所可以对案源进行统一的合理分配,这样,既保证了可能收入本律师事务所的案源不会流向事务所之外,又可以保证事务所内部的合理分工,避免了资源的浪费。并且,这种案源分配模式也为年轻而又没有案源的律师提供了成长空间,为律师事务所的长久发展打下了坚实的基础。

最后,公司制有利于律师事务所实现专业化分工,向更高层次发展,提升律师事务所服务质量,提高律师专业能力。在提成制的管理模式下,受经济利益的驱使,事务所内的律师既不愿意共享案源,也不愿意贡献智慧,这样无疑对于律师本人的发展以及律师事务所的发展都是不利的。而在公司制的管理模式下,案源由律师事务所按照律师的专业分工进行分配,可以使得事务所在各个不同领域做专、做精,也可以使得事务所内律师通过对同一类型案件的钻研而成为该领域的专家。并且,当经济利益不再是主导因素时,对于非自己领域的案源,律师们也会愿意贡献智慧,共同学习,对于整体的发展都是有百利而无一害的。

长期以来,我国律师事务所的管理基本都是采取提成制,而大多数律师的成长路径,也都是在沿袭从律师到高级律师、从高级律师到名律师、从名律师到事务所主任的道路。而即便已经成为事务所主任,也不代表可以高枕无忧。事务所主任通常既要管理事务所的日常事务,又要代理诉讼或非诉讼业务,同时还要代表事务所出席各种社会活动,还要在各种社会组织、学术团体中兼职。而任何人的精力都是有限的,只做好一件事尚且不易,同时兼顾这么多的事项,再精明能干的人也会分身无术。长此以往便会导致其在每一方面都力不从心。

随着公司制律师事务所的诞生,一个职业经理人主政律师事务所的潮流也在到来。律师事务所有自己的CEO,有专业的管理模式,对于每个身在其中的律师以及整个律师行业,都是一件幸事。

二、专职管理与兼职管理之争

中国律师行业经过几十年的发展,不仅有几个人构成的小所,也出现了越来越多的人数多达几百人的大型律师事务所。规模的扩大也意味着管理难度的增加,越来越多的业内人士也认识到,律师事务所内部的稳定发展无论对于律师个人发展还是整个行业的发展都是至关重要的。兼职管理的模式在小所尚可敷用。但是随着律师事务所规模的扩大,兼职管理的模式越来越不适用。而专职管理的模式的优势也被越来越多的人注意到。采用专职管理的管理模式,将会有利于优化律师事务所内部结构,能够帮助律师事务所形成专业有效的运行管理机制,进而增强律师事务所的综合能力。

(一)行业现状

在讨论专职管理与兼职管理的模式之前,要先看一下律师事务所管理模式的现状。目前律师事务所的管理主要有三种模式:第一种是单一式管理模式。该种模式下律师事务所的主任是创始人和主要创收人。律师事务所的日常管理工作也都是由律师事务所主任一人全权负责。这种管理模式的优点是决策快、执行力强,但是由于律师事务所主任也并非专业管理人,在管理的知识和经验方面很难比专业管理人丰富,在管理上难免出现疏漏。并且,这种一言堂的模式也使得集体智慧得不到发挥,使得律师事务所丧失凝聚力。第二种是民主化管理模式。该种模式下,合伙人全部投入律师事务所日常事务的管理,事务所的大小事务均由全体合伙人研究讨论来共同做出决策,在表决上实行一票否决或少数服从多数的制度。这种管理模式的优点在于管理透明度高,可以让所有合伙人参与律师事务所的管理,发挥集体智慧。但是同时,该种模式的弊端之一是效率低下,全体合伙人事事都参与必然牵扯精力也会导致讨论时间的增加,并且也难免会出现议而不决的情况。第三种是分工化管理模式。该种模式下,律师事务所的管理由一个或几个合伙人负责,或者成立一个或几个针对律师事务所管理的专门委员会,由合伙人担任负责人。重大的问题由合伙人会议研讨决定,各个专项的管理事务则分由某个合伙人或管理委员会负责。这种模式比起前两种模式较为先进,在一定程度上可以避免前两种模式的一些弊端。

纵然如此,上述管理模式也都有一个共同的且无法避免的弊端,这也是兼职管理模式所不可避免的,那就是会牵扯合伙人大量的精力,使得合伙人不得不将一部分或者很大一部分精力放在并非自己专长的律师事务所管理上,从而会对整个律师事务所的业务开展和整体创收造成一定影响。并且,合伙人在承办业务的同时,还要负责管理律师事务所事务,由于各自立场和观点不同,难免会因为管理产生冲突,而进一步增加律师事务所的管理难度,引发合伙人之间的矛盾。由于兼职管理存在种种弊端,专职管理便显得越来越必要。

(二)专职管理的必要性

律师事务所属于法律中介组织,但是它是独立核算的经济体,其本身具备企业的基本特征。因此,律师事务所的管理也应当向现代企业的先进管理模式靠拢,打破律师事务所管理与现代企业管理之间的壁垒,探索一种边缘交叉的科学管理模式,借鉴现代企业科学管理观念,引进专职管理人才。

目前各国一些大型律师事务所,都意识到了律师事务所专职管理的重要性,也都采取了专职管理的模式。例如,德国目前几家规模较大的律师事务所,如贝肯律师事务所、潘德律师事务所等,均采用管理合伙人来实行专职管理。专职管理合伙人的地位相当于现代企业中的CEO,专门负责律师事务所的管理工作。英国著名的品诚梅森律师事务所也设立了高层董事来专门负责各种管理事务,行使之前管理委员会中的合伙人的管理职能,同时设立两位整体管理合伙人,分别处理英国国内业务和全球范围业务。在美国,大型律师事务所一般也都设有执行委员会作为最高管理层,并下设执行董事负责事务所日常管理工作。事实上,具有发展活力的规模化、国际化的大型律师事务所,没有哪一家可以离开专职管理模式。尽管各个律师事务所的管理模式不尽相同,但是它们都有一个共同的特点,就是把现代企业中管理人的角色引入律师事务所的经营管理之中。

国内的一些律师事务所,也在尝试引入专职管理的管理模式。香港的合伙律师事务所一般会吸纳一名非律师资格的合伙人作为行政经理,主管律师事务所的全面管理工作。这样既解决了管理问题,又解决了合伙律师工作繁忙的问题。我国内地的律师事务所由于配套制度不完善、改革态度不坚决等因素,成功者寥寥无几。而我国目前各个方面发展也越来越快,每一个领域都需要与国际接轨,因此,我国的律师事务所唯有向国际化、规模化、专业化、品牌化的方向发展,才可以在国际法律服务市场中占据一席之地。为了达到这个要求,便迫切地需要律师事务所采取专职管理的模式,选拔和培养一批懂法律,更懂得管理的专业人士来进行律师事务所的管理。在律师事务所中推行类似企业 CEO 模式的管理制度,使律师事务所也可以实现所有权与经营权相分离、职业者和管理者相分离,各尽其责,发挥各自优势,才能更好地增强律师事务所的实力,促进律师事务所的发展。

目前已经有少数律师事务所拥有了集管理权、执行权于一身的律师事务所管理人士,他们以"管委会主任""执行合伙人"等身份来实现其职能,但是此种模式下的很多管理者仍然只是兼职管理,而非专职管理。

对于大多数的中小规模的律师事务所来说,由于其资源有限,在维持律师事务所的日常运营外,很难承担专业的专职管理带来的巨大成本,为此只能把律师事务所的日常工作,交给某些合伙人,让他们在正常执业的同时来兼职管理。兼职管理制度的弊端是显而易见的,在一个组织中,除了升迁,同一个人只能扮演一个角色,切忌管理者角色多重化。目前国内律师事务所中普遍采取兼职管理的模式,律师事务所的主任或其他合伙人通常要兼职投资者、管理者、执业律师,这种模式已经深深阻碍了整个律师行业的发展。

更重要的是,律师合伙人在执业的同时,还要担任管理职务,但其本身同所中其他律师间就存在着利益冲突。兼职管理人有一定的决策权力,如果将自己掌握的权力与自身利益联系在一起,将极有可能损害其他人的利益,最终导致律师事务所整体利益的失衡。即使兼职管理人本人行事规范,其采取某些措施时,也容易引起误解。这将会导致兼职管理人在处理问题时顾虑繁多,畏首畏尾,无形中加大了管理难度。

因此,在律师事务所中采用专职管理的模式还是很必要的。但是采用专职管理的制度也是有前提的,只有当律师事务所发展到一定规模和人数,才能体现专职管理制度的优势。对于中小型律师事务所,兼职管理的模式也有其可取之处,不能一概而论。

(三)专职管理人的定位与职责

在现代企业中,公司的所有权归股东所有,但是股东通常不参与具体运作,而是选举董事会,聘用首席执行官或职业经理人来管理,专业管理人在执行股东会决议的基础上,充分发挥自己的才智,对公司进行科学、良性的经营和管理,来提升公司的竞争力。

律师事务所的组织架构同现代企业有相似之处:律师事务所的所有权归合伙人所有,律师事务所聘用普通律师来帮助创收、聘用行政人员来进行管理。不同之处在于合伙人也在为律师事务所创收,且有相当多的合伙人兼职律师事务所管理。

事实上,规范化管理的律师事务所,也应当具有与现代企业相似的管理架构:律师事务所作为合伙企业,其最高权力机构自然是全体合伙人大会——相当于公司的股东会或股东大会，律师事务所的经营方针、执业理念、章程制定等应当由全体合伙人大会民主通过。在全体合伙人大会下，设立高级合伙人会议或者管理委员会，由全体合伙人大会选举人员组成，直接对全体合伙人大会负责，成为律师事务所常设机构——相当于公司中的董事会，决策律师事务所的重大事项。律师事务所的专职管理人，正如现代企业中经理人的角色，其作用是运用全面的经营管理知识和丰富的管理经验，用先进的现代管理方法来经营律师事务所。专职管理人的职权应当包含以下方面。

第一，在授权范围内作出决策。尽管律师事务所的权力机构是全体合伙人大会和高级合伙人会议，但是并非律师事务所的所有事务都需要提升到这个层面来决策。事实上，律师事务所的管理通常包含两方面的内容：一方面是战略性管理，另一方面是日常管理。前者自然需要权力机构作出决策，但是后者完全可以让专职管理人做主，这样才能使得其他的合伙人从繁重的管理事务中解脱出来，有更多精力去开拓法律服务市场，提升律师事务所业务量。

第二，对于经营提出良好的战略性建议。由于专职管理人具备法律和管理方面的知识，在某种程度上，其具有比其他合伙人更敏锐的观察力，能够更好地发现机会、把握市场。此时，专职管理人应当充分发挥其专业能力和创造能力，在经过周密论证后提出新颖的律师事务所经营管理设想，并拿出切实可行的方案，由权力机构讨论表决，为律师事务所的发展提供更好的方向。

第三，协调人际关系，优化资源配置。律师是一种非常特殊的职业，律师事务所的人员管理与传统企业比起来也更为复杂。专职管理人的特殊地位，决定了其与其他人之间存在较少的利益冲突，使得其所处的地位相对中立。比较容易做到化解矛盾、相互协调、使全所人形成强大的凝聚力,更大限度地促进律帅个人和律师事务所的共同发展。

第四,贯彻执行权力机构的决策。执行力一词已经被更多的从事管理的人士所熟悉并接受。所谓执行力,是指贯彻战略意图,完成预定目标的操作能力,它是企业竞争力的核心,是把企业战略、规划转化为效益、成果的关键。执行力说起来简单,但是真正拥有一个具有执行力的管理团队并不容易。律师事务所经营与企业实质上没有太大差异,因此,选用专职管理人,正确地贯彻执行律师事务所权力机构的决策,是律师事务所能够向更高目标发展的关键所在。事实上,专职管理人的其他职权,也是在为执行合伙人的决策服务。

当然,上述职权同时也是专职管理人的职责所在,赋予专职管理人一定权力的同时,也应当制定规章制度,来对专职管理人进行考核,同时,也应当有比较完善的退出机制,来保证律师事务所管理的优质化。

(四)采用专职管理模式可能面临的冲击及误区

采用专职管理的模式,首先要完成的是思想上的认同。

长期以来,律师事务所的发起人充当管理者似乎成了一种惯例。而现在要打破这种惯例,从外部引进管理者,如何"兼容"就成了一个大问题。律师事务所的发起人大都经历了艰苦创业的过程,其管理是朴素、务实的。而引进的管理人员大都没有类似的经历,所接受的系统教育决定了其"务虚"的成分可能多一些。另外,律师事务所长期以来形成的管理与运行秩序,使已经各就各位的工作人员在面对自己陌生的管理者加入的时候,产生一种不信任和抵触的心理,这是正常的,由此,内部出现动荡的可能性也是存在的。要解决好这个问题,可在一定程度上借鉴公司法人治理制度，建立责、权、利明晰的管理机制。

采用专职管理模式，需要律师事务所作出战略上的调整。引进高级管理人员，并不单纯是管理者由兼职向专职的过渡，而应是律师事务所发展战略的调整。而律师事务所发展战略的确定，应由合伙人、合伙人会议决定，管理人员只是具体发展规划的落实者。引进人员由于具备丰富的管理经验与市场运作经验，其管理模式可能与传统的律师事务所管理模式存在差异。这就要求引进的管理人员的规划应符合本所的先期规划，律师事务所决策者既要对管理人员给予足够的信任与支持，又要制定明确的约束机制。

采用专职管理模式、引进管理人员必然涉及薪酬问题。由于律师事务所是一个中介服务机构，在目前行业实际情况下从业人员（包括合伙人与合作人）之间收入并不均衡。专职管理人员薪酬确定的合理与否直接关系到引进工作的成败。我们认为，参考企业职业经理人的薪酬确立模式，由合伙人、合伙人会议讨论建立管理人员经济效益与律师事务所发展效益挂钩的合理考核体系是成功引进管理人员的必备条件。

采用专职管理模式，需要处理发展的连贯性问题。引进的专职管理人员在观念上、对市场的认识上肯定和原管理者有不小的差异。引进管理人员以后如何保持律师事务所管理工作的连续性？引进人员的管理方法与市场运作模式如何与本所接轨？新老管理模式如何平稳过渡？合伙人、合伙人会议必须对此有一个明确的认识。在认识明确的前提下，由管理者通过制度化、专业化的管理来推动全所工作。引进人员的管理方法与市场操作方法可以是多种多样的，但工作目的应当是不变的，即本所的高速度、可持续发展。

采用专职管理模式也需要避免以下误区：

第四章 争议:律师事务所管理模式探讨

1. 对管理作用的过高期望

引进管理人员的目的是什么?对此,合伙人、合伙人会议应有一个合理的期望值。律师事务所的发展主要还是靠人才的储备和本所品牌的创造,管理起到的是锦上添花的作用。不能指望通过引进管理人员立即使全所从根本上产生飞跃。由于引进人员的能力需要在与律师事务所整体的渐进磨合过程中体现。这就要求律师事务所的决策者在合理的期限内有一个合理的期望值。过高或者过低的期望都可能背离引进的初衷,达不到引进的预期效果。

2. 对管理作用的不当评价

引进管理人员后,对其参与管理的形式,不同的律师事务所可能有不同的要求。有的是从管理战略上来要求其负责,有的可能只从日常管理层面上来要求其负责。如何考核管理者的管理成效?引进管理人员以后,原有的传统管理模式要发生变化,考核办法也要随之改变。合伙人、合伙人会议直接参与管理的职责要弱化,代之以管理者的专业管理,全所都面临着一个角色转化问题。管理方式的转变的成效可能是立竿见影的,也可能是长期才能看到的,对此合伙人、合伙人会议应有系统的、科学的认识。

目前我国律师事务所实行的大都是主任负责制。由于主任多由合伙人、合伙人会议担任,对管理者的监督也大多是合伙人、合伙人会议的监督,其他方面的监督基本没发挥作用也无法发挥作用。选择引进管理人员,必然要考虑对管理机制和监督制度进行改革,淡化合伙人的个人色彩,形成一种管理者行使管理权、监督者行使监督权的,监督权与管理权分立与制衡的制度,使律师事务所向规范化、标准化发展。

随着律师业务的全球化发展,对律师事务所管理人员的要求会越来越高。未来几年,管理人员的更新换代也许会形成一种潮流。

在选择、更换管理人员的时候,引进人员尽管不是律师事务所的唯一选择,但绝对是一条极佳途径。引进外部管理人员,其带来的不仅仅是一种观念上的更新,更可能是制度上的一次革命。

三、如何选择律师事务所管理模式

近年来,全国律师行业发展迅猛,律师事务所管理模式呈现多元化:组建了各种"联盟";出现了专事某一业务领域的专业化律师事务所;大所与大所合并、中所与中所合并、个人所呈几何级增加;品牌大所到各地开设分所,地方大所则"农村包围城市";在管理模式上,有的与国际接轨的公司化律师事务所实行公司制模式,有的沿用传统的提成制模式,也有实行公司制与提成制并行的"一所两制"模式的,如此种种,不一而足。那么具体到某一律师事务所,究竟该选择何种模式来谋求自身发展呢?

有些人提倡律师事务所应当以联盟形式发展。要以联盟形式发展,首先,必须打造好自己的团队和管理体系,如果自己的团队管理和品牌跟不上,即使加入了某个"联盟"也于事无补。其次,要弄清"联盟"本身的实质和意义,不能唯"联盟"是从,为"联盟"而"联盟"。最后,应该思考自己能为"联盟"带来什么,"联盟"又能给自己带来什么,这些问题思考透了,何去何从,就一目了然了。

目前也有越来越多的律师事务所在各地有自己的分所。中国律师没有执业的地域限制,再加上近些年长三角经济圈、珠三角经济圈、成渝经济圈、京津冀经济圈的建设,以及"一带一路"的总体规划,不乏客户的投资项目在全国以及境外布局,以至于很多律师事务所需要根据客户的需求或战略布局而筹建分所。地方律师事务所向区、县进军也应基于这一原理:当自身业务和发展有需求,而

第四章 争议:律师事务所管理模式探讨

且管理水平也跟上去的时候,设立分所也就水到渠成了。为建分所而建分所,在业务和管理等各个方面均不成熟的情况下盲目上马,分所反而会成为一个"毒瘤",慢慢"侵蚀大脑和全身",削弱或导致总所解体。

关于"合并"事务所,无非出于以下几个动因:一是做大,二是做强,三是做好。律师事务所如果想要可持续发展,想要吸引更优质的人才,想要更具备抗风险能力,更具备市场竞争力,规模化发展确实是一个选择。不同律师事务所和团队可以通过优势互补整合构建一个新的平台,逐步做大、做强、做好。做大容易,做强和做好很难。依笔者看来,律师事务所欲通过合并做大做强,以下几个要素不可或缺。

首先,要有一群业务能力基本相当、专业互补、经济实力差距不大、性格脾气基本相投、有共同做大做强意愿的合伙人。众所周知,企业是"资合"的,而律师事务所是"人合"的。合伙人只有在能力、理念方面差距不大,业务方面优势互补,才能彼此平等合作,形成高效、稳定的管理层架构,促进律师事务所稳定、持续地运行。

其次,要有明确的规划和目标。合并后究竟想打造一个什么样的律师事务所?主要优势在哪儿?近期和中期规划是什么?远期目标是什么?用什么来保证这些规划和目标的实现?如果连这些基本的思路和目标都没有,走一步看一步,这样的合并注定会失败。

再次,要有一套适合自己的、公平的、行之有效的管理制度。这套制度不仅要对律师事务所的财务、业务、风险、品牌、质量、党建、工会、宣传、发展规划、教育培训等诸多方面进行设计,更要让每个人在心中对取得的成果有一个预期,要让品牌建设取得的成果和利益由相关人员共享。否则,律师事务所建设的好坏、成果的大小就不是每个人都关心的事了,自然也不会让每个人都愿意为律师事务所的建设出力。

最后,还要有一个乐于奉献的、配合默契的、具有执行力的管理团队。大所管理事务多,必须有一个管理团队确保各部门各司其职。"人和"是关键。这里的"人和"应包含如下几个层次:管理合伙人与一般合伙人之间、合伙人之间、团队之间、合伙人与非合伙人之间,律师与后勤管理人员之间。律师事务所的管理就是要注重"人和",坚持"以人为本",调动每一个人的积极性。一个律师事务所的管理是否成功,在于能否调动每一个或是绝大部分人的积极性。

该发展"规模大所"还是"精品小所"也是个问题。"大所"应有一定的人数规模,科目齐全;有一流的办公环境和办公软件;有适合自身发展的包括章程协议、财务管理、行政管理、人事管理、案件质量、收结案、档案管理、品牌推广与宣传、团队协作、人才培养、对外交流合作等一系列内容的规章制度;有发展的中长期目标;有合伙人会议、管委会、主任办公会、监事会、执行合伙人会议等议事机构;有财务、行政、信息、后勤等服务和执行部门;有各个领域的专业化分工;有售后服务跟踪;有自己的特点并达到一定的营业额。当然,"大所"的营运成本高,合伙人和律师的短期利益将会受到损失。走"精品小所"之路,营运成本相对前者要小,管理简便。一般小型所管理简单、运营成本低,虽不具备争夺高端客户的实力和人才,但仍可满足一部分客户群体。这就像对比大型百货商厦与专卖店、星级酒店与旅馆、巨型游轮与小船一样,很难简单地论其优劣。

所以,结合前文所述,做大还是做小,应综合律所的合伙人团队、业务范围、客户群体、自身经济能力、合伙人的目标与追求等一系列因素而定,不能一概而论。

第五章

官方:《律师法》及司法行政机关关于律师事务所管理的规定

一、《律师法》关于律师事务所管理的规定

(一) 律师事务所的设立、变更及终止

1. 设立

律师事务所是律师的执业机构,即律师执行职务、进行业务活动的工作机构,是对律师行为进行规范管理的单位。根据我国《律师法》第14条规定,律师事务所的设立应当具备下列基本条件:

(1)有自己的名称、住所和章程;

(2)有符合本法规定的律师;

(3)设立人应当是具有一定的执业经历,且3年内未受过停止执业处罚的律师;

(4)有符合国务院司法行政部门规定数额的资产。

设立律师事务所应当向设区的市级或者直辖市的区人民政府司法行政部门提出申请。应当提交的材料有：

(1)申请书；

(2)律师事务所的名称、章程；

(3)律师的名单、简历、身份证明、律师执业证书；

(4)住所证明；

(5)资产证明。

其中，设立合伙律师事务所的还应当提交合伙协议。

受理申请的部门应当自受理之日起20日内予以审查，并将审查意见和全部申请材料报送省、自治区、直辖市人民政府司法行政部门。省、自治区、直辖市人民政府司法行政部门应当自收到报送材料之日起10日内予以审核，作出是否准予设立的决定。准予设立的，向申请人颁发律师事务所执业证书；不准予设立的，须向申请人书面说明理由。

其中，合伙律师事务所如设立分所须经拟设立分所所在地的省、自治区、直辖市人民政府司法行政部门审核。

2. 变更

律师事务所变更名称、负责人、章程、合伙协议的，应当报原审核部门批准。变更住所、合伙人的律师事务所应当自变更之日起15日内报原审核部门备案。

3. 终止

律师事务所终止的，由颁发执业证书的部门注销该律师事务所的执业证书。

有下列情形之一时律师事务所应当终止：

(1)不能保持法定设立条件，经限期整改仍不符合条件的；

第五章 官方:《律师法》及司法行政机关关于律师事务所管理的规定

(2) 律师事务所执业证书被依法吊销的;
(3) 自行决定解散的;
(4) 法律、行政法规规定应当终止的其他情形。

(二) 律师事务所的组建形式

律师事务所的组建形式即律师执业机构的组织形式,由于产权主体、管理模式和财产责任的不同,具体的律师事务所的组织形式也有不同。根据《律师法》的规定,我国律师事务所分为国家出资设立的律师事务所、合伙律师事务所和个人律师事务所三类。

1. 国家出资设立的律师事务所

国家出资设立的律师事务所由国家出资设立,由司法行政部门根据实际需要,下达编制、核拨经费、选调人员、确定住所。国家出资设立的律师事务所独立组织律师提供法律服务,依法自主开展律师业务,在人、财、物上与出资的国家司法行政部门脱离,以该律师事务所的全部资产对其债务承担责任。

由于现存绝大多数国家出资设立的律师事务所是按照《国家出资设立的律师事务所管理办法》设立的,且2017年《律师法》实施以后,《国家出资设立的律师事务所管理办法》相应废止,但依据当时设立情况并参照《国家出资设立的律师事务所管理办法》的规定我们可以看出,国家出资设立的律师事务所主要具备以下几种不同于其他两种律师事务所形式的特征:

国家出资设立的律师事务所,除符合《律师法》规定的一般条件外,应当至少有2名符合《律师法》规定并能够专职执业的律师。需要国家出资设立律师事务所的,由当地县级司法行政机关筹建,申请设立许可前须经所在地县级人民政府有关部门核拨编制、提供经费保障。设立国家出资设立的律师事务所,应当提交所在地县级人民政府有关部门出具的核拨编制、提供经费保障的批件。申请设立许可时,申请人应当如实填报《律师事务所设立申请登记表》。

2. 合伙律师事务所

合伙律师事务所是由律师自愿组合、自愿出资、自愿订立合伙协议设立的律师事务所,出资律师为合伙人。合伙律师事务所可以采用普通合伙或者特殊的普通合伙形式设立。其中合伙人按照合伙形式对该律师事务所的债务依法承担责任。

合伙律师事务所是当前我国社会生活中最常见的律师事务所形式。根据《律师法》的规定,设立合伙律师事务所应当有3名以上合伙人,设立人应当是具有3年以上执业经历的律师。

成立3年以上并具有20名以上执业律师的合伙律师事务所可以设立分所。合伙律师事务所对其分所的债务承担责任。

3. 个人律师事务所

《律师法》经修正后,从法律上确立了个人律师事务所的地位。根据《律师法》的规定,个人律师事务所的设立人应当是具有5年以上执业经历的律师。设立人对律师事务所的债务承担无限责任。

个人律师事务所相对于传统形式的合伙律师事务所而言其特殊性主要表现在执业人员、责任形式、开办条件、终止条件、管理方式方面。

(1)在执业人员方面:只要有1名能够专职执业的律师即可设立个人律师事务所。在人数条件上较合伙律师事务所更宽松,但是在对该名设立人的资格限制上有更多要求,个人律师事务所的设立人除了要满足一般条件外,还要满足对执业经历的要求。

设立人数上的不同使合伙律师事务所与个人律师事务所区别开来。合伙律师事务所是由3名以上的合伙人根据合伙协议设立的,而个人律师事务所则是由1名律师设立的律师事务所。

(2)在责任形式方面:个人律师事务所沿用了由设立人承担无

第五章 官方:《律师法》及司法行政机关关于律师事务所管理的规定

限责任的形式。根据《律师法》第49条规定,律师违法执业或者因过错给当事人造成损失的,由其所在的律师事务所承担赔偿责任。当合伙律师事务所的一名合伙人因违法执业或过错给当事人造成损失时,应当先由其所在律师事务所承担赔偿责任。若律师事务所的财产不足以赔偿当事人的损失,则每个合伙人均负有以自己的财产清偿全部合伙债务的责任。由于《律师法》确定了特殊的普通合伙这种形式,当一个合伙人或者数个合伙人在执业活动中因故意或者重大过失造成律师事务所债务时,由该合伙人承担无限责任或者无限连带责任,准许其他合伙人以其在律师事务所中的财产份额为限承担责任。无限连带责任是一种较严的责任,由于合伙律师事务所属于人合性质的组织,合伙人之间彼此熟悉、信任,任何一个合伙人在执业时所为的行为被认为代表了律师事务所和其他合伙人的意志和利益,对于合伙人和合伙律师事务所来说风险较大。

(3)在开办条件方面:仅要求设立人有10万元以上的资产。同时为了适应各地的经济发展程度,规定省级司法行政机关可以根据当地实际需要适当调整设立资产的数额要求。

(4)在终止条件方面:由于个人律师事务所中设立人只有1名而且其对律师事务所起着主导作用,因此设立人自身状况是律师事务所能否继续存在的决定性因素。

(5)在管理方式方面:个人律师事务所的主任即设立人,该主任便是负责人。在决策方式上,负责人可以掌控个人所的运行方向、重大战略决策;在责任承担上也较为明晰,这决定了个人律师事务所在决策形式上可以更加有效率和执行力。

(三)律师事务所的义务

1. 健全管理制度的义务

律师事务所应当建立健全执业管理、利益冲突审查、收费与财务管理、投诉查处、年度考核、档案管理等制度,对律师在执业活动中遵守职业道德、执业纪律的情况进行监督。

2. 接受监督、管理的义务

律师事务所在组织上受司法行政机关监督和管理。律师事务所应当于每年的年度考核后向设区的市级或者直辖市的区人民政府司法行政部门提交本所的年度执业情况报告和律师执业考核结果。

3. 规范职业、道德行为的义务

律师在规定的专业活动范围内提供各种法律服务、承办业务,由律师事务所统一接受委托,与委托人签订书面委托合同,按照国家规定统一收取费用并如实入账。律师事务所和律师应当依法纳税。

律师事务所和律师不得以诋毁其他律师事务所、律师或者支付介绍费等不正当手段承揽业务。

二、司法行政机关的律师事务所管理政策

为了配合《律师法》正确、有效实施,司法行政部门制定了许多配套规章及相关政策。这些规定明确了律师事务所的设立条件,细化了律师事务所设立申请许可、变更和终止的程序,规范了律师事务所执业和管理规则,明确了司法行政机关对律师事务所的监管职责及其层级配置,构建了符合《律师法》要求的律师事务所监管体制及制度。

(一) 律师事务所从业基本要求

为了规范律师事务所的设立,加强对律师事务所的监督和管理,律师事务所的设立和发展应当根据国家和地方经济社会发展的需

第五章　官方:《律师法》及司法行政机关关于律师事务所管理的规定

要实现合理分布、均衡发展。

《律师事务所管理办法》将"拥护中国共产党领导、拥护社会主义法治"作为律师事务所从业的基本要求。该办法还要求律师事务所建立完善党组织参与律师事务所决策和管理,在律师事务所开展党的工作。律师事务所应当加强党的建设,具备条件的应当及时成立党组织,暂不具备条件的应当通过建立党建工作指导员等方式开展党的工作。支持党组织开展活动,建立完善党组织参与律师事务所决策、管理的工作机制,发挥党组织的政治核心作用和律师党员的先锋模范作用。

(二)律师事务所的设立、变更及终止

《律师事务所管理办法》作为司法部出台的《律师法》的配套规章,对律师事务所(包括其分所)设立要求、许可程序、变更终止等要求等方面作出了补充性规定。

1. 设立资产要求

《律师事务所管理办法》根据《律师法》的授权,对不同形式的律师事务所的设立资产数额分别作出明确规定,但考虑到各地经济发展情况的不平衡,《律师事务所管理办法》授权各省、自治区、直辖市司法行政机关可以根据本地经济社会发展状况和律师业发展需要,对普通合伙律师事务所、特殊的普通合伙律师事务所和个人律师事务所的设立资产数额进行适当调整,报司法部批准后实施。

(1)国家出资设立的律师事务所

一些欠发达地区的律师事务所自我发展能力较弱,当地的法律服务需求较大,需要继续保留由国家出资设立的律师事务所的形式。出于这些考虑,《律师事务所管理办法》对国家出资设立的律师事务所的设立条件作了较低的要求,规定有两名专职律师即可,并没有硬性规定设立资产数额。同时规定,需国家出资设立律师事务所的,由当地县级司法行政机关筹建,申请设立许可前须经所在地县级人民政府有关部门同意核拨编制、提供经费保障。这样规定,不仅体现了《律师法》保留国家出资设立的律师事务所的立法原意,也能适应我国经济社会发展对律师法律服务的客观需求,具有可操作性。

(2)合伙律师事务所

根据《律师法》的立法精神及《合伙企业法》的有关规定,引入特殊的普通合伙形式,旨在引导、培育一部分律师事务所向规模化方向发展,以提升律师业整体服务水平及国际竞争能力。同时从维护委托人利益的角度出发,应当要求该类律师事务所具有与其规模、实力及执业风险相适应的责任承担能力。因此,较之普通合伙律师事务所,《律师事务所管理办法》第10条对特殊的普通合伙律师事务所规定了更为严格的设立条件。《律师事务所管理办法》规定设立合伙律师事务所中的普通合伙律师事务所要有书面合伙协议;3名以上合伙人作为设立人;设立人应当是具有3年以上执业经历并能够专职执业的律师;拥有人民币30万元以上的资产。

特殊的普通合伙律师事务所,与普通合伙律师事务所相比较,其不同之处在于《律师事务所管理办法》要求其有20名以上合伙人作为设立人及人民币1000万元以上的资产。

(3)个人律师事务所

根据《律师事务所管理办法》的规定,个人律师事务所设立人应当是具有5年以上执业经历并能够专职执业的律师,有人民币10万元以上的资产。

2. 设立许可程序

律师事务所的设立许可申请由设区的市级或者直辖市的区(县)司法行政机关受理,受理申请的司法行政机关应当在决定受

第五章　官方：《律师法》及司法行政机关关于律师事务所管理的规定

理之日起 20 日内完成对申请材料的审查。

在审查过程中，可以征求拟设立律师事务所所在地县级司法行政机关的意见；对于需要调查核实有关情况的，可以要求申请人提供有关证明材料，也可以委托县级司法行政机关进行核实。经审查，应当对设立律师事务所的申请是否符合法定条件、材料是否真实齐全出具审查意见，并将审查意见和全部申请材料报送省、自治区、直辖市司法行政机关。然后，由省、自治区、直辖市司法行政机关予以审核，决定是否准予设立律师事务所。准予设立的，应当向申请人颁发律师事务所执业许可证。

3. 变更程序

关于律师事务所的变更事项及变更程序，《律师法》仅作出了原则性规定，但实践中的变更包括名称、负责人、章程、合伙人、合伙协议、住所、组织形式的变更，以及由于分立、合并引起的变更等多种情形，导致律师事务所变更的情况较为复杂。因此，《律师事务所管理办法》对律师事务所变更涉及的一些主要问题及相关管理措施作出规定，对这些变更事项及相关程序作出较为具体的、可操作的补充规定，主要有：对律师事务所跨县、不设区的市、市辖区变更住所，以及律师事务所将住所迁移到其他省、自治区、直辖市的程序作出了规定；明确了变更合伙人的具体情形以及吸纳新合伙人的条件、不得担任合伙人的情形；要求律师事务所变更组织形式，应当在自行依法处理好业务衔接、人员安排、资产处置、债务承担等事务并对章程、合伙协议作出相应修改后，方可按照有关规定申请变更；细化了律师事务所分立、合并的程序；等等。

4. 终止程序

律师事务所在取得设立许可后，6 个月内未开业或者无正当理由停止业务活动满 1 年的，视为自行停办，应当终止。律师事务所在终止事由发生后,不得受理新的业务并应当在终止事由发生后向社会公告,依照有关规定进行清算,依法处置资产分割、债务清偿等事务。

(三)律师事务所执业和管理规则

律师事务所应当建立健全执业管理和其他各项内部管理制度规范。对本所律师执业行为履行监管职责,对本所律师遵守法律、法规、规章及行业规范、遵守职业道德和执业纪律的情况进行监督,发现问题及时予以纠正。

1. 规范本所律师权利及义务

律师事务所应当保障本所律师和辅助人员享有下列权利:
(1)获得本所提供的必要工作条件和劳动保障;
(2)获得劳动报酬及享受有关福利待遇;
(3)向本所提出意见和建议;
(4)法律、法规、规章及行业规范规定的其他权利。

监督本所律师和辅助人员履行下列义务:
(1)遵守宪法和法律,遵守职业道德和执业纪律;
(2)依法、诚信、规范执业;
(3)接受本所监督管理、遵守本所章程和规章制度、维护本所的形象和声誉;
(4)法律、法规、规章及行业规范规定的其他义务。

2. 对律师违规行为的监督处分

律师事务所应当强化内部管理在行业自律中的基础性作用,加强对律师执业表现及其品行的监管,将有不良执业记录、不适宜从事律师工作的人员调整出律师队伍,维护律师队伍良好的素质形象和执业水平。

其一,律师事务所应当建立违规律师辞退和除名制度。对违法

第五章 官方:《律师法》及司法行政机关关于律师事务所管理的规定

违规执业、违反本所章程及管理制度或者年度考核不称职的律师,可以将其辞退或者经合伙人会议通过将其除名,有关处理结果报所在地县级司法行政机关和律师协会备案。

其二,律师事务所应当依法履行管理职责,不得放任、纵容本所律师采取以下6类违规执业行为:

(1)采取煽动、教唆和组织当事人或者其他人员到司法机关或者其他国家机关通过静坐、举牌、打横幅、喊口号、声援、围观等扰乱公共秩序、危害公共安全的非法手段,聚众滋事,制造影响,向有关部门施加压力。

(2)对本人或者其他律师正在办理的案件进行歪曲、有误导性的宣传和评论,恶意炒作案件。

(3)以串联组团、联署签名、发表公开信、组织网上聚集、声援等方式或者借个案研讨之名,制造舆论压力,攻击、诋毁司法机关和司法制度。

(4)无正当理由,拒不按照人民法院通知出庭参与诉讼,或者违反法庭规则,擅自退庭。

(5)聚众哄闹、冲击法庭,侮辱、诽谤、威胁、殴打司法工作人员或者诉讼参与人,否定国家认定的邪教组织的性质或者有其他严重扰乱法庭秩序的行为。

(6)发表、散布否定宪法确立的根本政治制度、基本原则和危害国家安全的言论,利用网络、媒体挑动对党和政府的不满,发起、参与危害国家安全的组织或者支持、参与、实施危害国家安全的活动;以歪曲事实真相、明显违背社会公序良俗等方式,发表恶意诽谤他人的言论或发表严重扰乱法庭秩序的言论。

律师违法执业或者因过错给当事人造成损失的,由其所在的律师事务所承担赔偿责任。律师事务所赔偿后可以向有故意或者重大过失行为的律师追偿。这些规定,既是律师事务所开展内部管理应有的职权,也是对律师事务所强化自律监督的一项责任。

3. 律师事务所其他主要权利及义务

司法行政部门制定的规章、政策,除律师执业、律师事务所设立的条件和许可程序外,主要规范的是律师执业应当遵循的基本行为准则、律师事务所执业和管理应当遵循的规则以及司法行政机关对律师执业和律师事务所活动的监管职责和监管措施,其目的是规范律师及律师事务所的执业行为,维护执业秩序,并为司法行政机关履行监管职责提供依据和措施,实现好、维护好、发展好律师的执业权利,是司法行政机关的重要职责,但要履行好这一职责,需要争取各有关部门、社会各个方面的理解和支持,需要通过制定配套政策、措施保障律师执业权利的实现,需要经多方协调不断改善律师执业环境,需要通过维权个案将保障措施落到实处,这是一个系统工程,是一个逐步推进的过程。

基于上述考虑,《律师执业管理办法》在总则中作出一条原则性规定:"律师依法执业受法律保护,任何组织和个人不得侵害律师的合法权益。司法行政机关和律师协会应当依法维护律师的执业权利。"《律师事务所管理办法》也在总则中明确规定:"任何组织和个人不得非法干预律师事务所的业务活动,不得侵害律师事务所的合法权益。"各级司法行政机关及其工作人员对律师事务所实施监督管理不得妨碍律师事务所依法执业、不得侵害律师事务所的合法权益、不得索取或者收受律师事务所及其律师的财物、不得谋取其他利益。

司法部为细化完善《律师法》规定的律师和律师事务所的主要义务制定和补充了相关义务规定,规范律师事务所业务范围、奖罚机制、负责机制等,以实现对律师及律师事务所本身执业行为的规

第五章 官方:《律师法》及司法行政机关关于律师事务所管理的规定

范。包含以下几点主要义务:

(1)在法定业务范围内开展业务活动。不得以独资、与他人合资或者委托持股等的方式兴办企业,并委派律师担任企业法定代表人、总经理职务,不得从事与法律服务无关的其他经营性活动。

(2)依法履行法律援助义务。及时安排本所律师承办法律援助案件,为办理法律援助案件提供条件和便利。无正当理由不得拒绝接受法律援助机构指派的法律援助案件。

(3)建立健全重大疑难案件的请示报告、集体研究和检查督导制度,规范受理程序,指导监督律师依法办理重大疑难案件。

(4)建立律师执业年度考核制度。按照规定对本所律师的执业表现和遵守职业道德、执业纪律的情况进行考核,评定等次,实施奖惩,建立律师执业档案和诚信档案。

(5)建立执业风险、事业发展、社会保证等基金。从保障委托人合法权益、增强律师事务所承担执业风险的能力及社会公信力、推动律师业又好又快发展的角度考虑,《律师事务所管理办法》对律师事务所建立执业风险、事业发展、社会保障等基金的问题作出原则规定,要求建立律师执业风险基金和执业责任保险制度。

(四)司法行政机关的监督管理

按照《律师法》立法精神及其第52条的规定,《律师事务所管理办法》对司法行政机关对本行政区域内的律师事务所的日常监督职责作出了八方面的规定。《律师执业管理办法》规定司法行政机关对执业机构在本行政区域的律师的执业活动进行日常监督管理,履行五方面的职责。另外,《律师和律师事务所执业证书管理办法》《律师事务所名称管理办法》《律师事务所年度检查考核办法》和《律师和律师事务所违法行为处罚办法》等都对司法行政机关的日常监督管理职责作出了明确规定。根据相关法律、法规、规章的

规定,司法行政机关对直接监督和管理的律师及律师事务所实行日常监督管理的内容可以概括归纳为以下几方面:

第一,检查、监督律师及律师事务所在执业活动中遵守法律、法规、规章、行政规范性文件和行业规范的情况,包括:

(1)遵守《律师法》、司法部《律师事务所管理办法》《律师执业管理办法》《律师事务所名称管理办法》《律师和律师事务所执业证书管理办法》等律师管理法律、法规、规章和行政规范性文件的情况;

(2)遵守《价格法》、司法部《律师事务所收费程序规则》和国家发改委、司法部《律师服务收费管理办法》和省(市、自治区、直辖市)物价部门、司法行政机关制定的律师服务收费管理实施办法、服务收费标准等收费、价格管理法律、法规、规章和行政规范性文件的情况;

(3)遵守《劳动合同法》等劳动和社会保障法律、法规、规章和行政规范性文件的情况;

(4)遵守《税收征收管理法》等税收征管法律、法规、规章和行政规范性文件的情况;

(5)遵守中华全国律师协会《律师职业道德和执业纪律规范》《律师执业行为规范》等行业规范的情况;

(6)遵守其他相关法律、法规、规章、行政规范性文件的情况。

第二,检查、监督律师事务所保持法定设立条件以及变更报批或者备案的执行情况以及清算、申请注销的情况。

第三,检查、监督律师事务所执业和内部管理制度的建立和实施,掌握律师事务所开展律师执业年度考核和上报年度执业总结的情况。受理对律师事务所及其律师的举报和投诉,对律师和律师事务所的违法行为及时进行调查处理,并对律师事务所及其律师履行

第五章　官方:《律师法》及司法行政机关关于律师事务所管理的规定

行政处罚和实行整改的情况进行监督。

第四,检查、监督律师事务所党建工作、评先树优、青年律师培养等队伍建设情况。

第五,履行法律、法规、规章和上级司法行政机关规范性文件规定的其他日常管理职责。

综上所述,这些规定及政策按照管理体制和职能配置,规定了地方各级司法行政机关对律师事务所活动实施监督管理的任务、职责及其事权划分,特别是对设区的市级和县级司法行政机关履行日常监督管理的职责、权限及监管方式、手段作出了较为具体的规定,同时要求省级司法行政机关要把管理工作重心转移到工作指导、建章立制、监督下级司法行政机关履行好日常监管职责等方面。为构建符合《律师法》要求的律师事务所工作管理体制及管理架构奠定了基础,为充分发挥市、县两级司法行政机关在对律师事务所工作实行日常监管的职能作用提供了依据和保障。

第六章

域外:部分发达国家律师事务所管理经验

一、美国律师事务所管理经验

以律师的高度专业化分工和专业精神,计时性的律师收费制度,以及律师事务所准确的市场发展定位等为主要内容的美国律师业发展经验,对我国法律服务业的发展具有重要的借鉴意义。

美国是一个成熟的法治社会,法律对美国社会的各方面都有重要意义。美国法律服务业的主体是律师,律师职业资格考试简称"律考"(BAR EXAM)。在美国,律师事务所的种类和中国律师事务所的种类有一致性,主要是无限责任合伙制和独资制(个人所)。当然也存在中国《律师法》借鉴的有限责任合伙制(Limited Liability Partnership),律师事务所的所有人成为合伙人,彼此不对对方的过失负责,也无须对律师事务所的过失承担责任(除非其个人在该过失中负有法律责任,如存在和损失有因果关系的个人失职等)。

(一)美国律师业发展的主要特点

1. 律师事务所的专业化和规模化

美国相当数量的律师事务所是专业化的律师事务所,全所的业务集中在某个法律领域。位于河滨市的 lrell & Manella 律师事务所是一家专门以知识产权业务为主的律师事务所,在全美拥有2000多名律师。此律师事务所仅从事与商标、专利、著作权、其他科技领域及反不正当竞争有关的业务。每个律师都仅服务某一个细分的知识产权领域。该所将知识产权领域分为六大项(部门):诉讼、专利、商标、著作权、商业秘密、国际知识产权。美国也存在大量专业细分的综合性律师事务所。位于加州河滨市的 Reid & Hellyer 律师事务所是一所历史悠久的综合性律师事务所,采用股份有限公司形式设立,由15名律师组成,提供金融、房地产、破产等方面的法律服务,但每个律师"术业有专攻",对其他专业"不敢越雷池半步"。

美国律师事务所的规模化特点十分明显。一个律师事务所拥有一栋办公楼也不鲜见。一家大型的律师事务所光合伙人就有800多个,律师有2000多个。如美国众达律师事务所,它是一家国际性的律师事务所,在全球30个金融商业中心均设有代表处,现有2300多位律师,其中欧洲有400名,亚洲175名,是全球最大的律师事务所之一。一个中等规模的律师事务所也有律师500人左右。

2. 服务的计时收费制

美国律师收费以计时收费为主。美国律师收费的具体程序为:律师事务所与客户签订委托合同,律师事务所针对一个案件形成一个具体的案号,此后,所有律师的工作即都由此案号下的客户付费。费率会提前告知客户,依律师的资历、能力、地位的不同而不同,为200

美元/小时到 800 美元/小时之间。律师受合伙人指派完成某项工作,需在当天记录工作时间,如果合伙人认为律师申报的工作时间不实,可酌情少算,减少的幅度通常在 15% 以内。律师费通常按月结算,在每月的结算日,合伙人将审核后的账单发给客户,客户无异议即付费至律师事务所,下月即开始下一个计费周期。计时收费基于客户对律师的信任,是一种非常合理的收费方式。对于诉讼业务,律师通常采用计时收费的方式,因为律师认为庭审程序由法官控制,律师工作时间无法控制,所以美国的律师不接受中国常用的固定收费的方式。

3. 律师的专业精神和职业精神

美国律师一般每年的计时收费时间为 2000~3000 个小时,也就是他们为客户提供的有效工作时间为 2000~3000 个小时,由此可见他们的工作强度之大。与美国律师光鲜的外表和享有的声誉相应的是其艰苦的付出,美国法律服务市场的竞争十分激烈,如果缺乏专业精神,不能为客户提供高质量的法律服务,律师和律师事务所很快就会在激烈的竞争中被淘汰。正是相当激烈的业务竞争和专业需求,推动着美国律师不辞辛苦地进行高强度的工作。

4. 美国律师非常注重职业形象

即使在室外高达 40 摄氏度的酷夏,律师也是西装革履、衣着得体、谈吐文雅。在办公室,男士即使不穿西装,也一定会穿着整洁的衬衫加领带。美国律师的衬衣口袋往往插着非常精美的钢笔,极少有用廉价的一次性笔的。律师事务所的装饰也处处体现出律师事务所的文化,高雅、庄重、大气,显得非常有品位,处处体现律师职业的专业形象和特色。

(二)美国对外国律师服务的准入和待遇

美国律师服务市场的开放程度高,地区性差异较大。由于各州有独立的律师管理权,各区域都是根据各自的经济发展需要和律师业发展状况,决定外国律师服务的准入和待遇,以及实行比较开放的政策还是封闭的政策。有的州开放水平较高,纽约州、哥伦比亚特区是其代表;有的州允许外国律师进入本州境内服务,但管制较严,限制较多,介于开放与封闭之间,加州最具有典型性;有的州不允许外国律师进入境内提供服务,除非其取得了本州律师执业证书以当地律师的身份执业。

美国律师管理体制按照美国的联邦和州的权力划分,律师服务管理的权限属于各州,因此,美国没有全国统一强制适用的律师立法。美国律师协会虽然制定了有关律师管理的规则,如《职业行为示范规则》《职业责任示范法典》等,但这些规则只具有示范性,要在律师管理中发挥作用,还需要各州采纳。各州对律师服务有完全的管理权,从律师资格考试、律师执业证书的颁发、律师业务活动的监督与管理,到对律师违法执业的处罚,一般都由各州法院和律师协会负责进行。外国律师的准入和管理,同样也属于各州的管理权限。美国联邦政府就律师服务所作的承诺,只有各州在立法和管理实践中遵照执行后,才能最终落到实处,否则就等于一纸空文。

美国对外国律师的准入规定:

(1)外国人含外国律师可以不受国籍限制,参加各州的律师资格考试,取得当地律师执业证。但是,非美国籍的律师,在业务范围上,在整个美国都受到一定程度的歧视,最明显的是,不允许外籍美国律师从事有关专利和商标的某些服务业务。

(2)从外国法律顾问提供服务的方式上看,美国各州对以跨境和境外消费两种方式提供服务,一般都没有限制。对以商业机构形式提供服务的,允许外国律师以外国法律顾问身份执业的州,都没有限制,但其他州一般都不允许以自然人流动的方式提供服务。

(3)在外国法律顾问与当地律师的关系上,除个别州禁止合伙外,所有允许外国律师以外国法律顾问身份执业的州,都允许外国法律顾问与当地律师合伙,或雇佣当地律师。其他州因不承认外国法律顾问,也就不存在外国法律顾问与当地律师的关系问题。

(三)贝克·麦坚时国际律师事务所实现组织创新和竞争优势的成功范例

1. 案例简介

贝克·麦坚时国际律师事务所是由两名美国律师罗素·贝克(Russell Baker)和约翰·麦坚时(John McKenzie)于1949年在美国芝加哥创立的一家合伙制律师事务所。至2003年,贝克·麦坚时事务所已发展成为拥有3300多名律师的全球最大的国际化律师事务所之一。其律师来自30多个国家,在其全球65家办事处中,有56家位于美国之外。1000多名国际合伙人都是同一美国合伙制事务所下的成员,有50%以上的律师是美国以外的外国公民。贝克·麦坚时事务所在国际律师界被誉为由具有不同国籍,来自不同文化背景的律师组成的国际化律师事务所的成功范例。

1999年10月,贝克·麦坚时巴黎办事处的法国女律师兼合伙人克莉斯汀·雷诗婷女士于当选为贝克·麦坚时事务所执行委员会主席。她是该律师事务所第三位非美国人的主席,也是第一位女主席。多年以来,贝克·麦坚时事务所在全球范围多次取得执业的优异成绩与各种嘉奖。例如,其在2000年和2001年分别获得《亚洲律师》评选的"最佳中国业务奖"和"2000年度最佳国际律师事务所"等荣誉。2001年《华尔街日报》欧洲版公布了欧洲商界女强人排行榜,克莉斯汀·雷诗婷排名第五,她是律师行业唯一当选的人。

截至2022年,贝克·麦坚时事务所进入中国已经有30年的历史,其在1992年就在北京开设了第一个代表处。2003年在上海设立代表处,其中国业务部有 50 多名律师,来自十几个不同国家、26 个语言区,获得的许可执照能在 36 个辖区执业。

贝克·麦坚时国际律师事务所一贯坚持全球化战略,通过在全球设立诸多办事处和代表处的形式,将各国的律师事务所融合成一个统一的全球律师网络。针对全球经济一体化的加快,大公司尤其是跨国公司跨区、跨国法律服务需求不断增加的现实,贝克·麦坚时事务所利用其国际化网络和拥有的众多既熟悉英美法又熟悉当地法律的律师的优势,采用"一站式"服务的商业模式,通过紧密配合和协作,为客户提供全程、全方位的法律服务。尽管律师业内部分人士批评贝克·麦坚时事务所分布在全球各地的代表处实际上是独立运作的机构,实质为"特许经营制"或"代表处合伙制",各个代表处保留大部分收入,相对独立,必然导致了服务质量下降。但是,贝克·麦坚时事务所大规模推行国际化战略以来,2001 年其收入超过了 10 亿美元。从 1999 年 10 月克莉斯汀·雷诗婷就任执行委员会主席以来,贝克·麦坚时事务所收入增长了 22%。同时,事务所的规模也继续扩大,到 2003 年事务所合伙人超过了 1000 人。事实充分证明贝克·麦坚时事务所的国际化战略是成功的。

2. 案例分析

从组织创新和竞争优势方面分析,贝克·麦坚时事务所发展为规模化、专业化的超大型律师事务所,有以下几点成功经验值得借鉴:

(1)根据法律服务市场和获取竞争优势的需要,及时调整发展方向,推进事务所的规模化、国际化战略目标的实现。贝克·麦坚时国际律师事务所成立于 1949 年,在当时的历史条件下,国际化的经济交往尚不发达。但是在第二次世界大战结束后,随着战后经济的高速发展和战争期间的积累,美国生产商和农场主已不满足于国内的市场,开始对巨大的国际市场产生兴趣。贝克·麦坚时事务所所在的芝加哥当时是美国航空、铁路、河流和公路运输的枢纽,也是机械制造、制药和食品加工工业的中心。由此,为拓展国际市场,美国的生产商和农场主急需通晓外国法律和语言的律师提供服务。事务所创始人贝克和麦坚时及时地发现并利用这一巨大的商业机会,开始全面拓展事务所的业务范围和地域,并迅速扩大规模。在事务所所在地芝加哥的业务初步巩固且事务所达到一定规模后,立即开始在荷兰的阿姆斯特丹、比利时的布鲁塞尔等地成立海外办事处。有些海外办事处的设立时间甚至早于其在美国本土华盛顿、纽约、旧金山等地的办事处。同样,在中国改革开放后不久,贝克·麦坚时事务所充分预测到中国市场良好的发展前景,迅速将业务延伸至中国,并于1992年在北京设立代表处,成为最早在中国开设代表处的外国律师事务所之一。贝克·麦坚时事务所战略发展的最大特点在于,能够根据法律服务市场需求的变化,及时调整发展战略和业务创新,在积极拓展国内外市场的同时适时进行规模化建设,使其能够迅速占领新兴法律服务市场,获取并长期保持竞争优势。

(2)加强人力资源的管理,通过专业分工、相互合作提高人力资本的使用效能,促进知识共享,为客户提供全方位的法律服务。律师事务所的规模化发展战略需要组织结构的支持。律师事务所要建立以客户为中心的服务体系,为客户提供优质、高效的法律服务,就必须根据事务所的特点和优势进行合理的组织结构定位,建立专业型或者综合型事务所。从发挥组织优势的角度出发,目前大型国际化律师事务所多采取综合型服务模式,在对外服务方面,为客户提供全方位"一站式"法律服务;在内部组织结构方面,则通过人力资源的有效管理,实行专业分工明细、专业种类齐全、有效分工

第六章 域外:部分发达国家律师事务所管理经验

与合作的良好运行机制,使事务所形成一个由不同专业团队构成的有机系统。贝克·麦坚时事务所在这方面的做法非常值得借鉴。

贝克·麦坚时事务所的专业分工和团队合作主要表现在以下几方面:

第一,根据事务所业务需要,并结合执业律师自身的专业特长和志向,培养一批精通特定法律专业业务的律师,充分发挥其知识的使用效能,实现人才的优化配置。

第二,安排各法律专业领域中的著名律师担任专业组负责人,由其发挥对专业团队的领导和协调作用,通过人力资源的整合提高事务所的专业化服务水平。

第三,实施专业知识和技能的培训,定期或不定期召开业务交流研讨会议,并且形成制度。以此为基础,在全球范围内建立专业组,并定期或不定期举办不同代表处的专业组之间的交流活动,使事务所在全球的律师可以相互借鉴不同国家和不同领域的成功经验和业务成果,提高律师在本地区的执业水准。

第四,建立律师文件档案,并且档案对本专业组内的其他律师开放,通过知识共享促进专业组内知识从隐形向显形转化,使专业团队拥有知识共享的平台,提高知识的使用效能,最终提升律师个人、各专业团队和事务所整体业务能力。

(3)设立各类专业委员会,实施有效管理。大型国际化律师事务所追求的规模效应和资源优化的目标,必须在建立良好的全球分工合作制度的同时,加强管理和监督。贝克·麦坚时事务所虽然采用横向型领导体制,但在其全球管理模式中,对全球性业务和质量标准的监控和管理极为重视,并采用以下措施予以贯彻:

其一,成立全球的"专业发展管理委员会",每年对各代表处的质量进行抽查评估,然后有针对性地对当地律师进行专业技能的培训；

其二，通过专门机构协调各办事处的业务，提高业务效率、减少资源浪费，提高服务质量；

其三，制订全球性的接受客户业务的标准，实行律师内部客户得分制（建立专门客户得分纠纷解决委员会）等防止利益冲突的统一标准。

大型律师事务所采用纵向型、横向型或中间型领导体制，必须根据事务所自身条件设计，在律师业进行公司制改革和制度创新的环境下，贝克·麦坚时事务所的组织结构虽然目前行之有效，但长期来看未必是最好的选择。

(4) 加强人力资源管理和实施激励，提高合伙人和律师的素质。律师事务所之间的竞争实质上是人才的竞争。优质、高效的法律服务与律师个人的业务素质关系密切，事务所的口碑是所内所有律师法律服务质量的综合体现，事务所的管理和发展需要一批具有领导才能和突出业务能力的合伙人。长期以来，贝克·麦坚时事务所一直强化人力资源管理，在人才的引进、培训、激励和风险管理等方面已形成一套相当成熟的制度。在贝克·麦坚时事务所，年轻律师主要从著名法学院的高材生中进行选拔，由合伙人亲自面试筛选。在录用以后，事务所将充分利用其规模化、国际化的工作环境为年轻律师提供一系列培训和职业发展机会。例如，为优秀的年轻律师提供奖学金，资助其继续在自己感兴趣的专业领域求学深造；定期提供全球性和地区性不同层面的培训和职业发展项目；通过不同代表处间的律师轮换与交流等活动为年轻律师提供国际化工作的经验等。

(5) 设计合理的管理制度。实现人力资源的有效配置，实现律师行业的专业化分工是一个极为复杂的问题。专业化分工必然要求事务所不同专业组律师进行有效的合作。为客户提供"一站式"服务和专业知识本身的融合交叉也要求各专业组之间充分协调和通力合作。贝克·麦坚时事务所通过建立合理的财务分配机制、业务移交机制、业务主办和协调机制等管理机制,有效解决分工和合作方面的问题,使事务所人力资源管理始终处于高水平,有效保证了事务所法律服务的质量和效率。

(6)设计良好的组织结构,建立合理的管理模式。通过制度充分调整总部与下属各代表处之间以及各专业团队之间的分工与合作关系,大型国际化律师事务所虽根据自身的客观情况会采取不同的组织结构和管理模式,但是通常采取的组织结构有两种:一是在事务所设立管理委员会,由总部进行高度统一集中管理;二是地区办事处具有较大自主权的相对松散式管理。在前一种结构下,事务所的利润由总部按其合伙人协议统一分配。而后一种结构,考虑到不同地区的代表处由于地区经济的发展水平不同而可能带来的收入情况的不同,采取了地区性分配为主导的模式。贝克·麦坚时事务所即采用后一种结构。各代表处向总部交纳一定比例的利润后,剩余部分由各办事处自行决定分配,总部对财务状况较差的办事处提供一定的财务支持。贝克·麦坚时事务所采用横向型领导体制,通过日常工作任务的反馈等方式来考察年轻律师,协助其实现个人职业发展。贝克·麦坚时事务所的律师晋升为合伙人需要经过长期而且严格的考察过程。事务所经过对优秀律师长期的工作质量、服务客户的能力、合作协同能力、领导能力和开发业务的能力、团队精神、敬业精神等技能和素质的综合评估考量后,依照民主评议程序最终决定合伙人的人选。

(7)以优质高效的服务质量实现事务所品牌化,提高事务所市场竞争力。品牌是律师事务所获取竞争优势的前提,律师事务所尤其是大型律师事务所要保持和不断提高市场竞争力,必须实施品牌战略。贝克·麦坚时事务所的成功发展经验表明了律师事务所规模化经营与品牌化发展相互促进的关系。律师事务所品牌的创立和品牌效应的实现都源自其提供的法律服务,品牌竞争力的核心是满足客户需求。贝克·麦坚时事务所在全球范围内获得的巨大成功和形成卓越的品牌,是事务所长期为客户提供高质量法律服务的结果。贝克·麦坚时事务所始终认为提供优质高效的服务,使客户能够及时、经济、高效地达到其合法目的是律师工作的基础,并为此要求事务所的每个办事处和律师个人在每一个专业领域始终如一地提供高质量服务,要求律师始终保持高标准的职业道德和对客户负责的专业精神。贝克·麦坚时事务所采用巡视管理(MBW)的方法,每年安排不同办事处的多名律师组成小组,对四分之一的办事处进行全面深入的"质量审计",并通过"质量审计"提高被"审计"办事处服务客户的能力和发现业务发展的机会,从而确保贝克·麦坚时事务所在全球各地提供的优质服务的一致性。而且,贝克·麦坚时事务所强调个性化和差异化服务,力求为客户的不同商业需求提供量身定做的、富有创造力的增值法律服务,这是贝克·麦坚时事务所得以在法律服务市场获取和保持竞争优势的关键之一。

二、日本律师事务所管理经验

外国律师可以以外国法律顾问的身份在日本提供法律服务。在业务范围上,外国法律顾问只能从事有关颁发其律师执业证的国家的法律服务,以及在该国生效或生过效的国际法的咨询服务。外国法律顾问也可以参与仲裁,只要该仲裁适用的法律是允许该法律

顾问提供服务的法律。日本在具体承诺表中,明确将下列服务排除在外国法律顾问的服务范围之外:

第一,代理出席法庭或其他政府机构的司法程序,以及为这些程序准备法律文件;第二,就颁发其律师执业证的国家法律以外的法律包括日本法、第三国法和没在该国生效或生过效的国际法提供咨询意见;第三,代办有关公证事务;第四,有关下列案件的服务活动,案件的主要目的是使在日本的房地产权、工业产权、矿产权或其他需要在日本政府机构登记才产生的权利得以取得、丧失或变更。在服务提供方式方面,日本要求外国法律顾问以跨境提供、境外消费、商业实体、自然人流动中任何一种方式提供服务,都必须在日本设立服务机构。

(一)日本关于外国律师服务的法律规定

《日本律师法》虽然对参加司法考试没有国籍限制,但作为司法修习生,必须具有日本国籍,而司法修习是取得日本律师资格的必经程序。可见,《日本律师法》的规定,使其承诺不可能得到兑现。此外,根据当前日本司法考试通过率极低的现状,一个不是在日本土生土长的外国人几乎是不可能在司法考试中合格的。在同美国进行了旷日持久的谈判的基础上,日本制定了《外国律师从事法律事务特别措施法》,重新开启了外国律师入境提供服务的大门,但对外国律师及其服务的限制十分严格。

(二)日本的具体承诺

在具体承诺表中,日本允许外国律师以日本律师和外国法律顾问的身份在日本提供法律服务,并列举了具体的限制条件。日本还对从事专利方面和海事方面的法律事务的外国律师专门提出了特别要求。外国律师可以选择以日本律师身份提供服务,日本允许外国律师根据日本的有关法律规定,取得日本律师执业证,但对以日本律师的身份提供服务的外国律师,日本明确要求该律师在日本设立服务机构以提供服务。取得日本律师执业证的外国律师,如果以自然人流动的方式提供服务,日本要求该律师在日本境内设立服务机构,且只在其水平承诺的范围内,对该律师予以开放。该律师在日本居留的时间将受到限制。

(三)对日本外国律师服务法律制度的评析

从日本对外国律师法律服务的具体承诺及其对外国律师管理的有关规定上看,可以对日本律师服务市场的开放状况述评如下:

第一,外国律师可以取得日本律师资格成为日本律师,在日本提供法律服务,服务的业务范围与普通的日本律师一样。但是,鉴于日本司法考试的通过率极低,且在司法修习环节有日本国籍要求,外国律师或外国人要成为日本律师,基本上不可能。

第二,外国法事务律师的业务范围,仅限于从事有关其母国法,以及在该国生效的国际法的咨询服务。外国法事务律师可以在日本从事的业务范围,同美国和欧盟多数国家相比,是十分狭窄的。

第三,在与日本律师的关系上,外国法律顾问不得雇佣日本律师,不得与日本律师合伙,但可以与日本律师建立联合执业机构。但是,通过限制联合执业机构中外国法事务律师的业务范围,日本排除了外国法事务律师通过日本律师来提供有关日本法服务的可能性。

第四,在最惠国待遇方面,日本没有将法律服务列入最惠国待遇例外清单。因此日本对所有成员,应适用最惠国待遇原则。可以看出,日本基于国内法律服务市场保护的需要,对外国律师服务的准入限制十分严格,将外国律师的业务圈定在一个狭窄的范围之内。

(四) 日本律师事务所瞄准中国市场

日本几家有实力的律师事务所为了加强其在中国商务方面的法律咨询和诉讼业务,已着手建立并完善其相应体制。其背景是随着中国法律体制的日益完备,在中国的日本企业急需解决的商务合同纠纷日益增多。在此情况下,日本律师事务所一方面增设其在中国的机构网点,另一方面为事务所积极培养法律方面的专业人员。

日本森·滨田松本法律事务所逐步扩大在中国的办事处布局。日本安达信毛利律师事务所通过雇佣中国律师等方法,不断扩大使用中国人才。

随着日本企业对中国的直接投资和两国贸易往来不断扩大,中日两国经济关系日益密切。与此同时,涉及法律方面的咨询业务也随之增多,包括日本企业对中国投资及贸易合同中所发生的纠纷;日本企业与中国合作伙伴及消费者之间的纠纷;提供法律变更后的相关信息的诉求;与中国政府之间的谈判与交涉等,都是促使日本法律事务所加强其在中国业务的主要因素。事实上,随着中国人权意识的不断提高,类似中国乘客要求日航赔偿损失案例的增多,日本企业与中国消费者之间的纠纷也明显增多,日本企业要求在中国增加律师机构的呼声日益高涨。

三、英国律师事务所管理经验

英国律师制度源远流长,其独特的法律文化和律师科层体系一直是学者所关注的重点。自 20 世纪 60 年代以来,英国一直致力于进行司法改革,先后推出了多种改革措施,并于 2001 年正式实施世界上第一部关于有限责任合伙的统一立法。2007 年 10 月 30 日经过皇家御准,英格兰和威尔士通过了《2007 年法律服务法》(Legal

Services Act 2007)。《2007年法律服务法》中关于新型律师事务所的规定也为世界法律职业发展带来了非同凡响的震撼。英国相继出现了有限合伙律师事务所、有限责任合伙律师事务所以及下文述及的跨行业执业组织、非传统型律师事务所等新型的律师事务所,它们打破了传统律师执业组织机构的治理模式。

(一)英国的法律制度多元化

英国各个地区的法律制度存在较大差别:英格兰和威尔士的法律制度相同,即人们通常所说的"普通法"或称"英国法",而苏格兰和北爱尔兰的法律制度从渊源上讲不属于"英国法",它们有自己独特的法律、法官和律师制度。人们通常所论及的英国律师制度一般仅指英格兰和威尔士的,以下所论述的《2007年法律服务法》也是主要适用于英格兰和威尔士的。

英国律师制度的最大特色就是二元制,即根据从业方式和从业范围的不同将执业律师分为相对独立的两类:事务律师(solicitor)与出庭律师(barrister)。事务律师是一种独立的法律职业人员,他们除了不能为当事人进行诉讼外,可以代理任何事务。90%以上的事务律师属于私营性质,他们单独执业或者加入合伙律师事务所。合伙律师事务所是由若干事务律师组成的,截至《2007年法律服务法》相关规定出台前,在英格兰和威尔士合伙律师事务所的合伙人必须由事务律师担任,不允许事务律师和无事务律师资格的人组成合伙律师事务所。换言之,即便是出庭律师也不能成为合伙律师事务所的合伙人。出庭律师可以代理当事人进行诉讼,大多数出庭律师都是个人在英格兰和威尔士开办律师事务所来单独执业。目前有3000多名出庭律师受雇于公共组织和私人机构,为其提供法律咨询。

(二) 国家干预增强和商业化的明显特点

英国的著名学者杰拉尔德·汉隆认为,最近几十年中,英国律师业的职业主义内涵经历了从绅士型到社会服务型再到商业化的演变过程,与自 19 世纪以来英国市场和国家的关系由自由放任资本主义到福利国家再到新自由主义的历史变迁有密切的联系。纵观英国律师业几十年的职业主义的变革,国家与市场相互作用对律师业产生的冲击突出地表现为以下三方面:一是传统律师事务所已经开始不适应日益变化的法律服务市场;二是国家干预的增强改变了律师业的职业主义内涵;三是法律的日渐商业化。

1. 传统型律师事务所

长期以来,英国的律师执业方式无非两种:个人独立执业和合伙执业。只有事务律师才能成立合伙律师事务所,且合伙人的类型仅限于事务律师和注册地欧盟律师,其他种类的律师不能在合伙律师事务所中担任合伙人。出庭律师多以个人执业的形式提供法律服务,这种传统型律师事务所为委托人带来了不便。在 2020 年以前,英国还是欧盟成员国的时候。欧盟成员国的律师有权利在英国非保留领域中提供法律服务,并且非欧盟国家的律师可以在事务律师协会注册成为外国注册律师,并在英国的律师事务所当中成为合伙人。此时,一名来自德国的律师可以在英国的事务律师事务所成为合伙人,而一名英国本地的出庭律师却不可以,这显然是不合适的。英国"脱欧"之后,形势已发生变化。

2. 职业主义内涵的变化

撒切尔政府(1979—1990)和后撒切尔政府通过制定一系列的政策,在几十年的时间里极大地改变了英国的面貌。当中,有些政策已经对法律职业产生了深刻的影响。无论是采取自由放任资本主义、福利国家还是新自由主义的政策,英国政府都越来越加强国家对法律职业的干涉,进行了长达几十年的机构改革和司法改革。作为司法改革阶段性成果之一的英国《2007年法律服务法》也处处闪现着国家干预的身影。例如,根据《2007年法律服务法》的规定,在事务律师协会和出庭律师协会之上创设法律服务委员会(Legal Services Board,简称LSB),作为一个统一的监管机构。法律服务委员会的设立在一定程度上改变了律师群体自律的局面,进而转向一种"他律"。形象地说,英国的法律服务市场类似于一个城邦制的国家,各个律师自律组织是国家内城邦,而法律服务委员会可以被看作国王,国王统筹监管整个国家,各个城邦负责各自的地盘,当出现问题时,由国王负责处理,这是一个"统而不治"的国度。由此可见,国家已经对一向自诩自由的法律职业领域伸出了手掌。而国家干预的增强根本性地改变了英国律师职业主义的内涵:一方面继续提倡传统上的"技术性";另一方面突出地强调律师事务所的管理技术和业务开拓能力。这种思想的变革为英国新型律师事务所的建立奠定了基础,同时也提出了严峻的考验。

3. 法律商业化日益加强

著名学者斯坦利(Stanley)指出,法律在20世纪80年代发生了不可逆转的变化,而导致这种变化的一个最为重要的因素是法律服务内部关注的重点从正义商讨转向强调为这一市场服务。

市场化的发展为律师提供了很好的契机,在职业主义和商业主义的矛盾运动中,法律服务行业的商业化氛围逐渐浓厚。这一变化的结果是大型律师事务所的迅猛发展,律师业日渐分化、分层。在英国,近几十年来大型律师事务所疯狂扩张,使英国乃至世界范围内的法律服务市场形成了强大的资本潮汐,法律的日渐商业化似乎已经是不争的事实。短短几十年间,英美国家出现了多家航母级的超大型律师事务所。例如,2001年伦敦的Clifford Chance,纽约的

Rogers & Wells 和德国的 Punder, Volhard, Weber & Axster 三方合并成为一家大型规模的律师事务所,人数达到 2868 人,营业额达到 14 亿美元。值得注意的是,英国律师事务所经过 10 年的重组和海外扩张,实力大为增强。在世界律师事务所 500 强排名中,英国律师事务所占比很高。

由于律师事务所的疯狂扩张和日趋激烈的国际化竞争,以往传统的律师事务所治理模式已经不能适应这种惊人的发展速度。英国律师界开始寻求对律师事务所的治理结构和组织形式进行改良,以重新整合资源,更好地提供法律服务,维护良好的律师委托人关系,并捍卫英国在世界法律服务市场中的地位。

世界经济一体化的影响,第二次世界大战后新科技革命提高了劳动生产力,推动了各国经济走向国际化,跨国公司和跨国银行在全世界推行全球发展战略,加大了各国经济的相互依赖程度,促进了国际贸易的迅速发展。法律服务作为服务贸易的重要组成部分也不可能独立于经济全球一体化的浪潮之外。经济全球一体化不可避免地改变了律师的服务对象、服务范围、治理模式和机构组织形式。目前世界各国的律师事务所都在通过各种方式改变现有治理结构,以迎接经济全球一体化所带来的挑战。英国法律服务市场实行完全开放的政策。经济全球化对开放市场中的英国律师业而言犹如一把双刃剑。一方面,开放的市场促进了英国律师事务所向规模化和专业化的方向发展,也使得英国的法律服务市场发展走在世界的前端;另一方面,随着经济全球一体化的加速,外国律师大量涌入,英国本土律师的主流地位受到严重的挑战。

(三)律师事务所公司化改革

英国传统的合伙法规定将律师事务所、会计师事务所等执业组织中的合伙人限定在 20 名以内,英国当局对此做出的解释是合伙系人合性组织,合伙人之间首先要相互熟悉了解,人数不宜太多。但是在实务中,由于业务的需求和扩张的推动,律师事务所等执业组织的合伙人数目早已突破 20 人的界限,甚至出现上百人的情况。为了调和这种矛盾,英国在 2001 年 4 月 6 日颁布了《有限责任合伙法》,将有限责任合伙视为一种崭新的企业组织形式,其法律地位是一个独立的法人,与公司类似。虽然有限责任合伙律师事务所的出现能够有效地缓解矛盾,但是当律师事务所积极寻求自身发展,渴望更多资本时;或者由于内部管理问题,需要对执业组织机构进行改革加强运营时,比合伙更高层级的公司化治理结构更能满足律师事务所的要求。公司化固然能够充盈律师事务所的资本,但是公司化以及合伙人责任的减轻可能会减少律师事务所合伙人保持足够的职业谨慎以保证法律服务质量的动力。此外,英国的公司法对公司的内部结构和管理有严格的程序要求,公司还需要承担更重的税负,必须公开披露财务报表,接受强制审计。鉴于公司化改制的高昂成本,及其商业色彩、谋利动机与律师传统职业伦理和治理结构之间的差异,英国的律师事务所大多坚持合伙执业的组织形式。那么,能否在合伙,甚至是有限责任合伙与公司之间寻求一条中间道路,既吸纳合伙和公司组织形式的精华,又为律师事务所自身发展提供便利条件呢?

1. 跨行业执业组织

跨行业执业组织是一种新型的律师事务所,它允许除之前法律允许在合伙律师事务所执业的律师类型(例如事务律师)以外的其他类型的律师以及非律师人员成为它的普通合伙人、有限合伙人、董事或者律师事务所管理人,但非律师人员的比例不得超过 25%,同时非律师合伙人所持股份也不得超过 25%。在此类律师事务所中,所有人和管理人包括但不限于:英格兰和威尔士的事务律师、注册地欧盟律师(Registered European Lawyers,简称RELs)和注册地外国律师(Registered Foreign Lawyers,简称RFLs),其他人员也可以进入该执业组织之中,如:出庭律师(需要经过出庭律师标准委员会的批准)、其他法律专业人员以及其他的非律师雇员。

(1)跨行业执业组织潜在的益处

第一,律师事务所非事务律师合伙人参与法律事务,能够为司法公正提供一个更为广泛的平台(例如经大律师公会许可的出庭律师、其他专业人士或者非事务律师雇员等);第二,非事务律师成为律师事务所合伙人,不仅能够提升律师事务所的竞争力,还能够由此吸引更多的高素质非法律人才;第三,法律服务的多样化能够使律师事务所形成"一站式"服务管理模式,巩固律师事务所在法律服务市场中的地位。

(2)跨行业执业组织潜在的风险

第一,非事务律师合伙人会对律师事务所本身的文化产生影响。传统律师事务所的主流群体是律师,律师的本职业文化和职业追求贯穿于律师事务所对外提供法律服务和内部治理的各个环节,非律师合伙人的加盟固然能够使法律服务多样化,但不同的职业文化可能会对律师事务所本身的文化产生冲击。第二,人员结构的变化可能会影响律师事务所的业务计划。因此,需要确保新引进人才不影响律师事务所现有业务规划。第三,非事务律师人员进入跨行业执业组织需要一段时间来适应律师事务所的氛围和明确其职责。

2. 非传统型律师事务所

非传统型律师事务所的设立是英国《2007年法律服务法》的主要成果之一。该新型律师事务所允许律师与非律师人员共同成立律师事务所,非律师人员可以成为律师事务所的合伙人或者管理人，并且允许律师事务所接纳外界资本，即在非传统型律师事务所中可能同时存在律师合伙人、自然人非律师合伙人和机构非律师合伙人。

目前，规制非传统型律师事务所的规则体系不甚明朗。非传统型律师事务所打破了传统律师事务所对合伙人的身份限制，最大特色在于允许律师事务所引进外部资本，其优势在于：第一，非传统型律师事务所能够对外提供多样化的法律服务，并赋予非律师人员适当的控制权利；第二，机构非律师合伙人的加入能够充盈律师事务所的资本，使律师事务所能够有效地进行资金流转和分散风险；第三，以非传统的方式提供法律服务能够为法律服务市场开辟新领域；第四，鼓励中小型律师事务所与其他行业执业组织进行融合，通过多样化法律服务增强律师事务所对外提供"一站式"服务的能力。

3. 新型律师事务所综述

根据《2007年法律服务法》的规定，跨行业执业组织与非传统型律师事务所都是合伙律师事务所，同时都允许非律师的自然人成为律师事务所的合伙人或管理人，但是二者的区别在于：首先，跨行业执业组织只允许非律师的自然人成为合伙人或者管理人，不允许法人进入合伙关系当中，也不接受外部的资本。而非律师的自然人和法人都可以成为非传统型律师事务所的合伙人，并且非传统型律师事务所可以接纳外部资本，事实上这也是其成立的非常重要的原因。其次，跨行业执业组织对非律师人员的数量和股权比例设有不得超过25%的限制，而目前新型律师事务所对非律师合伙人的股权比例尚未做出限制性规定。此外，根据《2007年法律服务法》的立法目的，非传统型律师事务所是跨行业执业组织发展的终极目标，而后者则是为了实现前者的一个过渡。由此可以看出，英国的新型律师事务所的特点是：允许非律师的自然人和机构成为律师事务所的合伙人。

4. 新型律师事务所相关问题阐释

2009年3月31日，跨行业执业组织已经在英格兰和威尔士开始运行，各项相关的制度也逐渐齐备。由于非传统型律师事务所是对传统型律师事务所的极大挑战，英国当局希望根据跨行业执业组织的运行情况，取其精华、去其糟粕，进一步完善各项规定，以期更好地推行新型律师事务所。为便于理解新型律师事务所的创新之处，有必要对相关问题进行阐释。

(1) 非律师人员的定义

英国对合伙律师事务所的合伙人和管理人有律师身份的要求，合伙律师事务所中对外提供法律服务的人员仅限于事务律师或者注册地欧盟律师。根据《2007年法律服务法》的相关规定，能够被允许加入新型律师事务所的新类型的律师包括：出庭律师(barristers)、公证人(notaries)、专利和商标代理人(patent and trade mark agents)、不动产转让律师(licensed conveyance)、事务律师助理(legal executives)、诉讼费用核算人(law costs draftsmen)等。这些律师与事务律师一起被定义为"英格兰和威尔士的律师"。鉴于此，广义上非律师人员是指，除了上述列举人员之外的没有律师资格的人员，例如会计师、房产代理人、人力资源专家等。

(2) 非律师合伙人或管理人

合伙人和管理人的界定。新型律师事务所允许非律师人员成为合伙人或者管理人，首先，有必要阐明管理人的含义。自2009年3月31日起，经律师监管局许可的法律实体内部的管理人应为下列"经授权的人员"：普通合伙律师事务所的合伙人、有限合伙律师事务所的成员或者律师事务所的董事(无论其是否为股东)。

诚然,任命非事务律师的律师管理人,律师事务所必须事先获得相关监管机关关于以下内容的书面许可:律师被授权执业且其符合合伙人的条件。换言之,在新型律师事务所当中管理人与合伙人意思相通,只是适用的场合有区别。在跨行业执业组织当中,非律师合伙人只能拥有不超过25%的所有权以及选举权,并且只有经批准的自然人非律师人员才能成为合伙人。非律师合伙人被授权的职责包括:管理权、所有权和控制权。英国的法律服务市场是开放的,为积极引进人才,英国当局对非律师合伙人或管理人的界定是宽泛的。

同样,一名外国律师,如果其没有资格成为具有注册地外国律师地位的职业成员,不论其在另一个司法辖区(例如美国)是否具有律师资格,在英格兰和威尔士都可以成为非律师管理人。

非律师合伙人的准入。如果某一律师事务所试图引入非律师合伙人,该律师事务所必须获得相关监管机构(如律师监管局)出具对该非律师人员的书面资格认证方可,监管机构负责对非律师人员的能力和资格进行审查。律师事务所每引进一名非律师人员都要向该监管机构提供该人员的相关信息资料,由该监管机构对其资料进行审核和评定,即使该人员此前已经在其他律师事务所工作过,也需要进行此项程序。监管部门主要从以下两方面进行审查:第一,是否经过律师监管局的批准;第二,是否超过《2007年法律服务法》对非律师人员所有权和控制权的限制。如果满足上述两个条件,该人员在法律上拥有成为非律师合伙人的资格。

非律师合伙人的任职要求。根据2009年3月26日颁布的《跨行业执业组织的相关规定》,非律师合伙人、管理人必须拥有律师事务所的管理权且须适格,该规定对其做出以下限制:第一,非律师人员不能仅仅作为所有权人或者投资人,换言之,非律师合伙人首先

第六章 域外:部分发达国家律师事务所管理经验

是合伙人,但是他还要行使管理的权能,能够真正有效地管理律师事务所的运行,而不能仅仅作为幕后的老板;第二,非律师人员的比例不得超过25%;第三,其不得为英格兰和威尔士的法律职业人员、注册地欧盟律师或者外国律师等。

非律师合伙人的地位和责任。跨行业执业组织虽然拥有非律师合伙人,但是对外提供的法律服务仅限于事务律师、公证人或者外国律师所能提供的服务范围。例如,一名会计师是一家跨行业执业组织的非律师合伙人,其在向当事人提供法律服务的时候便不能够像普通会计师那样进行审计咨询,而只能为当事人提供税务咨询、普通的账务咨询以及投资和理财咨询,因为这些都属于事务律师对外提供法律服务的范畴。非律师合伙人由于不具有律师从业资格,不能够像普通律师那样出庭或者公证,但是当有相关制度予以保障并且存在足够的监督的情况下,他们可以在法定范围内提供法律意见或者准备法律文书。

对非律师人员的相关要求。《2007年法律服务法》在赋予非律师人员进入新型律师事务所成为合伙人或者管理人的权利的同时,也对其设定了相关的任职要求,避免因其不当行为而对新型律师事务所造成不必要的影响。第一,该法规定了非传统型律师事务所内所有的非事务律师人员的法定义务,不能因为其不当行为而造成或者助长律师事务所中任何人违反法律职业道德;第二,任何股东包括合伙人和主任,如果期望持有非传统型律师事务所10%甚至以上的股权时,需得到监管机构的许可(潜在的股东承担举证责任);第三,非律师人员应严格遵守相关法律法规和律师事务所章程,如有不当行为,非传统型律师事务所监管机构有权禁止其进入该律师事务所,甚至可以对其罚款或者吊销律师事务所的营业执照;第四,如果非传统型的投资人不符合规定的标准,那么监管机构可以对其准入予以限制甚至剥夺其股权。

伴随认证而来的所有权结构变化。根据律师监管局的规定,律师事务所必须在 7 天内通知律师监管局其管理人员的任何变化。如果这种变化导致非律师管理人比例超过合伙人总数的 25%,或者其拥有 25% 以上的股权,该律师事务所需要在 28 天内来改变这一情况。例如,如果一家拥有 3 名律师管理人的律师事务所任命了 1 名非律师管理人,如果其中 1 名律师管理人突然离世,那么该律师事务所仅有 28 天的时间来任命另 1 名律师管理人,或者从律师事务所的股权中将非律师人员剔除。万一出现特殊情况,律师事务所可以向律师监管局申请暂时放弃该规则。

新型律师事务所仍然是律师事务所,是律师的执业组织,因此新型律师事务所当中的律师和非律师人员也都必须遵守律师的职业道德规范。换言之,非律师人员除要遵守本职行业本身的道德规范外,还要受到律师职业道德的约束。同时,监管机构不断加强监管的力度,只有对律师事务所予以必要的限制才能够保护当事人和社会公众的利益,不能因为新型律师事务所是新兴的组织而"手软",只有严格的制度保障才能有行业的长足发展。

(四)英国律师事务所的特点

1. 对新人的培训

英国的事务律师,即便是法学本科毕业,在进入律师事务所工作前,也需要到专门的培训机构(如 BPP 大学)学习 1 年法律事务课程(Legal Practice Course)。而进入律师事务所后,需要先做两年的实习律师。在这两年期间,一般是每半年换一个部门,接触 4 个不同的业务领域,并由不同领域的合伙人或者资深律师指导工作。

2. 对内部软硬件的投入

笔者曾拜访其礼律师事务所(Clyde & Co),据工作人员介绍,该所每年对于技术支持的投资达到收入的 4%~6%。笔者觉得这对国内律师事务所而言是不可想象的,很少有律师事务所愿意将这么高比例的资金投入技术支持。但是,该所的首席技术官认为,如果一个律师事务所要走国际化路线,这将是完全必要的投资。

而在英士律师事务所,其所有员工,不管是合伙人还是一般律师,都未设置单独的办公室,而是全部坐在统一的开放式办公区域。在需要与客户开会或者电话时,该所有专门的地方供使用。但是,该所的员工休息空间却异常宽敞,甚至有专门服务员工的吧台和工作人员,并以非常优惠的价格向员工出售咖啡、果汁、零食等。对以上软件、硬件的内部投入,有助于创造一个良好环境,让律师便利、舒服地工作,也可以使得律师这些收费人员(fee earners)可以更加全身心投入专业服务当中。

3. 律师事务所的专业管理

在很早以前,其礼所就认识到由律师来管理律师事务所并非一个很好的选择。因此,其礼所使用大量高级管理人员来管理律师事务所。

而在国内,很多律师事务所的管理仍然较为粗放。律师事务所的管理工作一般是由合伙人兼顾,没有专门的高级管理人员,甚至有律师事务所依赖一般的行政人员来进行管理。如果有雄心壮志要成为国内一流的律师事务所,甚至国际大所,那么投入更多费用和人力资源将无可避免,否则难以与国际大所竞争。

4. 律师的收费与专业化

英国律师在收费时,一般是按照时间计费。律师的收费费率,将根据其资历而定。而中国律师在面对客户时,较少使用这种方式来收取律师费,更多的是使用固定收费或者风险代理模式。

很难说哪种收费方式对律师或者客户更加有利或者更加合理。

但是,使用固定收费或者风险代理模式,容易促使律师尽早结束案件,或者通过非专业服务的手段获得案件胜诉结果。而在这些情况下,实质上不利于律师花更多的时间在专业服务以及提高服务质量上。因此,如果要走向专业化,则应提倡以时间或者工作量为基础进行收费。当然,采取按时收费的方式,也需要律师诚信、自律以及律师与客户之间有良好的信任关系。

5. 对客户体验的注重

高盖茨律师事务所(K&L Gates)位于圣保罗教堂旁边,地理位置非常好。其会议室以及通向会议室的走廊非常宽阔,面积估计达到1000平方米以上,令人感觉该所在这方面的投入有点不计成本。而在拜访其礼所、翰宇所时,也同样发现这些律师事务所对于会议室的布置投入很大。在会议室的布置方面,笔者觉得中国律师事务所未必需要完全照搬。但是,英国律师事务所对客户体验的注重,确实值得中国律师事务所学习。

另外,这些律师事务所基本上都有华人律师或者国内教育背景的律师,这些律师事务所可以向中国企业提供中文服务。而有些律师事务所正通过不同方式,加强在中国市场的布局,包括在国内设立联营所等。

通过以上所述得知,我们国内律师事务所与国际一流律师事务所还有一定差距,同时也让我们认识到,如果中国律师事务所不注重提高本身的服务水平和客户体验,不但难以在境外与国际一流律师事务所竞争;即便在国内,涉外法律服务的市场份额也可能会被国际一流律师事务所逐步占据。中国提供涉外法律服务的律师事务所和律师,在国家"一带一路"的规划下,为更好保护中国企业在境外的利益,该行动起来了。

四、德国律师事务所管理经验

德国的法学教育由联邦统一管理,但要成为某一州的律师,必须参加该州的司法考试,加入该州律师协会。外国人可以以德国律师或外国律师的身份,在德国提供法律服务。外国律师取得德国律师执业证,以德国律师的身份在德国执业,必须满足拟进入的州的条件,按该州规定的程序进行。各州规定的条件和程序不一,但主要有以下几方面:第一,在经过认可的德国大学学习了规定年限的法律;第二,通过了有关州官方组织的司法考试;第三,在指定的法官、政府官员或律师指导下,完成了规定年限的法律业务实习;第四,通过了各相关州组织的司法考试;第五,被当地的律师协会接纳为会员。可见,外国律师要成为德国律师,除非在德国接受过法学教育,否则一般是难以成功的。

以外国律师的身份执业:外国律师可以在德国设立机构,以其母国的律师头衔执业,但必须加入各相关州的律师协会。在业务范围方面,德国将外国律师又分为几个档次,对欧盟成员国律师,按欧盟法给予更为优惠的待遇,来自非欧盟成员国的律师,也可以从事有关其母国法和国际法的服务,但欧盟法相关服务被排除在外。在外国律师与德国律师的关系上,外国律师可以雇佣德国律师,也可以与德国律师合伙设立服务机构。

德国对律师和律师事务所的直接管理较松(主要通过法律手段和行会来管理)。律师开业:只要已通过两次国家考试,取得"任职资格",州司法部一般都予以准许。但是,取得"任职资格"的人是否从事律师职业,除个人兴趣外,主要取决于市场需求,因此,实际从事律师职业的人数和律师事务所的人数也随市场需求变化而变化。这一点，决定了德国的律师事务所以小型的为主，同时，也存在若干家大型国际化律师事务所，如德国的潘德律师事务所（总部在法兰克福）和贝肯律师事务所（总部在慕尼黑），其都有100多名律师，并在其他国家设有分支机构。

德国律师事务所为合伙制，由合伙人、聘任律师、业务人员、行政后勤辅助人员组成。合伙人选举一个合伙人代表或合伙人发言人对外代表全体合伙人。业务上，各合伙人独立运作（对于大业务有时会合作），共同承担事务所日常运作开销（如房租、水电费、行政后勤人员工资），但各自独立运作业务所需开销，如个人雇用秘书等，一般由合伙人个人承担。聘任律师领取工资和一定数额的奖金（不提成），合伙人在全年全所业务收入扣除各项成本后所得利润依协议（一般根据合伙人当年工作成绩决定分配比例）分配，个人所得交纳个人所得税。合伙制律师事务所经济上完全自负盈亏，并对当事人承担"错案赔偿责任"，对外，合伙人负无限连带责任。因此，合伙人面临的风险较大，为减少和分散风险，合伙人一般都要投保律师责任险。

大型律师事务所除具有上述律师事务所的一般特征外，还有其自身特点。以目前德国的两家大型律师事务所潘德律师事务所和贝肯律师事务所为例，前者是由两个合伙人发起的，后者是由三家最老的（其中之一是1950年成立的）律师事务所合并而成，但在管理模式等方面，二者有相似之处。

第一，律师事务所由合伙人、聘任律师、行政辅助人员组成，合伙人又分为普通合伙人（新加入的合伙人）和高级合伙人。合伙人大会是律师事务所最高权力机构。合伙人大会选举一个合伙人主席团（5~7人），负责在合伙人大会闭会期间的日常重大决策，合伙人主席团选举1名合伙人发言人对外代表律师事务所，选举1名管理合伙人负责律师事务所日常管理工作。由于大型律师事务所日常行政管理事务越来越多(房屋管理、人事、财务、电脑、后勤等),因此逐渐趋向于聘请专门行政管理人员进行管理,由其对管理合伙人负责,其报酬与高水平律师相同。由此,管理合伙人则可把主要精力放在日常业务管理工作中。

第二,合伙人实行利润分配制。律所全年收入扣除各项支出及各项基金后的纯利润,由合伙人进行分配,原则上依约定分配,但主要是根据合伙人本年度的工作成绩确定分配比例。利润分配后由个人交纳个人所得税。聘任律师一般要在律师事务所工作4~5年,才有资格申请成为合伙人。在聘任期间,领取工资和奖金,没有办案提成。业务辅助人员和后勤人员全部实行聘任制。

尽管德国80%的律师是个人执业,或2~5人合伙执业,但主要的国际法律事务,则往往由大型律师事务所承担(大所不仅律师专业工作能力强,而且有相当的经济实力使客户放心),由于在大型律师事务所可以承办大型国际项目,收入不低,而且较稳定,因此仍有许多律师自愿到大型律师事务所工作。

第七章
关键:律师事务所收入分配制度

如果说案源是律师事务所的生命,那么,律师的收入分配方式则是维持其生命的心脏。我国目前的律师事务所的组织形式包括合伙所、个人所和国资所。其中,合伙所包括普通合伙和特殊的普通合伙两种形式。国资所随着律师事务所的改制,在我国已经销声匿迹。根据现行《律师法》的规定,我国的律师事务所的组织形式主要是合伙,并不包括公司制的律师事务所。但是值得注意的是,近年来法律人士对于律师事务所"公司化"讨论激烈,国内许多大所也开始进行"公司化"的实践。

回顾我国律师业发展的历史,律师事务所收入分配方式的发展大致可分三个阶段:①律师业恢复之初,律师事务所具有浓厚的计划经济色彩,律师的身份属于占编人员,按级别领取工资和津贴,因而此阶段基本上无所谓分配问题。②进入20世纪90年代后,合伙合作制律师事务所由试点走向推广。随着律师对社会生活的参与度提高,律师的收费也逐渐提高,出现一批有一定知名度的律师事务所,在某些领域(如金融证券、涉外业务)形成一定的品牌优势。此时,律师事务所的内部分配大都采用成本分担制,事务所各律师业务相互独立,业务创收及成本独立核算,收益分配"各自为政"。③20世纪90年代中后期,随着国办所的改制,涌现出一批合作更紧密、更注重整体及事务所品牌的律师事务所,事务所利益分配机制逐渐由成本分担制向利润共享制过渡,但运用这种模式的只限于经济发达地区的大所、名所,大部分律所实行的是提成制或以提成制分配方式为主、其他方式为辅的分配制度。

目前,合伙制律师事务所合伙人利益的分配制度主要有以下几种:平均分配制;份额分配制;各自提成制;计点制。

1. 平均分配制

所谓平均分配制,是指合伙人均摊成本、均享收益的分配方式。在这种分配方式下,合伙人之间不再计算每个人的创收数额和应摊成本,每年的事务所的收入减去支出后的余额由合伙人等额进行分配。

这种分配方式比较适合合伙制事务所的发展初期,此时事务所的规模较小,业务量也较少,合伙人之间的业务能力没有明显差异,合伙人的主要关注点在于如何尽快拓展业务,而较少关注个人利益。因此,在律所发展初期采用这种分配方式有利于保持合伙人队伍的团结,促进合伙人之间的协作,在合伙人之间建立信任。但是在事务所发展到一定规模,事务所的业务量逐渐增加、合伙人数目逐步增多且合伙人之间的业务发展不太均衡的情况下,平均分配制就会逐渐暴露出某些问题。

2. 份额分配制

所谓份额分配制,是指合伙人之间按照出资份额或者约定份额分配利润的分配方式。在这种制度下,合伙人分配利润的多少取决于合伙人出资的多少或约定的分配比例，而不是取决于其对事务所的贡献。不论其承担成本的方式是均摊成本，或者是按比例（约定比例、出资比例或者创收比例）承担成本等，这都不是一种可取的分配方式。按照出资份额分配利润，实际上抹杀了合伙制"人合"的特征，抹杀了事务所的发展动力，违背了创收来源都在于合伙人、律师及其拥有的业务能力这一规律，而使事务所从性质上成为"资合"组织。

3. 各自提成制

所谓各自提成制，是指完全按照个人贡献来分享利润的分配方式。虽然这种方式尊重合伙人的个人贡献，能鼓励合伙人个人快速发展，但对于合伙制律师事务所的发展来说，各自提成制忽略了合伙制要求的共同性，这种共同性要求合伙人之间共同努力，共同促进合伙事业的发展，要求合伙人之间权利义务的一致性。而在各自提成制的情况下，合伙制已名存实亡，合伙几乎变成合伙人个人开业的联合。可见各自提成制无法充分发挥合伙人的整体优势，提高事务所的整体竞争力，必然会使事务所在一些需要综合法律服务的大型项目中处于劣势地位。

4. 计点制

所谓计点制，一般是指将每个合伙人的资历及贡献等要素按照事先确定的标准折算成相应的点数，再根据每个合伙人的点数来确定其利润分配的比例。根据合伙人点数的多少来决定当年应分配利润的多少。

计点制在很大程度上解决了平均分配制和各自提成制在事务所发展到一定规模后产生的弊病，既考虑了合伙人权利义务的一致性，维护了合伙人队伍的团结，从而使合伙人能够充分发挥团体优势；又考虑了合伙人对事务所贡献的不一致性，调动了合伙人发展的积极性，从而使合伙人能够充分发挥个人才能。因此，目前对于规模比较大的事务所，计点制不失为一个比较好的分配制度。当然，计点制在实行中也会有一定的困难，主要体现在合伙人就如何确定能够折算成点数的具体指标以及如何将这些指标具体量化为点数会产生一定矛盾，这就需要合伙人之间进行协商、沟通和妥协，最终达成一个大家相对比较满意的方案。

通过对以上四种利益分配制度的比较，我们发现每种制度都有其优缺点，都可以在事务所的不同发展阶段起到促进发展的作用。并且，后面发展起来的制度在一定程度上比之前的制度更加完善、更加科学。但是，因为每个事务所面临的具体发展问题不相同，所以在利益分配方式的选择上各具特色。结合以上对传统律师事务所分配制度的研究，我们发现平均分配制和份额分配制在律师事务所的发展过程中已经逐渐被淘汰，提成制仍存在于小事务所，一些大型的律师事务所开始采取提成制和公司制结合的方式来进行利润的分配，因此，在律师事务所的收入分配制度一节主要讨论流行于大部分律师事务所的公司制和提成制律师事务所分配制度。

一、公司制律师事务所收入分配制度

目前合伙制律师事务所大多实行提成制，即由律师事务所按律师业务收费多少，给执业律师一定比例的提成作为律师法律服务工作的报酬。收费提成分配制具有"过程简单、操作简便、见效明显"的优点，被大多数的律师事务所沿用至今。实践表明，提成制使律师的个人收入与律所总收入直接挂钩，多劳多得、多能多得，调动了律师执业的积极性，保障了事务所收入的稳定和增长。但是，提成制不利于律师事务所向国际化、规模化、专业化、品牌化方向发展。

2002年司法部在《关于进一步推动律师工作改革的若干意见》中明确指出：要进行律师事务所分配制度改革，逐步引进、推广以执业质量、资历、专业水平、经济效益等因素综合确定工资的分配办法。这表明原有的被大多数律师事务所沿用的提成制分配方式在一定程度上已不符合当今律师业发展的要求，也与目前市场经济发展规律相悖。

公司制律师事务所从事的法律服务主要是高附加值的非诉讼业务以及诉讼业务；事务所是律师业的主角，客户在选择法律服务的提供者时更加看重律师事务所的综合实力，公司制律师事务所的律师之间的合作更加紧密，更注重整体及事务所的品牌；能发挥专业齐全、业务互补、资源共享的优势，产生规模效益，有效地解决了律师之间的内部竞争问题，避免了律师之间出现客户之争，缩短了年轻律师的成长过程，有利于人才的培养；有利于事务所的专业化分工。由于律师接受委托的业务收费水平差距过大，律师偏向接受收费标准高或者利润水平高的案件或者委托，而不愿意接受收费少、利润水平低的委托，尽管其中有些业务关系到事务所的利润或者声誉。在没有好的激励机制的情况下，律师事务所更愿意追逐短期收益而不愿意为未来投资。而公司制可以解决长期利益与短期利益的平衡问题，使事务所有可能真正形成专业化分工，并投入资金培养起新的利润增长点；公司制律师事务所的律师意见的关系非常紧密，有助于建立有效的自律性管理制度，为以后的发展打下较好的基础；公司制律师事务所强调律师之间的一致性，这种一致性既包括权利义务的一致性也包括分配的一致性，它具有促进团队合作的作用；也使得律师愿意加大对于事务所的投入，事务所在短期内可能会得到较快的发展。

律师事务所改革律师报酬分配制度时，应考虑使其有利于律师

第七章 关键:律师事务所收入分配制度

事务所向国际化、规模化、专业化和品牌化方向发展,不断促进律师法律服务市场竞争机制的完善和律师综合素质的提高;不断提高律师的法律服务水平和产业化能力;不断增强律师事务所的经济基础和抗风险能力。因此,律师事务所应十分重视构建良好的分配制度并在实践和发展中不断进行规范和创新。

律师事务所的分配制度事关事务所的生存与发展。虽然没有最好的分配机制,只有最适宜的分配机制,但一个良好的适于本所的分配制度,不仅能极大地调动全所律师的执业积极性,减少和避免内部矛盾,而且能为事务所稳定与发展提供坚实的保障。反之,则会导致事务所内部分配的不合理,挫伤律师特别是那些业务水平高、业务开拓能力强,为事务所作出巨大贡献的执业律师的积极性,以致矛盾纠纷迭起,事务所的发展受挫甚至停滞不前,严重的可能使得事务所因合伙人散伙而走向消亡。

随着律师事务所提成制分配制度的普及,其弊端也逐渐地显露出来,主要表现在:第一,由于律师的工作具有独立性和自主性强的特点,导致事务所内部纪律涣散,不能形成一支组织有力、纪律严明的队伍,一些需要团队来进行的工作往往缺乏协调,特别对于一些可能会需要团队来协助办理的大案,弊端尤其明显;第二,重要的决策无法通过并执行,"所有者"与"管理者"的界限的模糊淡化,导致很多重要的决定只议不决,决而不行;第三,由于管理不力,大家对于团队的归属感较差,导致团队的稳定性差,难以留住人才。作为一种智力服务机构,律师事务所与其他服务组织是有本质区别的。对于一项法律服务需求,尤其是处于认知临界点的疑难法律问题,十个不同的律师,其法律分析意见,可能迥然相异。造成这种情况的原因是,法学就是人学,是实践之学、经验之学,是认知与判断之学,而每个人都是不同的,其前见、分析能力等决定了对于同样一个法律问题,其判断是根本不同的。

最典型的例证是"洞穴奇案"。五名洞穴探险人受困于山洞,弹尽粮绝,无法在短期内获救。为了维生以待救援,大家约定抽签吃掉其中一人,牺牲他以救活其余四人。威特摩尔是这一方案的最初提议人,但在抽签前又收回了意见。其他四人仍执意抽签,并恰好选中了威特摩尔作牺牲者。获救后,这四人以杀人罪被起诉并被初审法庭判处绞刑。这是美国20世纪法理学大家富勒1949年在《哈佛法律评论》上发表的假想公案,富勒还进一步虚构了最高法院上诉法庭五位大法官对此案的判决书。这一著名的公案成了以后西方法学院学生必学的内容,并在此基础上演绎出了更多的公案。1998年法学家萨伯延续了富勒的游戏,假设五十年后这个案子有机会翻案,另外九位大法官又针对这四个人是否有罪各自发表了判决意见,合计一共有十四位法官的十四份判决书。这十四份判决书,反映了20世纪不同流派的法哲学思想,有如一桌法哲学盛宴,让读者得以品味精彩动人的深邃思辨。而其他智力服务工作者,比如会计师、投资银行家、管理咨询师等,其提供智力服务的方式与律师是不同的,在某些特定专业领域,差异还是非常大的。

公司制律师事务所收入分配制度的优势:在人才培养和业务拓展方面,能够对律师进行统一管理,能够给刚进入这一行业的年轻律师提供比较优厚的薪酬待遇,能够吸引优秀的法律专业人才,而且人才的流动性小,有利于形成人才梯队,增强律师事务所的竞争能力,有利于律师事务所的长远发展;在业务拓展方面,其可以借助分支机构全国开花的优势来整合全国的资源,尤其在非诉讼法律服务的竞标项目中占有显著的优势;在法律服务质量的稳定性方面,以及律师事务所的硬件设施方面也存在明显的优势。公司制律师事务所的劣势:像现在普遍存在的公司一样,可能会出现行政官

第七章 关键:律师事务所收入分配制度

僚体系,合伙人的负担重,不利于合伙人队伍的稳定;法律服务在一定程度上会成为流水线化的商品;可能在周期性的经济萧条中受到影响。

长期以来,我国律师事务所的管理者基本上是"土生土长"的"自己人",一直都在沿着"律师—高级律师—名律师—事务所主任"的路线成长。这些事务所主任既要管理律师事务所,又要代理诉讼,还要在各种社会组织、学术团体中兼职,故常常感叹"分身乏术"。特别是一个几十人、上百人的大所,其人员多、业务忙、摊子大,把管理当成副业根本不可行。应该提倡让专业人做专业事,把事务所主任解放出来钻研业务、拓展市场。公司制律师事务所的法人治理结构能够将合伙人中有管理才能的优秀律师选入管理委员会承担日常管理职责,而不是每位合伙人都参与日常管理,这样不仅可以解决合伙人会议难以召集、意见难以统一的问题,提高事务所的管理水平和效率,还可以解脱大多数合伙人日常管理之责任,使其更专心致力于专业发展、提高业务素质。其有利于将事务所规模做大:由于将所有权和经营管理权适当分离,可以无限度地扩大合伙的规模,为事务所做大做强奠定基础。

工厂对生产产品的管理有工艺流程管理,对律师事务所的法律服务也有业务流程管理,二者原理是一样的。律师事务所从接受当事人委托开始到结案归档结束,每一步都应处在有效的监控之下,以保证服务的优质和高效。一般来说,律师事务所的业务流程为:收案—批准立案—收费—登记编号—确定项目小组(承办律师、协办人员)—办案(案件讨论、调查取证、撰写法律文书、开庭或提供非诉讼服务)—案卷归档。律师、律师项目小组需将业务流程输入本所计算机局域网。律师事务所行政部门要定期对每项法律服务业务的工作量、办案周期、工作质量(含客户、当事人反馈意见）及投入的人、财、物与收益进行研究和本量利分析。这样做，有利于对每项业务进行全过程跟踪，增强承办律师的责任感；有利于分清责任，提高法律服务质量；有利于发现问题，查找漏洞，总结工作，整改提高，制定新的计划和目标。

由于"作坊式"的律师事务所采用"散兵游勇式"的办案方式，谈不上什么市场管理。规模化、专业化的律师事务已经从"作坊式"转变为"公司式"，其办案方式也从"散兵游勇式"的"打一枪换一个地方"发展为"兵团作战"，业务范围从以诉讼为主扩展为诉讼与非诉讼并举，再转变为以非诉讼为主。因此，公司制律师事务所讲究的是团队精神，形成的是整体合力，发挥的是"拳头"优势。这就要求律师事务所必须把对市场的研究与开发放在重要地位。当今世界，经济的发展突飞猛进，科技的进步日新月异，法律服务领域海阔天空。在招商引资、资产重组、公司并购、招标投标、能源和基础设施建设、金融证券、进出口贸易、因特网、电子商务等大型复杂的项目中，都需要法律服务。特别在涉外法律业务中，律师不仅要掌握国内法、国际法和国际惯例，还必须对外贸、银行、涉外保险、生产科技等方面都要有所了解。这样的大型复杂业务不是某个小律师事务所、几个律师就能胜任的。只有部门齐全、分工细致的规模化的大所才能提供系统的法律服务，满足客户"一站式""一条龙"服务的需要。市场对律师的要求是懂法律、懂世贸规则、懂外语、懂经济、懂科技。

所以说公司制律师事务所市场管理的前提是规模化、专业化。公司制律师事务所有利于使投资主体多元化，有利于资本的积累，可以吸纳国家、组织和个人的出资，任何所有制性质的主体均能够成为律师事务所的出资者或股东，只要他认为律师业是有前途的，就可以把资金投进来。这样，不仅有更多的人投身律师业，也有更多的主体投资律师业。

公司制律师事务所的产权结构决定了股东不能够直接对律师事务所的运行施加影响,从而可以较大幅度地降低服务成本。公司制律师事务所的责任有限化成为降低律师执业风险的最佳手段。公司制律师事务所由于采取有限责任和股权可转让的形式,因而除破产等极少数特殊原因外,一般不会发生因股东更迭而导致律师事务所解体的情况,这就使得律师事务所能够走上可持续发展之路。

二、提成制律师事务所收入分配制度

我国的律师事务所对于本所的权力机构的设置基本一致,都以合伙人会议作为最高权力机构,合伙人会议有权决定本事务所的重大事项,其职权由合伙章程规定。提成制律师事务所的主要特征主要包括:

(1)律师从事的法律服务主要是办理民商事案件、刑事诉讼和提供一般的法律咨询。(2)律师事务所在某种程度上并不是主角,律师个体以其个人能力拓展业务并从业务收入中提取固定收益或者按比例提取收益。(3)客户在选择法律服务时更看重的是律师个人的能力而不是律师事务所。(4)在事务所内部,律师间的合作仅限于极个别的案件,事务所的知名度又主要依赖于某个或者某几个主要律师。(5)事务所各个律师的业务相互独立,业务创收以及成本独立核算,收益分配"各自为政"。(6)办案收入是唯一的分配标准,使责权分明,但是难以积累持续发展的资金,不利于事务所的长期发展。(7)利润分配计算相对简单,便于操作。依据贡献来分配利润,充分保证了个人的劳动成果归其创造者,充分尊重了律师的个人贡献,鼓励律师个体在没有任何负担的情况下快速发展,律师可以保持工作的独立性,对组织的依赖性很小,每个人都可以把自己看成主人,没有或者很少有被监督的感觉,办公室只是一个工作的工具,而不是工作的中心。

目前,律师事务所的主要分配制度是由成本、费用分担、利润分配、报酬支付等构成的整体,受律师事务所的规模、业务构成、合伙人的理念、地域、税务等多种因素的影响,提成制的分配机制在各律师事务所的具体操作也是有很大的差别的,主要有以下几种类型:

一是合伙人分担费用,律师上缴管理费为主导的分配模式。运用这种分配模式的律师事务所规模普遍较小,由合伙人平均分摊律师事务所的租金、管理费、行政人员的工资和日常办公的经费,聘用律师时需向事务所缴纳的一定的管理费用,其余业务收入归自己所有。使用这种模式的律师事务所占很大的比例。

二是业务收入留成,提成制为主导的分配模式。采用这种模式的律师事务所追求统一运作的管理理念,合伙人和聘用律师的业务收入均按照一定的比例来提取,其余留作律师事务所日常开销和发展基金。合伙人和聘用律师均提取一定比例律师费用和报酬,年终如有利润,在合伙人之间进行二次分配。在这种体制下,律师事务所有一定资金和人力保障形象推广和业务拓展,体现了多劳多得的分配原则,律师事务所的发展具有一定的可持续性。

三是综合绩效考评的分配模式。在此模式下,律师的工资分配考评指标包含以下要素:(1)固定的底薪;(2)办案数量以及个案的复杂程度积分;(3)据招揽案源的数量和收取的律师费用计算的积分;(4)业务学习能力以及理论研究情况积分;(5)律师事务所安排工作的完成情况以及规章制度执行情况积分;(6)受表彰和奖励情况的积分。

采用提成制分配制度的律师事务所,一方面,合伙人可以直接

第七章 关键:律师事务所收入分配制度

对自己的收支进行预算和调控,结算方式很简单,行政机构简单,行政成本小,合伙人对事务所的负担较轻,有更多的自由;另一方面,因为缺乏完整的质控,合伙人对于其他执业律师的执业行为并不知情,合伙人必须承担较大的执业风险,事务所缺乏凝聚力,很难形成优势专业领域,对事务所的发展有一定的影响。

但是,现在很多律师事务所规定,合伙人承揽案件后,可一次分配创收的60%~70%,对于余下的30%~40%,事务所在负担一部分税费并支付各项费用后,基本没有什么剩余来投入发展,又何谈共享与合作?因此,要向以"我们"为核心向目标前进,首先就应逐步降低一次分配的比例,给共享留下较大空间,这样在二次分配中就可以综合体现集体性价值的因素,即"我们"的价值。至于一次分配的具体比例,应根据当地的市场情况和行业状况确定,但不能低于当地的市场开拓成本。也就是说,一次分配的数额应等于市场开拓成本。

合伙人要成功承办案件,往往需要先行支出很多成本,如差旅费、交通费、通信费、复印费、公关费、咨询费等,根据各地竞争程度、消费水平、行业惯例等情况的差异,其开拓成本可能占创收的30%,也可能占40%或20%,那么一次分配的数额就应相当于这些市场开拓费用之和。也许有人会问,那合伙人的生活费用怎么办?很多律师事务所在降低一次分配比例的同时,配合实施向合伙人"预支"工资制度,目的就是帮助合伙人解决基本生活问题。预支工资的数额可以是5000元,也可以是1万元,从合伙人二次分配的数额中减扣。因此,一次分配就是解决开拓成本和生活费用这两个问题的。但这时会出现另一个问题,沿袭了若干年的70%~80%的一次分配比例,一下子要降到20%~40%,合伙人接受不了怎么办?有人会提出,"我已做好财务计划,要购房置业、买车、子女出国留学等,这样的调整无法接受",甚至有人会提出离开。对此,可采取逐年递减、循序渐进的方式,每年减2%或5%,最终实现理想的共享比例,这样大家相对容易接受。

一次分配解决后,就面临复杂的二次分配问题,要合理设计此次分配要考虑以下因素。根据行业现状,创收仍然是首要因素,合伙人的主要精力都放在承揽业务上,业务不饱和是大部分律师事务所面临的最大问题,在事务所分配制度的设计上,应该体现鼓励创收的取向,这是现实需要。因此创收金额应作为二次分配首先考虑的价值因素,具体比例应根据各所的情况来定。有的事务所将二次分配的"蛋糕"分为三块,一是合伙人创收占事务所总收入的比例;二是合伙人在事务所的"伙龄",即"年资",因为年资反映了合伙人对事务所的历史贡献,资深合伙人每年均负担费用,深入参与公共事务管理、品牌建设、集体积累等,对事务所的贡献,与新加盟的合伙人是有区别的,事务所要予以承认;三是平均分配部分,或称"共享部分",这部分解决的是合伙人的凝聚力和团结问题,体现大家在一个律师事务所共事的意义。

有些律师事务所还会考虑一些其他的因素,如律师著书立说、在行业协会任职、获得社会荣誉、为公益事业做贡献等,这些都会给律师事务所带来无形收益,也可作为考核指标。总而言之,可结合本所情况,逐步提高合伙人之间共享部分的比例,最终实现从"精神合伙"到"真正合伙"的过渡。在"精神合伙"中,事务所基本上就是一个松散的个人联合体,律师的合力难以发挥出来,事务所律师的整体实力以及律师事务所的整体竞争力的发挥就会受到一定的影响。在管理上,律师事务所很难有一个明确的目标,很难建立一个行之有效的管理制度,也没有人愿意承担管理工作;在业务上,专业资源很难很好地整合,业务的质量控制不易进行;在人才培养上,由于缺乏共同的利益,事务所会缺乏新的、年轻律师作为内在动力;在律师事务所文化上,更强调独立意识,文化上的认同感和归属感较弱。

三、公司制与提成制律师事务所收入分配制度比较分析

通过以上的探讨,我们知道公司制的分配制度和提成制的分配制度各有自己的优缺点,公司制的分配制度和提成制的分配制度是历史的产物,也是相互借鉴、发展和优化的结果,下面对公司制的分配制度和提成制的分配制度展开探讨,从两种制度各自的特点入手,剖析制度设置的含义,以提供一个相对客观的对于律师事务所分配制度的认识。

从律师角度来讲,公司制强调自身的价值,给人以安全感,保证律师一定的生活水准,消除其收入不稳定的后顾之忧。采公司制分配制度的律师总体收入水平相对较高,容易吸引高素质人才,当然公司制也容易令人不思进取,滋生懒惰,如果没有较高的职业道德素质和完善的管理,那么有可能滋生懒人现象,导致效益低下,机制僵化。提成制强调个人付出后的回报,个人收入风险大,使人缺乏安全感。较低的基本收入难以保障生活水平,所以实行提成制能够较大限度地发挥律师办案的积极性,激发潜能,创造更好的成绩,我国律师行业的蓬勃发展,离不开提成制带来的成效。

从市场定位角度讲,提成制律师事务所的服务以诉讼业务为主,呈现"单兵作战"甚至是"散兵游勇"的特点,当前80%以上的律师事务所的基本情况是规模小,大部分的律师做传统的业务,所以竞争激烈。律师向社会提供法律服务还难以形成大规模的团队运

作方式,很多律师为了生计,什么类型的法律服务都办,很难向专业化发展。公司制律师事务所的法律服务涉及非诉业务,并不注重办案的数量,而重视凝聚人才,实现团队专业市场管理,重视市场的长期培育,重视终端的精耕细作。

从律师管理角度来讲,公司制的律师事务所大多管理完善,如果律师转所,一般也带不走客户,难以大幅度地影响原律师事务所的业绩,因为市场根本上掌握在律师事务所的手上,而不是律师个人手上,而实行提成制的律师事务所,一般不存在严格意义上的管理系统,律师事务所实际上高度放权,客户掌握在律师的手中。

那么是采取公司制还是提成制呢？从律师事务所的发展规模上看,一般规模越大的律师事务所越着眼于长期收入,倾向于公司制,中小型律师事务所立足于短期效益,倾向于提成制,这一特征在现阶段的中国特别明显;从律师事务所的品牌上看,律师事务所的知名度越大,越宜采用公司制,反之宜采用提成制。随着市场的进一步划分和竞争的日趋激烈,提高综合竞争力是每个事务所面临的重要问题,因律师个人能力、素质不可能在短时间内迅速地提升,因此寻求与市场相适应的事务所制度自然显得日趋重要,可以预见在不久的将来,主流律师业务的竞争主要在于事务所层面的竞争而不在于律师个体层面的竞争,而事务所层面的竞争则主要体现为事务所制度综合能力的竞争。

就法律服务市场定位而言,不同附加值的法律服务依次为高附加值法律服务(如重大投资、并购、融资项目),一般附加值法律服务(如设立公司)和产品化法律服务(处理一般的法律问题)。高附加值法律服务虽然相较后两者对于价格不敏感,但是对于法律服务的质量要求高,一般附加值的法律服务的价格敏感度较高,而且要求服务提供者有一定的品牌和专业优势,产品化法律服务因为提供

第七章 关键:律师事务所收入分配制度

者较多,且质量差异不大,故价格的敏感度最高,而该种服务对于事务所整体实力相对并不看重,相反可能更加注重律师的个体能力。

从管理水平的角度来讲,管理相对完善的律师事务所宜采用公司制的分配方式,而管理水平较为低下的律师事务所宜采用提成制的分配方式,如果某一律师事务所管理水平低下却采用公司制的分配方式很可能出现"为他人作嫁衣"的后果,不过另一方面,管理水平的提高是一个动态发展的过程,当一个律师事务所从规模、知名度等各方面都要求采用公司制的收入分配方式,律师事务所不能只因为管理水平暂时落后,而放弃公司制,反过来说,合理地采用公司制的收入分配方式是管理水平提高的一个具体的表现。

从人才素质的方面讲,拥有高素质人才的律师事务所的收入分配方式宜采用公司制,其更符合高素质人才的择业心理与择业要求,如果律师事务所采用高风险的提成制,必然会造成高素质人才的大量流失。

事务所利益的分配机制的最终确定,在微观层面上取决于决策者的眼界和价值取向。"眼界决定发展",决策者洞察事物的正确性和决策的前瞻性决定了事务所发展的方向,而价值取向决定了事务所分配制度具体追求的目标,如决策者认为事务所整体价值和综合竞争力比既得的利益更重要,则往往会选择公司制,反之,决策者会选择更体现个体利益的提成制收入分配方式。

总之,不论采取什么样的分配方式,在确定律师事务所的分配制度时,必须处理好发展和稳定的关系,解决好效率和成本的矛盾,在选择具体的分配制度时,事务所的实际情况必须放在首要的位置来考虑。

第一,律师事务所必须要树立单位的观念,重视律师事务所在律师行业发展中的作用,让律师产生归属感,形成凝聚力,要选好行政管理人员,提高规范化管理的水平。

第二,律师事务所必须打造文化品牌,合伙人要在办所理念上着重考虑文化建设,积极打造律师事务所品牌,用文化品牌来吸纳人才、拓展案源、保证服务质量。

第三,律师事务所必须依法严格管理,针对律师中出现的违纪违法现象,律师事务所必须加强内部制度建设,杜绝所聘律师游离在律师事务所管理之外的情况,通过建立行业黑名单制度来倒逼管理水平的提升;利用公司制律师事务所分配制度加大律师人才引进力度,把更多律师精英吸纳进律协班子,通过其不断完善发展来推动行业发展。

在20世纪90年代初计划经济向市场经济转型时期,传统"吃大锅饭"的工作模式和分配模式,已经失去其存在的合理性,为了最大限度地满足市场对法律服务的需求,充分发挥律师的主观能动性,必须废除固定工资制,但因为没有历史经验可以参照,取而代之的便是同其他产业如工商业承包效益提成相类似的收费提成分配制(即提成制)。

这种改革的优点是:(1)过程简单,不需要太多的制度设计;(2)操作简便,按一定的比例做简单的数学运算即可;(3)效果明显,能最大限度地激励律师多办案、多创收。这种分配制度的立足点是着重发挥律师个体的积极性,价值取向是激励律师多办案、多创收。这种改革将律师的积极性发挥到了极致,律师业因此得到快速发展,法律服务的质和量都得到明显提高,客观上也提高了律师维护司法公正的积极性,因为有眼光的律师知道,只有为社会提供更好的服务,诚信对待客户才能赢得社会的承认,最终获得更多的业务,从而能够得到更多的经济回报。这种分配模式因具有上述三个优点,加之当时也没有更多的经验可以参照,在当时急迫的改

第七章 关键:律师事务所收入分配制度

革形势下,被认为是最合理的分配制度,为绝大多数律师事务所采用。

但后来提成分配制成为制约律师业发展的各种矛盾集中点,经过改革开放以来的长期发展,律师群体构成、社会环境以及人们对律师的要求都发生了很大变化,特别是律师队伍快速发展甚至是膨胀发展的今天,提成分配制度的弊端已经充分暴露,律师业发展中的诸多问题与这种不合理的分配制度不无关系。提成制有以下弊端:

(1)不利于律师间的业务合作和对新律师的培养

实行提成分配制后,律师从收案到办案有了明确的分工,再也不会互相推诿,但现实又走向另一个极端,分工变成了分家,有的律师事务所甚至成了"律师个体户协会",律师间不仅没有良好的协作关系,反而为争抢案源而互相诋毁。一个律师接案后,不希望其他律师参与合作,因为参与就意味着分享收费提成,而其他律师没有分享收费提成也不愿意参与该律师所承办的案件,甚至对业务讨论也没有兴趣,至于该律师因工作忙,由其他律师代为提供服务在制度上更是没有依据。同以前简单的法律服务要求相比,现在的客户对律师的服务时间、律师的知识结构、律师办理委托事务的效率都有了新的、更高的要求,律师合作办理委托事务已经越来越重要,但事实上"客户很难享受到一个律师组织而不是一个律师个体的服务",国外的律所可以组织一个律师团为客户提供全面服务,但在提成分配制度下,我国的律所就很难组织律师团,即使在当事人的要求下形成了"律师群","律师群"也很难"抱成团",因为各个律师与当事人都是直接地、独立地进行联系,结果往往是各行其是,并不是当事人所想象的形成能量的集聚。

基于同样的原因,提成分配制也不利于对新律师的培养。对于一个新律师的成长,资深律师的言传身教至关重要。但由于前述原因,有资历的律师很难自愿地将自己的案源完全交给新律师或者是带着新律师合作办理。这既不利于让新律师尽快地多接触社会,锻炼办理各种类型案件的能力,同时也造成新律师的基本生活和工作条件难以得到保障,一些素质很好、起点很高的新律师甚至因此长期得不到发展,这必然造成律师事务所发展后劲不足的结果。

(2)阻碍律师事务所的自我发展

现代社会对律师事务所规模化发展的要求越来越强烈,而一个有规模的律师事务所,除了办理法律事务之外,还要处理许多公共事务比如文化建设、促销宣传、规模发展、总体服务档次的提高等,这既需要律师事务所领导的组织指挥,也需要全所律师的积极参与。著名心理学家弗鲁姆的期望理论认为:只有在预期到某一行为会给自己带来有吸引力的结果时,个人才会作出这种特定的行为。有效的激励措施对一个组织的重要性即在于此,而且物质激励是基础的激励措施。但由于将收费和分配进行简单直接的挂钩,律师工作的动因就是多收费多分成,因此与业务收费没有直接联系或者说是联系不太紧密的工作也就没有人会关心,因为收费的多少基本依赖个人的能力和影响,管理公共事务的付出与所得与收费和分成没有那么直接和紧密的联系。这部分源自律师事务所的领导,因为他们也主要靠业务收费提成取得报酬。这使律师事务所不能形成一个让领导和全所律师积极关心公共事务的机制,导致律师事务所的自我发展失去动力支持。

(3)妨碍自律功能的发挥

律师事务所的自律是规范律师执业行为管理系统的基础,而自律功能的发挥,必须有使律师服从管理、遵守规章制度的措施,即管理学上所称的正强化和负强化。通常情况下,物质激励是主要管理措施,与人事方面和精神方面的措施相比,其调节功能更灵敏。而解聘本来是最严厉的人事上的负强化手段,但对律师事务所来说其并不常用,一个律师事务所不太可能因为一些管理上的细节而轻易进行人事变动,而且律师的就业空间并不如产业工人那样大,尤其是合伙人律师,在合伙期限内进行人事变动更加困难,其人事变动甚至会导致律师事务所的解散。所以,物质上的强化手段是律师事务所实现其管理职能的主要手段。但提成分配制使律师的收入与其业务收费呈数量上的比例关系,没有可以调整的余地,所以无法将收入分配作为一种管理手段使用。而且,由于律师对个人收费的关注,少数律师可以依仗自己的高收费而无视律师事务所管理制度,甚至有些律师事务所出现了由收费高低决定地位高低的现象,这些都会成为律师事务所实现管理意图的障碍。另外,由于律师事务所的领导也同样按收费提成,有的领导在经济利益驱使下会发生与下属争夺业务的现象,这必然会影响领导威信,导致律师事务所管理效能的下降。

(4)不利于律师事务所内部专业化分工

众所周知,现在我国的律师事务所绝大多数没有实行专业化分工,任何律师可以接任何类型的案件,这样的律师被人戏称为"万金油"律师,即什么案子都能办,但什么专业都不精,这在改革开放之初社会对法律服务需求层次较低的情况下并没有什么不妥,但现在随着立法和法学理论的快速发展,以及社会对法律服务质量和深度要求的提高,"万金油"律师已经越来越难以胜任一些非常见服务领域的法律服务要求,社会对"万金油"律师的服务水平也颇多微词,认为"律师懂的我也懂,我不懂的律师也不太清楚"。所以,实行服务专业化是律师事务所的发展趋势,有条件的地区可以设立专业所,而在县城等人口集聚程度低的地方,专业所的业务量难以满负荷,只能在普通所内进行专业分工，这就需要所内按专业类别统一调配律师和统一分配案源，但提成分配制下，案源多的律师对到手的业务是不愿意轻易交给其他律师去办理的，也很少有律师自动选择从事诸如刑事、行政之类的既"麻烦"收益又少的专业，结果，即造成因为经济利益矛盾无法调和而不能形成专业分工的困局，法律服务水平不能上升到新的层次。所以，有人认为，利益分配是目前阻碍律师事务所规模化、专业化发展的最为突出而又必须解决的问题。

(5) 对律师社会形象产生负面影响

社会对律师的期望是其成为法律的化身，成为正义的使者。国家建立律师制度的根本目的是促进法治和司法公正，因此，律师应当是诚实信用的楷模。但是在提成分配制下，律师的注意力会更加集中在金钱上，甚至会发生律师收费不办案，重收费轻服务，为接业务而乱承诺或者与法官搞不正当关系等现象，广东省司法厅对律师社会形象做过的一个调查显示，人们对律师印象不好主要因为五方面的问题，而收费是最突出的问题。甚至有专家认为，律师出现诚信危机最根本的原因是律师的收入分配问题。在少数律师眼中，只要接到业务、收到律师费，其目的就已经达到，接下来的服务工作是凭着其"良心"或者说是为了长远追求更多的金钱而进行的，这难免会造成社会对律师职业越来越不信任，形成信任危机的局面。另外，目前社会上有人挖苦律师"收人钱财替人消灾"，其中一个重要原因就是，办案的律师直接收案子、与当事人谈收费，有的甚至直接收现金，这显得办案律师与钱的距离太近，"捍卫正义"与收费联系得太直接，势必造成社会上的这种看法。但是，提成制分配方式决定了必须采取这种接案、办案和收费程序。

(6) 影响法律服务市场的收费管理

维护正常的法律服务市场秩序，既能体现对律师工作的充分尊

第七章 关键:律师事务所收入分配制度

重,吸引优秀人才加入律师队伍,又能保障有更多的人有机会接受律师提供的法律服务。国家制定了律师法律服务的收费标准,规范律师事务所的收费行为。但出于对案源的追求,一些律师尤其是一些资历较浅的律师会采用降低收费标准的方式受理案件,实现"薄利多销",从而构成不正当竞争;而一些资历较深的律师,会擅自抬高收费标准,用抬高门槛的方式来甄选案源、提高业务收费总量,这看似属于市场行为,但法律服务市场不同于普通商品市场,如果可以随意提高收费标准,就会使很多人失去得到律师帮助的机会。这些无序的市场现象,必然妨碍律师业的健康发展。

(7)对律师的社会评价形成误导

评价律师优劣的标准,应当是一个律师对捍卫法律正确实施所作贡献的大小,这可以从业务素质、业务水准、业务实绩、职业道德水平等要素综合体现出来。但由于实行了个人报酬与业务收费成正比的分配方式,而报酬又往往被认为是一个人被社会、被本单位承认程度的体现,是劳动成果的体现,报酬多自然被认为是贡献大。因此,在提成分配制下,评价一个律师,人们的注意力会很自然地集中到律师的业务收费上。现实中往往是这样,谈哪位律师有名望有水平,被提起的往往是那些收费高的律师。评价律师事务所,社会甚至是律师管理组织会很自然地以收费高低作为一个硬性指标——"数钱论英雄"。当然,收费高的律师很多都是比较优秀的律师,但业务收费高低与律师是否优秀之间在本质上并没有必然的因果关系,收费高带有很多偶然性,而且真正忠于律师职业的法律卫士,其收费并不一定很高,而且有些律师的高收费是以败坏律师职业道德为代价的,如跟法官搞不正当交易,给介绍人回扣等,但他们往往会成为其他律师羡慕的对象,社会舆论的宠儿。

总之,提成制分配方式造成的不利后果是将律师工作各方面与收费单纯地、直接地联系起来，使很多律师为案源所困，为收费所累，这是一个不争的现实。这种状况如不能得到改变，我国的律师就会变得像美国的律师那样，鼓了钱囊却迷失了灵魂和信仰，使律师业成为人们既羡慕又看不起的行业。

　　律师事务所的利润分配所涉及的不仅仅是分蛋糕的问题，更涉及律师事务所和律师行业目标的实现策略。在这个管理过程中，利害关系人有律师、律师事务所、委托人、律师行业协会以及一般的公众。2008年司法部颁布的《律师事务所管理办法》第53条规定，特殊的普通合伙律师事务所一个合伙人或者数个合伙人在执业活动中因故意或者重大过失造成律师事务所债务的，应当承担无限责任或者无限连带责任。在大型律师事务所，风险、回报相对于某个律师、团队、部门以及整个律师事务所来说，都是不同的。如何把个人的利益和共同利益结合在一起，是在制度设计时需要考虑的问题。委托人也是律师事务所在整个管理中所涉及的重要利害关系人。以委托人为中心原则的中国式表达，强调律师在该关系中的首要责任就是实现委托人的目标。律师事务所的发展，在根本上是委托人的发展，要维护委托人的利益，律师与委托人的关系，决定了律师事务所管理的诸多方法。律师必须在律师事务所的既定框架中按规则执业，而委托人却形形色色，职业素养、年龄等都有差异。这就要求律师在与委托人的交往过程中，要运用不同的方式方法。委托人满意度的提升，是以过程管理为核心的。律师提供的产品跟其他产品不一样，跟汽车、建筑物是不一样的，程序很重要。不同律师事务所面对的是不同的委托人，提升委托人满意度的路径也是不一致的。

　　律师是薪酬管理的重要的利害关系人。我们应当意识到，律师事务所具有重要的教育功能。法学院的学习仅仅是律师职业教育

第七章 关键:律师事务所收入分配制度

的开始,律师事务所决定着律师行业的未来。律师事务所承载着律师业发展的重要使命,薪酬制度决定了律师事务所在律师后期培养方面的投入。如果律师事务所在这方面做得不好,个别律师的价值取向就会发生变化。所以现在暴露出的有关律师管理的问题,包括律师行业整体社会形象仍有待进一步提高的问题,都与律师事务所的分配制度有直接的关系。分配制度存在问题,必然影响整个行业的形象。

分配模式的类型,实际上只有两种。一种是提成制,考验律师的个人能力,这种分配模式将开拓案源能力置于最优先地位,并根据律师开拓的案源予以相应奖励。这种模式操作简单,与出租车司机的分配体制没有差别——交了份子钱,剩下的都是自己的。在律师法律服务需要大于供给时,其能发挥最大的效用,这是一种商业型的操作。提成制运用时间长了之后,律师与律师事务所的关系就类似于"挂靠",其弊端包括:缺乏真正的团队合作,同所律师甚至可能出现竞争关系;律师很难专业化,反而会被逼成"万金油";所内年轻律师的带教和培养缺体系;全所缺乏公共资源和品牌建设等。但是完全的、纯粹的公司制也有问题,如同笔者所指出的,没有个人案源概念、不考核创收且没有对应激励,这不符合人性。时间久了,很难保证律师在个案中的具体表现,律师的成就感会被削弱、失控感会产生。所以,诸多的律师事务所一直在探寻中间道路。

当律师法律服务供给大于需求时,容易产生各种各样的不道德行为。很多律师对这方面有了深刻的反思,律师没办法形成业务转介,导致低端律师做高端业务,"业务在我手上我不愿意给别人,我没有这个能力也要上";还出现高端律师做低端业务,事务所花很多钱培养的一个律师做低端的业务,这就造成资源浪费。

最后,我们从分配机制对客户满意度的影响的角度进行探讨。

第一,对于分配机制、客户满意度和客户忠诚度三者的相互关系,从利害关系人来分析,客户是所有利害关系人中最重要的。我们也可以简单地认为,只要每个客户对每个事务所每名律师所提供的每一个案件服务基本上都是满意的,则社会公众对我们律师的评价会是比较正面的。事务所要实现持续、科学的发展,一定离不开客户的高忠诚度。客户的忠诚度高,源于客户的满意度高,确保客户满意度高,形成忠诚客户,这些只有真正的团队才可能做到。

第二,客户希望律师担任不同的角色。客户希望律师能很主动、很热情地以处理自家事务的心态处理客户的事务。在这个过程中,客户希望律师充当参谋的角色,发挥协调作用。

第三,加强沟通。从产品营销的角度来说,律师跟客户保持联系,有助于提高律师服务的价值。

第四,律师协助客户纠正不切实际的期望,以免以后对这个问题产生争议。

一个律师事务所选择自己的模式,一定要考虑三方面的因素:(1)所在城市 GDP 的大小和市场开放程度。如果事务所在中小城市,公司制律师事务所在这样的城市并不会有很大的优势。(2)律师事务所的历史和人员构成。如果大部分律师事务所合伙人还坚持比较传统的作业模式,改用公司制并不能使律师事务所变好。(3)律师事务所从事的专业方向和合伙人的作业模式。比如说非诉讼业务多一些、比重高一些的律师事务所,采用公司制相对就比较容易。笔者认为没有最好的,只有最适合律师事务所的分配模式,这跟穿鞋是一样的,我们没必要因为这双鞋很漂亮,就把自己的脚裁了去穿那双鞋。不同阶段有不同的发展需求,也会产生不同的分配和管理机制。律师行业是以律师为核心的行业,客户的信赖与选择也建立在对个体律师的认可上,即便有律师事务所品牌等因素

第七章 关键：律师事务所收入分配制度

的影响，但是接洽客户、服务客户、对结果负责的都是律师，法律服务的成果客观上体现着强烈的律师个人色彩，这是任何一个律师事务所，即便是大品牌的律师事务所都不能否认的。

所以，律师事务所的制度都应该围绕人这个主体来构建，必须尊重人性、顺应人性、引导人性。在所有制约律师事务所发展的管理瓶颈中，分配方式的瓶颈作用显得尤其突出，律师事务所到底该采用什么样的利润分配模式并无标准答案，任何一家律师事务所在其发展的不同阶段，都有最适合它的模式，关键是要把握好律师的独立性与律师事务所规模扩大之间的平衡。

确定利益分配模式应当遵循这样的原则：一是要结合实际情况。律师事务所必须从自身所处的客观环境出发，准确确定自己的发展方向和目标。在一定发展方向和目标的框架下确立利益分配模式，才能实际可行又能促进律师事务所和律师个人的发展。二是要有利于充分发挥律师事务所的资源优势。三是既要充分考虑并兼顾律师事务所内部个人的实际利益，又要考虑律师事务所的整体利益和律师事务所的发展需要。选择利益分配模式的关键是找准一个能让律师事务内部全体律师普遍认可的利益平衡点，实施的结果要做到既能充分调动和发挥律师个人的积极性，又能为律师事务所规模发展提供必要的资金保障。事实上，只要合伙人有长远发展的眼光，有规模发展的理念，能从实际出发进行认真研究，就能找到一个合适的收入分配模式。

放眼全球，从律师行业发展历史比较久远的英美等国来看，这些国家的律师行业从无到有、再到不可或缺的发展过程是与整个社会的发展息息相关的，从最初注重事务所的人合性以及律师事务所的完整性、智力劳动的统一性，到组成组织的机构更加严密，这个发展过程体现了工业社会的发展过程。法律市场需要法律服务的多样化,也需要管理灵活、规模适中的律师事务所,这和律师事务所的建立和律师事务所全体合伙人对于事务所的发展以及追求目标的不同有关,我国律师事务所也需要根据自身的特定状况选择适合自己发展的分配制度。

第八章
时代：律师事务所建设与"一带一路"

在2013年9月和10月，中国国家主席习近平分别提出建设"新丝绸之路经济带"和"21世纪海上丝绸之路"（简称"一带一路"）的合作倡议。"一带一路"主要依靠中国与邻国及其他有关国家既有的双多边机制，借助既有的、行之有效的区域合作平台，旨在借用古代丝绸之路的历史符号，高举和平发展的旗帜，积极发展与沿线国家的经济合作伙伴关系，共同打造政治互信、经济融合、文化包容的利益共同体、命运共同体和责任共同体。2015年3月28日，国家发展改革委、外交部、商务部联合发布了《推动共建丝绸之路经济带和21世纪海上丝绸之路的愿景与行动》。2017年5月14日至15日，第一届"一带一路"国际合作高峰论坛在北京举办并顺利落幕，"一带一路"概念开始真正得到中国及全世界人们的关注。紧随着"一带一路"合作范围逐步扩大及深入，合作领域更为广阔，它不仅给参与的各个国家带来了实实在在的合作红利，也为世界贡献了应对挑战、创造机遇、强化信心的智慧与力量。

法律服务业向人们提供专业的法律服务或咨询,也属于服务业,也始终依赖于市场经济主体的发展壮大,"一带一路"倡议为律师及律师事务所带来了新的发展机遇,致使域外法律服务业务快速增长。同样,基于各国语言、法系、国情等的差异,"一带一路"也给律师及律师事务所管理带来了新的挑战。

一、"一带一路"倡议与律师事务所管理面临的挑战

(一)语言种类较多的挑战

"一带一路"倡议,这项以经济建设为主导的造福沿线国家乃至世界的宏伟事业,既充满诱人的前景,也面临诸多的困难、挑战,乃至阻力,需要相关方面凝聚共识、齐心协力、稳步推进。语言沟通是"一带一路"建设不可或缺的基础保障,让沿线各国能够以积极的态度正确地理解、认同和接受我们的各项主张和做法,需要发挥语言的作用。随着"一带一路"倡议的逐步推进,我国与沿线国家开展的合作更为密切。在为"一带一路"建设提供法律服务方面,语言问题逐步凸显出来,沿线各国的官方语言多达十八种,且还有各类地方语言。在我国对外合作项目中,既有在国内通过对项目各类文件进行法律审查即可完成的,也有需通过与相关国家或地区的律师事务所开展广泛的合作或开展实地调查才能够完成的。在此种情况下,跨语言的沟通便显得至关重要。国内律师能够充分掌握或使用多种官方语言或各类小语种的屈指可数,再加之,法律语言较为专业,仅靠翻译人员充当双方或多方沟通的媒介,难以充分表达双方或多方的法律诉求及利益诉求。从国内律师事务所管理的角度来看,语言沟通不畅使对域外律师的管理工作存在较大的障碍。法律业务属于服务行业,但却有别于其他的服务行业,它需要

更多书面的或口头的沟通才能够完成,因而律师在处理涉外项目或业务时,自然会涉及各类文件中的其他国家的官方语言问题,而应用范围较小的语种问题尤其突出。

于国内律师事务所与"一带一路"沿线国家开展特定项目合作而言,语言也会成为双方交流的障碍。这对国内律师事务所、律师或律师团队及他国律师事务所的合作单位,在适应语言的多样化上提出了新的挑战。当今中国,由于律师发展的单一化,并未对律师提出精通某些语种的迫切的要求,结果是单一性专业律师偏多,而精通各类语种的律师显著偏少;且在律师事务所的架构上,绝大部分律师事务所并未设立专门的国际类或翻译类部门,因而律师及律师事务所在域外项目的处理或管理上很难达到较为专业的服务水平。而在国内的涉外所当中,大部分以对英语的掌握作为自己的语言优势,熟悉或使用一些小语种的屈指可数。紧随着"一带一路"建设深入开展,中国与"一带一路"沿线国家要保持长期的、稳定的合作,法律服务中的语言障碍应被有意识地克服,国内律师事务所对律师的培养也要注重他国官方语言能力的培养,同样,在法学教育层面应尽可能多地培养语言和法律复合型人才,为我国"一带一路"的长期建设提供法律人的一份薄力。

(二)"一带一路"沿线国家法系差异

由于"一带一路"沿线国家法律传统、法治进程及法律体系的不同,域外法律业务必将存在较大差异。首先,法律传统的不同对法律业务之处理、项目的开展、法律意见的出具、公司体系架构的设计等存在重大的影响。如在处理有关项目的法律咨询过程中,因法律传统的不同,所得到的法律结果将存在不同。如大陆法系国家注重成文法的制定及解释,成文法及其解释作为法律结果的直接依据。但在英美法系国家,存在普通法和判例法,普通法有成熟的法律规则并以成文法形式体现,多为吸收判例法已确立的各项规则,而判例法则以每个单一的法院判决所形成的规则来处理实际的法律问题及作为法院处理案件的直接依据。另外,一些沿线国家仍属于宗教性质的国家,宗教的信仰可能会高于当地法律,如伊斯兰教法律体系,其立法中的各类法律规则之规定,意在保护伊斯兰教的合法地位及传统之延续,相比于大陆法系成文规则至上及英美法系之判例为主的立法传统存在更大的差异。

对于"一带一路"沿线国家的域外各类项目以适用当地法为主,致使国内律师的大陆法系法律业务处理思维与当地人的法律思维的差异较大,直接给国内律师处理域外项目带来了法律传统上的障碍,或者说挑战,从而间接使国内律师事务所在域外项目及其律师的管理上迎来了新的挑战。

"一带一路"沿线国家与中国之法治化进程不同,法律意识及民众守法问题将直接影响"一带一路"倡议实现过程中涉外项目的法律风险问题,若域外项目所处沿线国家法律意识薄弱、民众不守法,自会忽视域外项目各类法律问题,依靠直接的暴力冲突或地区优势来降低项目风险。在此境况之下,国内律师事务所对于"一带一路"域外项目的法律风险的控制能力较弱或难以控制,这将直接给承办或处理该域外项目的国内律师带来法律业务服务风险,也将间接给承办或处理该域外项目的律师事务所在管理上带来挑战,能否降低在此境遇处理域外项目的法律风险将可能直接影响该域外项目法律服务的质量或效果,也会影响对律师事务所的整个域外项目的专业能力的评估。

由于国内律师对其他国的立法规定及法律理论不了解,在遇上域外纠纷时多通过与"一带一路"沿线所在国律师的双向合作及对接来共同处理,但语言上、法系上的差异,沟通上的障碍及法律纠纷

第八章　时代:律师事务所建设与"一带一路"

处理思维上的不同,使得国内律师处理域外法律纠纷及律师事务所管理存在较大障碍,可能影响域外法律纠纷处理的进程或效果。

综上所述,"一带一路"沿线国家法律传统、法系及法治化进程之不同势必给我国国内律师及律师事务所的域外项目法律服务带来更多的挑战,打破传统域外业务单纯性的处理思维或操作过程。当然,挑战与机遇共存,笔者始终相信随着"一带一路"建设的深入及国家各项政策的扶持力度的加强,国内律师及律师事务所在迎接新的挑战时将充满信心。

(三)律师远程管理的挑战

在传统意义上的律师事务所管理中,律师事务所主任是律师事务所的主要负责人,主任在章程和合伙人协议授予的职权范围内,享有充分的管理权,在主任负责制下,主任具有管理律师事务所的日常事务,贯彻执行各项规章制度,对外代表律师事务所等职责。随着律师事务所规模的不断扩大,管理事务的日趋繁重,加上律师行业的竞争日趋激烈,律师事务所主任在从事律师业务的同时对事务所进行管理已显力不从心,一方面对律师事务所的管理和本身的律师业务难以兼顾,另一方面律师事务所主任并不一定具备管理一个规模较大的律师事务所的能力,而疏于管理,律师事务所就可能出现问题。国内外一些大型律师事务所对这个问题的解决已作出了有益探索,一方面使管理工作与律师业务相分离,对事务所的管理主要由专门管理人才负责,律师则从自己并不擅长的管理业务中解脱出来,把全部时间精力投入律师业务;另一方面采用公司化管理模式,公司制度自创设以来就成为最重要的经济管理制度之一,在理论研究和实务中,公司制度得到了非常大的发展,已形成科学的和完善的体系,具有其他管理制度不可比拟的优势,拥有强大的生命力,这是不少知名律师事务所选择公司化管理模式的根本原因。

但随着"一带一路"倡议的深化及向前推进，不管是传统的小作坊式律师事务所还是公司化、团队化的律师事务所，都将迎来新的挑战。

其一，对于"一带一路"沿线国家域外项目，国内律师需要常驻国外，再加之国外律师的各类行为规范之差异，律师事务所难以锁定具体承办律师进行有效的管理，兼顾国内律师规则和沿线国家的律师行为规范存在很大的障碍。

其二，国内律师常驻域外项目所在国，和国内律师事务所的沟通与交流多通过网络通信或电话等，无法向驻外国的国内律师提出各类实体物及文件资料存在的问题，且在危急情况下难以与律师事务所较快达成一致的行为或做法，这种情况不仅对驻外国的国内律师的专业能力、随机应变能力提出了新的挑战；同时，对国内律师事务所而言，对域外项目和驻外国的国内律师的管理及沟通存在的障碍和不便，会直接影响国内律师事务所的管理并带来各类新型挑战。

其三，人是有私欲的，制度及规范的设定是为了弥补人的理性的不足，由于驻外国内律师身处异国，若其有意地逃避律师事务所的管理以谋求个人之私利或获取不合理、不合法之利益，国内律师事务所对其管理将面临地域上的障碍。

其四，国内律师事务所对律师的管理规定或有别于沿线国家的律师事务所对律师之规定，或是两者存在矛盾冲突，此时若遵循驻外律师所在国之律师法规定则可能有违于国内律师事务所的规定，因而在规则上，需要国内律师事务所综合衡量，有效处理此类冲突。

其五，若在"一带一路"沿线之国家处理涉外诉讼或是仲裁，势必可能适用他国法之规定,因语言、法系之差异,驻外国内律师难以胜任诉讼或仲裁之处理,同时,驻外国内律师虽有国内司法部及律协承认的律师资格及相应证书,但这并不代表其他国家对此也予以承认。当然,驻外国内律师在非诉项目中的作用可能更大,对于诉讼或仲裁纠纷,可与当地律师事务所合作完成。

综上,随着"一带一路"进程的向前推进,对于驻外国内律师的管理问题也给律师事务所的管理提出了新的挑战。

(四)域外案件收费纳税问题

"一带一路"沿线国家的域外项目会涉及法律服务费用的收取问题,若委托单位在国内且律师事务所也在国内,自然不涉及费用收取的问题,按照国内正常的流程处理即可。但是,若国内律师事务所法律服务费用的收取对象是国内公司在域外设立的公司,则势必会涉及律师事务所收费的操作及各类税费的缴纳问题。我国国内律师事务所对于法律服务费用的收取,采用由律师事务所施行统一收费的模式,然后由律师事务所缴纳个税,扣除律师事务所的各类管理费用后,再视提成制或授薪制的不同对费用进行分配或入账。若国内律师事务所采取的是合伙模式,则以个税的单一模式向国家纳税;若国内律师事务所采取的是公司模式,则以个税和企业所得税的双重纳税模式向国家纳税。

相对于域外收取的法律服务费用而言,基于不同情况,国内律师事务所纳税情况将会存在不同,对国内律师事务所而言也将增加提供法律服务的各项成本。要处理好域外法律服务的收费问题,对国内律师事务所而言也将是一个挑战。另外,还有一个与国内律师事务所收取域外法律服务费用的相关问题,即将域外收费的费用如何汇入国内,这将受到沿线所在国及国内管理汇入出的各类规定的规制。

目前,国家税务总局与经济合作与发展组织(OECD)等25个国际组织建立了合作关系,与包括"一带一路"沿线国家在内的113个国家和地区建立了双边税收合作机制。中国税务部门在帮助提升发展中国家税收能力方面共实施了12个合作项目。2015年12月,OECD在中国扬州设立了多边税务中心,旨在为发展中国家税务官员提供税收业务培训,帮助发展中国家提高税收征管能力。中国在积极参与国际税收规则制定中,不断创新理念,推介中国方案。中国利用G20委托OECD对国际税收规则进行重塑的时机,主动提出"修改数字经济税收规则""利润在经济活动发生地和价值创造地征税"等1000多项立场声明和意见建议,将广大"一带一路"国家及发展中国家的理念融入新的国际税收规则,为广大发展中国家和"一带一路"沿线国家在跨国公司利润分配中争取更大份额,较好地维护了广大发展中国家和"一带一路"沿线国家的利益。

OECD税收政策与管理中心主任帕斯卡认为,"中国目前正在全面参与国际税收规则的改变,已经成为我们正在建立的国际税收共同体的重要成员,中国在领导G20国家将税收提到非常重要的议程方面发挥了重要作用"。"一带一路"沿线国家有不同的税收文化,中国税务部门与沿线国家共同努力,建立税收沟通机制,相互提供税收信息,提高各国税收政策的透明度。OECD秘书长古里亚认为,"更好的税收政策有助于促进全球贸易合作和鼓励创新发展,推动各国实现包容性增长"。

(五)域外律师人才短缺问题

"一带一路"是一项重大系统工程,其布局是全方位、多元化的,不仅涉及经济发展策略和方向的转变,也赋予了法治与法学教育新的使命,实践发展中,因各国法律制度存在明显差异,很容易导致合作中的诸多问题,域外法律人才的短缺将构成新的挑战。在此情势下,培养高素质的法律人才,尤其是涉外人才,成为保障倡议顺利实现的必要前提,因此在"一带一路"倡议下加强对法律人才的培养具有很强的现实意义。

以下从三方面阐述"一带一路"倡议下法律人才培养的有效途径,具体包括:(1)通过深化课程改革对接"一带一路"倡议实现的现实需求;(2)通过国际协作,强化不同国家法学院校之间的交流合作与资源共享,打破国内外之间法律教育的差序格局,推进我国经济社会与国际法学教育的深度融合,共谋发展,以便灵活应对倡议实施中的重大情况;(3)强化法律实践,以提升法律人才应对国际法律问题的能力。以"一带一路"倡议发展为契机,深化法律课程教学改革。当前,随着经济发展布局的调整,"一带一路"倡议得以加速推进,对法律人才的知识储备和应用能力提出了更多、更高的要求,法学教育应该重新检视传统课程教学中存在的诸多问题,结合"一带一路"倡议实施的现实需求,重塑法律课程体系,以深化法律课程教学改革。

首先,应该从理念到课程建设上进行改变。通过全面研究不同国家及地区的法律制度和教育体制,取长补短,整合优质的法律教学资源和国家法治建设前沿成果,充实课程内容,丰富法律人才的知识储备,以应对多变的国际法律环境。

其次,深化法律人才培养课程教学方法上的变革。应认真总结和挖掘我国在法律人才培养方面的有益经验和成功案例,从中寻找有益于人才培养的客观规律,在此基础上积极探索对接"一带一路"倡议实施需求的法律人才课程改革的基本方向,可通过课程引进、课题讲座等方式延伸法律课堂内容。尤其应强化国际惯例课程讲授的深度和广度,通过邀请国际经济法、国际私法等相关领域的法律专家举办专题讲座,帮助学生了解和掌握更多的涉外法律知识，以此增强国际法律意识。

最后，课程改革应该以课程教材建设为根本，在深化国内教材创新编写的同时，积极引入国外法律教材，通过整编改革，逐步建立起契合国内外法律教育发展方向且符合"一带一路"倡议实施需求的法律课程体系，以此提供更为优质的人才，提升法律人才培养的实效性。以"一带一路"倡议深化推广为目标，促进联合办学与交流。

培养法律人才应该加强相互学习和交流，在借鉴中发展和完善，深度发掘不同国家法律人才培养中的潜在优势，探索出适合"一带一路"倡议实施需求的教育途径与模式，在协作中学习，在实践中探索，以此提升涉外法律人才的综合素养。"一带一路"倡议的提出和推广，是我国经济转型发展的必然选择，也是实现各国协同发展的共同愿景，而各国若想深化合作、促进彼此互惠共赢发展，从而构建共谋发展的利益与命运的共同体，就必须从根本上提升国际合作意识。而法律人才作为"一带一路"倡议实施中法律服务的支撑力量，其国际意识与能力的形成和发展将直接关系到国际化合作的深化推进。为此，将法律人才国际化水平的提升作为推进"一带一路"倡议实施的重要抓手和新的着力点，通过联合办学，互动交流，促进当代国际优质法律教学资源的传播和共享，成为深化国际合作、实现"一带一路"倡议目标的基础和前提。

当前，在"一带一路"建设加速推进下，各国之间的人才交流日渐频繁，法律人才培养应该抓住这一发展机遇，在深度挖掘涉外教育本质的基础上，探索国外法律人才培养机制，整合和引进优质的国际化教学资源，实现课程、项目、专业设置等全方位、立体化的融合。从而有效提升法律教育的国际化水平，为"一带一路"倡议实施打造具有国际视野，能熟练掌握和运用国际准则和管理的国际化

第八章 时代:律师事务所建设与"一带一路"

法律人才队伍。

以"一带一路"倡议应用需求为着力点,推进法律实践的开展。"一带一路"倡议实施背景下,国家之间的交流合作深化发展,但各国社会发展模式和历史文化传统的差异,对法律人才培养提出了更高的要求。实施"一带一路"倡议需要的法律人才不仅要熟知国内法,同时也要了解国际规则以及合作国家的法律。而学生实践应用能力不足是我国法学教育中比较普遍的问题,随着"一带一路"倡议的推进,这一问题日益突出。优质法律人才的培养,应该注重使学生的基础能力和实践能力双向发展,国家和学校应该为学生和学者提供理论和实践交流的平台,并在资金和政策允许的情况下,构建国外法律实训基地。从而让法律人才通过短期或长期留学见习,深入了解各国的社情民意、风土人情,熟悉国际组织运作、理解国际规则、积累法律实践经验。

(六)律师事务所服务业务的多元化

由于法律服务提供受所在国的法律规定及法律传统的影响,因而域外法律业务与国内法律业务某些时候是存在冲突的。换句话说,国内律师处理国内法律问题是没多大问题的,但若要求国内律师在"一带一路"沿线所在国处理当地的法律问题或是法律纠纷,绝大多数国内律师是难担此任的,这时候选择聘用或委托"一带一路"沿线所在国当地的律师来处理相应的纠纷或法律问题较为妥当。相比于国内律师事务所的单一化管理,国内律师事务所与域外律师事务所合作、与域外律师合作、聘用域外律师等方式,将会使国内律师事务所管理多样化。相对于传统国内的诉讼及非诉法律业务而言,随着"一带一路"的向前推进,大量涉外性质的法律业务的增长及较新法律业务的出现,国内律师事务所将迎来多元化的业务模式及多元化的业务管理模式。

(七)律师事务所经营成本的增加

服务业业务的开拓必定会有所投入,即造成经营成本的增加,律师事务所及法律业务的开拓也必定会引起各类经营管理成本的增加。比如域外各类交通费用、国内税费与国外税费,以及与"一带一路"沿线国家律师事务所或律师合作产生的费用等。

(八)各律师事务所业务竞争将更加激烈

"一带一路"是中国对外开放的升级,也是世界经济全球化的产物。"一带一路"的逐步深入发展将使得国内各律师事务所对域外法律业务的争夺更加激烈。

二、"一带一路"倡议下律师事务所管理的机遇

律师行业作为受经济形势指引的服务业自然需要敏锐的嗅觉,使业务方向严密贴合国家政治热点及经济发展趋势,适应"一带一路"的大背景,抓住时机提升自己的服务水准,赢得交易机会,方是生存繁荣之道。那么,如何抓住"一带一路"给律师行业带来的机遇?在跨国贸易的链条中,固然每一个节点都非常重要,但对于不同国家的国情的把控,才是重中之重。

企业在走出去的过程中,在不同特定国家和地区,面临不同的法律环境,若干交易要顺利完成,当地专业律师的支持必不可少。而企业在国内进行投资经营,亦需要专业的律师来就国内的具体行业环境给出政策分析和支持。于律师事务所而言,可从此处着手,结合自己的行业优势,在目标地域市场寻求结盟伙伴。结盟的优势很明显:可以实现资源互通,共享对有关法律问题调查的资料,就法律环境、当地的风俗也可以经常交流。这样既可为跨国贸

第八章 时代:律师事务所建设与"一带一路"

易提供一条龙的专业法律服务,为自己赢得更多的交易机会,也可以降低问题解决的成本,对于贸易的顺利进行起到加速器的作用。

但在"一带一路"带来机遇的同时,亦对合同信息沟通的畅通性、决策执行的有效性、利益分配的合理性等都提出了较高的要求。事实上,寻求律师事务所跨国联盟已经变成了行业潮流。目前许多国内律师事务所已经嗅到"一带一路"带来的国际化法律服务合作契机,向外国律师事务所发出了联盟邀请。外国律师事务所也正加大在华寻觅合作伙伴的力度。相信经过一段时间的自然选择和市场洗牌,律师事务所跨国联盟的局面将基本稳定。毕竟在真正合适的、前景明朗的合作机会面前,任何明智的、有拓展野心的律师事务所都不会拒绝。而那些选择"闭关锁国"的律师事务所则很有可能被竞争激烈的法律服务市场淘汰。所以具有战略眼光的律师事务所应当慎重考虑是否或者如何更加高效地进行律师事务所跨国联盟。

"一带一路"倡议主要在于在通路、通航的基础上通商,因而其将主要影响基础设施建设、物流(包括铁路、航空、航海)、国际贸易、自然资源进出口等行业。很明显有关区域及其企业发展相关产业,都需要法律服务提供者精通当地对于这些产业的有关法律、法规及政策的规定。无论是陆上还是海上的相关国家,其地理环境、历史传统、宗教信仰、政治架构均各具地方特点,毫无疑问是与中国国情大不相同的。虽然前文已经提到进行律师事务所跨国联盟的趋势,但在上述联盟尚未形成或者虽已形成联盟但信息沟通仍有障碍时,为保障交易顺利进行,最高效的方法是提前研究相关产业法律规定、惯例及相关实务操作特点,提前进行专业人才储备,这也是律师事务所抢滩"一带一路"法律服务市场所必须进行的准备工作之一。

现代律师业作为分工愈加精细的服务业,律师不可能或者很难成为多面手。因而,律师事务所及律师必须找到自己的专业优势,在与异国律师事务所联盟时应有针对性地根据自己的实际情况去操作,在提供法律服务时,律师事务所及律师亦应做到专业,即必须保证自己的服务有特色,做到对同一个法律问题研究得比其他同行业律师更加透彻、更加全面。凭借扎实优秀的法律服务,做到科学地以法律眼光预判项目可行性、高效解决项目中的突发问题,在此基础上,辅以良好的营销策略,方能吸引企业成为自己的稳定客户。对于客户而言,也可凭借对于相关专业法律服务市场的了解,更加明确地寻找目标法律服务机构。

因此,一些有一定规模的律师事务所可以组建自己内部相应的专业团队,在相应的专业分工中,突出实现"一带一路"倡议所需要的法律服务内容及形式,不断提升专业化服务水平。一些资深律师,也可以在取得成就的专业领域发展较为新颖的专业服务方向,为当事人提供更为专业化的法律服务。律师行业发展不仅要抓住"一带一路"的重大机遇走出国门,更要做好风险管控工作,要发挥专业特长识别各种风险,包括政治风险、市场与商业风险、技术风险、管理风险,当然也包括合同与法律风险,还要评估风险、管控风险。毕竟"一带一路"倡议是整体规划,具体到各个国家实施项目,仍须遵守当地的具体规定。律师行业发展必须对世界格局详细了解,清醒地认识到"一带一路"本身所面对的大环境所带来的各项风险。

首先,明确认识宏观上的诸多障碍。从"一带一路"沿线的某些国家内部来看,其政局不稳定带来诸多不利因素。比如转型前景不明、面临领导人交接的中亚诸国,这些国家在未来的十几年可能在政权模式和对外政策上都会有较大的摇摆。一些国家对外国投

第八章 时代:律师事务所建设与"一带一路"

资者在东道国取得的收益采取限制汇出的政策,以保证本国的金融秩序稳定或外汇储备安全。也许有人会指出,中国已经与亚、欧、非大多数国家缔结了双边投资协定,不必担心这一问题。但是这些双边协定多是一些原则性规定,在投资争端解决实践中不具有太强的可操作性。

从"一带一路"经济带所处的国际环境来看,"一带一路"建设首先会遭遇大国在国家战略层面可能发起的挑战,比如,美国在全球不容忽视的影响力、俄罗斯在欧亚联盟国家的影响力,这些可能会对中国"一带一路"倡议的实施形成制约。提到此,就不得不说到美国拒不加入与"一带一路"相辅相成的亚投行(其全称为"亚洲基础设施投资银行",顾名思义,其设立是为各参与国的发展提供建设资金)一事。美国反对亚投行的理由是显而易见的,因为亚投行对美国在地缘政治、金融秩序、政治军事等方面带来了不小的威胁,现在中国通过亚投行、丝路基金,摆脱美国海权势力的包围与遏制,摆脱以美元为货币结算的金融秩序。

其次,具体项目问题的处理。律师行业须积极为涉外企业可能面临的投资安全风险问题制定个性化法律服务方案,比如,鉴于目前仅有两条铁路贯穿欧亚大陆,国际航线、高速公路、高速铁路和通信网络尚未完全实现互联互通,那么未来一段时间内有关基础设施建设的项目将占较大的比例。因此,针对基建项目的法律服务,有专业特长的律师事务所可以以此为自身优势,提前制定好成熟高效的问题解决流程和机制,预先对发生的各项问题进行预判,比如针对投资回报进行重点研究。

目前投资回报有几种形式:一是所投资国家用中国企业需要的资源折换;二是由中国修好设施后在一定年限内收费偿还,比如过路费;三是由政府负责偿还。但不管是哪种形式,都需要两个前提:

一是该国政局稳定,二是这些国家有良好的国家信用而且很珍视自身的信用。但正如前文所述,有的国家政局极不稳定,有的国家不重视国家信用。如何在这些风险之中准确判断项目可行性等问题都有待慎重考虑。

总之,"一带一路"倡议给律师行业带来前所未有的发展机遇,当然也伴随着发展风险。律师事务所及律师应利用好这一时机,实现自我发展和企业壮大的双赢。

(一)域外业务的增长

法律服务业作为专业服务业的一种,始终依赖于市场经济主体的发展壮大,"一带一路"倡议为企业带来了新的发展机遇,企业的机遇也是青年律师新的业务增长点。从行业上来看,"一带一路"倡议为基础设施建设、物流与交通运输、资源能源开发利用、国际贸易(含跨境电商)、国际金融、旅游、文化产业等带来了发展机遇,这些行业有的需要将我国的优势产能输出去以弥补"一带一路"沿线国家发展的短板,有的是天然的外向型行业。这些行业中的企业,需要大力地引进来或走出去,青年律师如果以这七大行业为切入点,深入挖掘行业法律需求点与痛点,满足企业的法律需求,则一方面解决了企业的难题,另一方面也可以实现自身的业务增长。

从地域上来看,我国北京、上海、深圳等地处于改革开放最前沿,这些地区的律师也相应地"近水楼台先得月",在"一带一路"相关商事交易中有先发优势。但中西部地区不少节点城市,因自贸区及"一带一路"的规划定位,也由内陆城市华丽转身为开放前沿城市。以重庆为例,由于"中新"第三个政府间合作项目运营中心在重庆,加上重庆自由贸易试验区获批,其地位便急剧上升。目前,重庆市正在全面落实党中央、国务院关于发挥重庆战略支点和连接点重要作用、加大西部地区门户城市开放力度的要求,努力将自贸试验区建设成为"一带一路"和长江经济带互联互通重要枢纽、西部大开发战略重要支点。

从律师行业内部细分业务领域角度来看,"一带一路"建设背景下,海外融资、外商来华投资、海外直接投资及海外并购、涉外仲裁与诉讼、国际贸易、涉外知识产权、国际工程等法律服务领域将迎来一个新的春天。同时,伴随着国家各类政策的支持及鼓励,"一带一路"沿线国家法律业务的增长将给国内律师事务所及律师法律服务业务的增多提供新的契机。

(二)国家政策对法律域外业务的支持

"一带一路"倡议是统筹国内国际两个大局,谋划我国全方位对外开放新格局作出的重大决策。作为推进"一带一路"建设的纲领性文件,《推动共建丝绸之路经济带和 21 世纪海上丝绸之路的愿景与行动》需要多方面政策配套才能实现。结合"一带一路"的合作重点,国务院各部委局积极出台各项基本支持政策,为"一带一路"倡议保驾护航。

"一带一路"倡议涉及的部门主要有国家发展和改革委员会、财政部、商务部、交通运输部、海关总署、外交部等,政策内容涵盖财税支持政策、金融支持政策、投资贸易合作支持政策、海关支持政策、交通运输支持政策等。

其一,财税支持政策。财政部在部署 2015 年具体工作时,提出要结合实施"一带一路"倡议规划,加快推进基础设施互联互通。一些地方已经走在前面,在充分调研的基础上,积极探索财税政策如何更好地服务"一带一路"建设,先行先试。

江苏省连云港市作为丝绸之路经济带陆海交汇枢纽,连云港市财政部门在 2014 年对"一带一路"交汇点的财税政策进行了研究,提出了 13 项重大项目财政资金需求和争取国家级东中西经济合作示范区先行先试的 24 项税收政策、启运港退税政策等需求建议。2014 年 6 月底,连云港市委托财政部财科所和江苏省财政厅财科所共同研究的《"一带一路"交汇点连云港服务全局的财税政策研究》《连云港市争取丝绸之路经济带(连云港)自由贸易港区相关财税政策研究》课题也基本结题。

福建省福州市福州经济技术开发区国税局在 2014 年提出了一种新思路,即以"一带一路"建设为契机,搭建涵盖地税、海关、经贸等多部门涉税信息共享平台,加强税源监控,及时提醒涉税异常,帮助企业规避涉税风险。国务院发展研究中心研究员高伟撰文表示,在"一带一路"建设中,财政政策可以发挥更加积极的作用,包括政府购买服务,增加对道路、桥梁、口岸、码头等公共工程的投入,政府还可以购买规划服务,比如跨境道路的设计等。在"一带一路"建设中,财政资金可以花得很聪明,比如采用 PPP 模式加强公私合营、财政贴息等手段,带动更多的资金参与"一带一路"建设。

其二,金融支持政策。"一带一路"建设需要大量的融资支持,经贸合作也将形成大量的货币流转,因此,资金融通是推进"一带一路"建设的重要支撑。目前针对"一带一路"建设的金融支持政策主要是成立亚投行和丝路基金,下一步相关部门将支持"一带一路"沿线省份推出"地方版丝路基金",并出资成立其他类型基金。在"一带一路"倡议提出后,不少地方政府已开始尝试成立其他类型基金。福州市政府和国开行福建分行、中非发展基金携手合作,推动设立总规模 100 亿元人民币的基金,通过市场化运作,积极参与"21 世纪海上丝绸之路"建设。广东省政协第十一届第七次常委会上提出设立"21 世纪海上丝绸之路建设基金"。金融支持"一带一路"建设是一项系统工程,既要发挥好市场在金融资源配置中的基础性、决定性作用,政府也要做好顶层设计,从体制、机制上推进金融创新,应对好"一带一路"倡议实施中的金融需求。

具体政策主要有:进一步扩大开发性金融,完善多元化的筹资机制,大力发展跨境保险产业,加快推进人民币国际化,加强国际区域金融合作,加强区域金融监管合作,促进金融机构双向进入,做大做强多边金融机构。

其三,投资贸易合作支持政策。投资贸易合作是推进"一带一路"建设的传统领域,也是大有可为的重要领域,需要各方着力研究解决投资贸易便利化问题,消除投资和贸易壁垒,构建良好的营商环境,共同商建自由贸易区,激发释放合作潜力,做大做好合作"蛋糕"。中国与沿线国家在以下几方面加强合作:

一是努力提高贸易自由化便利化水平。沿线国家宜加强信息互换、监管互认、执法互助等方面的海关合作,以及检验检疫、认证认可、标准计量、统计信息等方面的多双边合作,推动世界贸易组织《贸易便利化协定》实施。改善边境口岸通关条件,降低通关成本,提升通关能力。加强供应链安全与便利化合作,推动检验检疫证书国际互联网核查,开展"经认证的经营者"(AEO)互认。降低非关税壁垒,共同提高技术性贸易措施透明度。

二是努力促进贸易转型升级。进一步拓宽贸易领域,优化贸易结构,挖掘贸易新增长点,促进贸易平衡。建立健全服务贸易促进体系,巩固和扩大传统贸易,大力发展现代服务贸易。创新贸易方式,发展跨境电子商务等新的商业业态。把投资和贸易有机结合起来,以投资带动贸易发展。

三是努力加快投资便利化进程。加强与有关国家双边投资保护协定、避免双重征税协定磋商,消除投资壁垒,保护投资者的合法权益。协调解决工作签证、投资环境、融资需求、优惠政策等问题。

四是拓展相互投资领域。继续推动在农林牧渔业及生产加工等领域深度合作,积极推进海水养殖、远洋渔业、海水淡化、海洋工程技术、环保产业等领域合作。加强传统能源资源勘探开发合作,积极推动水电、核电、风电、太阳能等清洁可再生能源合作,推进能源资源就地就近加工转化合作,形成能源资源合作上下游一体化产业链。加强能源资源深加工技术、装备与工程服务合作。促进新一代信息技术、生物、新能源、新材料等新兴产业领域深入合作,推动建立创业投资合作机制。

五是努力探索投资合作新模式。加强与有关国家在产业链条上的分工合作,推动上下游和关联产业协同发展,提升区域产业配套能力和综合竞争力。促进服务业相互开放。积极与有关国家合作建设境外经贸合作区、跨境经济合作区等,促进产业集群发展。中国欢迎各国企业来华投资,鼓励本国企业参与"一带一路"沿线国家基础设施建设和产业投资。

六是树立投资合作新典范。在投资贸易中突出生态文明理念,加强生态环境、生物多样性和应对气候变化合作,共建绿色丝绸之路。支持中国走出去的企业按属地原则经营管理,积极帮助当地发展经济、增加就业、改善民生,主动承担社会责任。

七是开展文化等多领域的交流合作。传承和弘扬丝绸之路友好合作精神,广泛开展文化交流、学术往来、人才交流合作、媒体合作、青年和妇女交往、志愿者服务等,为深化双多边合作奠定坚实的社会基础。

其四,海关支持政策。海关是全球供应链上的重要节点,海关间的互联互通在维护贸易安全与便利、保障货物顺畅流动和人员自由流动方面发挥着关键性作用。2015年5月27—28日,由国家海关总署主办的"一带一路"海关高层论坛在西安成功召开。来自"一带一路"沿线65个国家和地区的海关负责人和代表、世界海关组织等8个国际及区域组织的负责人和代表、国内有关部委负责人、中外商界代表等共同商讨了进一步加强国际海关间合作、实现国际海关间的互联互通、有效推进贸易便利化、促进区域经济发展的进程与举措。中国海关总署已制定出台16项支持措施,加强跨部门、跨地区以及国际海关合作,推动形成全方位、立体化、网络化的互联互通,全力服务"一带一路"建设。出台的措施主要聚焦于顺畅大通道、提升大经贸、深化大合作三方面。其中,为支持国际物流大通道建设,海关出台了包括统筹口岸发展布局、创新口岸管理模式等多项举措。在编制国家口岸发展规划和口岸开放年度审理计划时,海关对"一带一路"沿线地区项目给予优先考虑。同时通过口岸立法改革,支持在内陆地区国际铁路货物运输沿线主要站点和重要内河港口,合理设立直接办理货物进出境手续的查验场所,推动内陆地区口岸对外开放。

为推动贸易增长、促进区域经济繁荣,海关将创新丰富合作机制,大力推进与相关国家海关等口岸执法机构的国际合作。中国海关在上海海关学院设立"一带一路"海关培训中心,交流沿线海关管理经验,分享海关间合作成果。为促进与沿线国家海关的信息共享,搭建"一带一路"信息交换与共享服务平台,并针对有关毒品、"洋垃圾"、濒危野生物种、武器弹药等的走私活动,加强与沿线国家海关等口岸执法机构的安全合作。

其五,交通运输支持政策。"一带一路"建设的关键是交通节点的打造和交通服务的一体化,前者是硬件,需要完善,后者是软件,需要兼容,二者都做到了,"一带一路"才能真正发挥其应有的作用,成为中国和沿线国家的商贸、文化等的沟通大动脉。交通运输部等部委都在积极对接"一带一路"倡议,从各自的角度来做好"一带一路"倡议的落实工作。2015年5月7日,国家发改委发布

《关于当前更好发挥交通运输支撑引领经济社会发展作用的意见》,强调交通运输对经济发展的支撑作用,提出打造"一带一路"交通走廊,推进互联互通交通基础设施建设,依托京津冀、长江三角洲、珠江三角洲,以沿海港口为节点,构建海上丝绸之路走廊。2015年6月1日,交通运输部率先披露该部门《落实"一带一路"战略规划实施方案(送审稿)》已审批通过。同一天,商务部等对外印发了《全国流通节点城市布局规划(2015—2020年)》,提出落实"一带一路"倡议规划,提升陆路、海路通达水平。在多个会议和文件中,中央层面均强调交通基础设施建设对于推进"一带一路"建设的先导性作用,明确提出要把交通一体化作为先行领域。

据悉,在《落实"一带一路"战略规划实施方案(送审稿)》出台之前,交通运输部相关司局和智库部门进行了深入的调研和专题研究,主要方向包括"一带一路"中交通运输大布局定位、大通道发展、重要项目节点、运输便利化、多平台合作、双边关系以及政府引领作用等方面,出台的实施方案最终要在上述这些方面把"一带一路"倡议要求落实到位。"一带一路"交通项目的重点是推进中老泰、中蒙、中俄、中巴、中吉乌、中哈、中塔阿伊、中印、中越等互联互通交通基础设施建设,其中细分为油气管道、港口海运、铁路、公路和跨海通道建设。

以上各类政策的支持给涉外法律业务的开拓,给律师及律师事务所的发展提供了新的机遇。

(三)涉外业务发展机遇,律师事务所的国际化趋势

随着经济全球化进程不断加速推进和我国对外开放全方位深化,特别是"一带一路"倡议的实施,无论是把境外资金、先进技术、管理经验引进来,还是我国企业产品、技术走出去,都需要优质高效的法律服务。国际化的法律服务应当为国家进一步融入世界提供

第八章 时代:律师事务所建设与"一带一路"

充分、及时、有效的服务。"一带一路"倡议面临政治风险、经济风险、文化风险、社会风险和法律风险五大风险,最关键的是法律风险,主要包括四方面:合同法风险、税法风险、知识产权法风险、劳动法风险。规避这些风险都需要国际化的法律服务。中国融入世界的趋势绝不会逆转,中国开放的大门永远不会关上。在这一方面,法律人、法学人,有许多可以作为的地方。

在"一带一路"倡议及亚投行等重大国际合作背景下的大规模境外投资和基础设施建设,跨国法律服务需求不断增长,极大地促进了中国律师境外法律服务业务的快速发展,中国法律服务的国际化迎来了前所未有的机遇期。国际商事仲裁业务长期以来一直是中国律师从事的国际化服务的重要组成部分,是有效和最受欢迎的国际商事争议解决方式,应不断提升仲裁业务的国际化、专业化程度,积极服务自贸区和"一带一路"建设,助力上海国际经济、金融、贸易、航运及科创中心建设。

而律师业如何适应法律服务国际化呢?经济一体化、经济全球化,带来了法律服务的国际化。在这方面,律师乃至中国律师生逢其时。会外语、为境外客户服务,或者为中国客户在境外经济活动提供服务,并不是法律服务国际化的全部,因为国际化不仅仅是用外语从事工作,而是要有国际化意识、国际化能力,更重要的是对国际规则的了解。面对国际化,站在客户角度而言,其要求获得多地点联动的一站式服务;对于律师事务所而言,国际化是有成本的,这个成本来自对组织架构的优化和对业务能力建设更大的投入。律师事务所必须要考虑这样的问题:应对国际化,准备好了吗?愿不愿意牺牲几个利润点,建立一个可提供长期服务的平台?这关乎律师事务所的核心竞争力。

对于律师群体而言,目前在国际化意识及国际化能力方面,普遍存在差距。各地方律协及律师事务所正在进一步规划,希望推出一系列能够帮助律师提升国际化能力的理论和实训项目,提升整个行业适应国际化服务需求的能力。整合资源实现法律服务国际化也是非常关键的一步。中国高端涉外法律服务人才严重不足,中国律师事务所占的法律市场份额严重不足,中国提供的法律服务质量有待提升。这是当下要适应法律服务国际化大市场格局急需解决的三个问题。

如何整合资源实现法律服务国际化？律师行业主管部门应当尽快制订促进中国法律业务国际化的具体方案和实施步骤；法律人才培养方式要创新,法学教育机构要培养精法律、通外语、懂经济的复合型人才；对于法律服务国际化,政府要给予支持,比如,对赚取外汇的律所可以给予一定比例税收减免；司法行政机关通过具体措施鼓励中国律师事务所走出国门设立分所,或者与外国的律师事务所合作,把中国法律服务的触角延伸到海外市场；充分发挥"海归"的作用,支持鼓励取得国外高校学位和获得外国律师执业资格的人员回国就业,从事国际化的法律业务；各地律师协会要敞开胸怀,积极吸纳外资律师事务所成为会员,并开展相关业务交流,真正提高中国律师事务所法律业务国际化水平。

（四）资金融通机遇

随着"一带一路"倡议的实施,涉外业务的增加,律师事务所将采用公司化管理模式,采取上市的方式为律师事务所筹集资金,对外扩张,并突破法律业务单一国、单一法系、地域化的发展模式,走向多元化、国际化。紧接着,由于"一带一路"倡议及政策上的各类支持,国内律师事务所可以借鉴或者使用"一带一路"沿线国家的律师事务所资金筹措或融资模式,这将给律师事务所的发展及律师的培养带来新的发展机遇。

(五)传统律师事务所管理格局被打破,多元化发展趋势明显

由于"一带一路"倡议的实施,国内律师事务所及律师涉外法律业务的发展,各国的律师事务所相互借鉴,打破国内律师事务所管理格局,形成多元化发展趋势。加强对外交流,进一步借鉴境外律师事务所管理经验,将会给国内律师事务所的管理带来新的视角。

"一带一路"倡议是以习近平同志为核心的党中央主动应对全球形势深刻变化、统筹国际国内两个大局作出的重大决策。2015年3月,国家发改委、外交部和商务部联合发布《推动共建丝绸之路经济带和21世纪海上丝绸之路的愿景与行动》,标志着体现国际区域合作发展理念的"一带一路"倡议首次有了清晰的框架。自此,对中国发展将产生历史性影响的"一带一路"倡议进入全面推进建设阶段。我国提倡的区域经济一体化及国际经济新秩序的构建从此迈上了新台阶。在国际层面,截至2021年9月,我国已同26个国家和地区签署了19个自由贸易协定。在国内层面,早在2014年,国家对境外投资就实行由核准管理向备案为主的管理转变。我国对外投资的法律制度空间因此被大大扩展了。

一项对281家我国境外企业的调查发现,2011年至2013年度企业境外所得的90%来源于已与我国签署税收协定的国家和地区,但仅有26家企业享受过税收协定规定的"待遇"。重管理轻服务,欠缺境外法律服务的企业只好"进一步退半步"。企业在国内发展,懂得国内法一般就够了,企业走出去却需要母国法、东道国法、国际法(包括双边条约)、投资合同都要懂,否则就会面临投资陷阱,因此企业在走出去过程中,律师服务保障极其重要。

随着"一带一路"的深入发展,对外交流及市场的开放,以法律思维处理涉外的各类问题是和平时代的趋势,因此"一带一路"倡

议的实施终将给法律业务的提供者带来前所未有的新机遇和挑战。作为法律人、作为法律人的执业机构的律师事务所，有必要做好应对的各项准备，共同致力于我国"一带一路"倡议的实施且提供法律服务支持。在此过程中，国内的律师事务所及律师将历经各类挑战和机遇，自身能力将大幅度提升，律师事务所的管理模式将进一步向多元化、国家化的趋势发展。

第九章
科技：律师事务所管理与"互联网+"

创新是发展的不竭动力，而科技是推动创新的最初源泉。"互联网+"是科技在实体经济领域创新发展的典型代表，"互联网+"是互联网思维进一步实践的成果，推动着经济形态不断地发生演变，从而提高社会经济实体的生命力，为改革、创新、发展提供广阔的网络平台。"互联网+"代表的是一种全新的社会形态，即充分发挥互联网在社会资源配置中的优化和集成作用，将互联网的创新成果深度融入经济、社会的各个领域，提升全社会的创新力和生产力，形成更广泛的以互联网为基础设施和实现工具的经济发展新形态。以下主要论述科技对于律师事务所管理的影响，集中展现在"互联网+"的时代背景下律师事务所管理的各种变革。

一、问题："互联网+"时代律师事务所管理所面临的问题

随着信息时代的到来,互联网的崛起不断更新着人们之间的交流方式,改变着大众的消费习惯,使工作效率显著提高,然而在"互联网+"时代,律师事务所的管理也面临一系列的问题,制约着律师事务所整体的提升与进步,以下对"互联网+"时代律师事务所面临的主要问题进行简单介绍。

对于律师事务所的管理,从宏观方面来看,存在三个明显的问题:首先,我国律所管理与西方的律所管理存在明显的差距;其次,律师行业迅猛发展与律所的管理模式的创新二者不能做到并驾齐驱;最后,整个社会对于律师行业的高标准、严要求与律所行业内部对律师诚信执业整体要求低的巨大反差。这些问题对于整个律师行业来说都是巨大挑战。

(一)尚未形成规范性管理模式

目前我国大部分律师事务所的治理结构单一,管理手段落后。而且,律师事务所中几乎没有执业律师之间的合作机制,即便存在些许合作,其合作方式单一、时间短、效率低,最终也会沦为所谓的"个体户"的松散联合,律师的执业方式大多表现为"独行侠"的尴尬状态。我们需要认识到,律师事务所不只是由一个个律师组成的简单集合,更是各具鲜明执业特色的专业律师形成的大团队,它依靠各个律师个体的营销模式进行品牌推广,是一个紧密的执业联合体。在律师事务所的内部,律所合伙人既担负着包括投资义务在内的各项职责,更承担着管理的职能,而且还需以专业律师的角色开展律师执业活动。他们既要对内管理律所日常各项事务,又要对外

为律所开拓市场,还要试图处理好与客户等的各种复杂关系。总之,他们身兼数职,责任重大并且各项职责不允许偏废。也就是说,律师事务所尚未形成规范化的管理模式。

(二)专业型人才培养的问题

鲁迅曾经说过:"在未有天才之前,须有培养天才的土壤。"在律所与律师的关系中,我们可以清楚看到,律所便是专业型律师成长的沃土。然而,遗憾的是,目前专业型人才管理模式尚不能与"互联网+"时代相契合。

如前所述,我国律师事务所主要有两种模式,其一是公司制,其二是合伙制。公司制律所接近于公司的运行管理方式,一般是大所;合伙制律所则多表现为几个合伙人所组成的松散联盟,一般为中小型律所。目前我国的律师事务所的表现形式大多为后者即合伙制。其运行方式是主要几个合伙人共同承担律所的房租等日常开销,以及各个行政工作人员的工资,并且他们各自完成自己承办的业务,在业务操作上几乎没有联系,被称为"个体工商户之间的结合",根本不具备合伙组织的紧密联系性。对此种律所而言,专业型律师人才的培养几乎不可能实现,这主要是因为,它们根本就不存在统一的专业人才招聘机制,人员的招收主要靠熟人介绍,之后便采用"学徒式"的发展模式,即新律师的执业经验主要来自师傅的传、帮、教,其工资也与律所无直接联系,而是由带领的师傅发放,工资水平也很低,与最低工资标准大致相当,工作一两年后再逐渐转为提成制律师。此时,律所为其提供办公场所,由他们自己去寻找案源,自己去缴纳社保,办理案件后根据之前与律所的约定提取一定比例的薪酬。事实上,他们与律所之间基本属于挂靠关系,在这种关系下,律师事务所对于律所专业人才的培养只体现于宣传口号上,专业型人才的培养变得基本不可能。

(三) 律师事务所内部会计控制问题

律师事务所的内部会计控制是律师事务所管理很重要的一部分。为了更好地适应信息时代，实现良好发展，需要解决律所的内部审计问题。比如，律所内部的财务把控方面，需要专业的财务团队去解决律师事务所内部的各种财务运转问题。倘若没有专门的会计人员对财务进行管理，财务会存在巨大的风险，尤其是在互联网如此发达的信息化时代，稍不注意，财务信息就会被别有用心的人利用，此种情况就提醒我们：制定一套合理、系统的律所会计控制机制至关重要。然而，目前我国的律师事务所的会计控制现状是尚未形成专业的财务与管理队伍，财务管理存在一系列的问题。

(四) 律师事务所发展中出现的新情况和新问题

随着"互联网+"的不断推广，律师事务所的管理也不断出现新情况、新问题，需要适度改变，以适应新情况、新问题。我们主要从以下四方面去介绍我国律所在"互联网+"时代所面临的问题。

1. 国资所转型带来的新问题

国资所为了更好地适应市场经济的稳步发展，逐渐转变事务所的管理模式，如转变成为合作所甚至直接转为合伙所，但是，律所的体制转变了，律所的管理模式、运转方式并没有随之更新换代，人员管理整合也未实现，长此以往，并不利于律所的长期有序发展，甚至容易导致人员内部冲突矛盾与分裂。

2. 律所之间联合或者重组带来的新问题

律所在发展中为了提升自己的市场占有量以及自己的核心竞争力，部分律所选择资产重组、人员整合，但是各所之间的管理模式差异、合伙人之间的利益冲突等问题接踵而至，造成律所决策与执行的时间、资金成本增加，需要长时间的磨合。

3. 律所集团化、规模化发展带来的新问题

律所规模激增,人员增长快速,但是律所管理并未真正实现整合效果、发挥品牌优势,更没有形成与律所规模相适应的管理机制,这样反而使律所管理滞后甚至使矛盾激化。

4. 小型作坊式管理带来的问题

小律所多缺少有效的外部监督,其管理模式基本可以概括为"无为管理",即个人单干、自摊成本、利润归己。最后导致的结果是,人员散漫、自由,管理极度不规范。

二、借鉴:部分发达国家应对"互联网+"采取的措施

在中国加入WTO、经济全球化、"一带一路"建设和"互联网+"的浪潮等背景下,中国越来越多地走向国际化,包括法律服务市场在内的各种法律关系也在不断与国际接触碰撞,因此,我们可以借鉴西方发达国家的律所管理模式,吸取其先进的管理经验,从而推动我国律所管理的整体进步。

(一)美国区分律所类型、具体制定管理模式

美国律所类型多样,主要有全功能型律所、大型律所、小型律所、专业办理个人伤害案件的律所以及个人独立执业的律所。在此,主要介绍美国全功能型律所与大型律所的管理模式,即公司化管理模式,具体包括以下几方面:

(1)股东合伙人会议:该机构由律所的多位合伙律师组成,是律所的决策机构,不过其只对律所的重大事项进行决策,对律所的具体管理并没有相应的职权。

(2)律所的三个委员会:薪酬委员会、运营委员会、招聘委员会。首先,薪酬委员会由合伙人会议管理,主要负责律所高层的薪

酬管理,以及制定合伙人的年度薪酬体系。其次,运营委员会由律所的市场、财务、人力资源、信息技术四部门的人员组成,主要负责提供法律服务、赚取收益以及维持与客户的关系。最后,招聘委员会由首席执行官组成,主要负责律所的人才吸纳工作。

(3)律所的三个管理职位:首席执行官和分别从属于业务体系和支撑体系的两位首席执行官。首先,首席执行官主要负责律所的对外工作,工作内容主要包括维持与客户的关系、保障客户受益和提高律所的知名度。业务体系的首席执行官,由律师担任,主要负责业务、合伙人和律师的管理工作。最后,支撑体系的首席执行官,由非律师担任,主要工作内容是管理律所的行政、人力资源、市场、信息以及财务。

从总体上来看,美国的律师事务所在专业化和规模化等方面都非常成熟。在专业化方面,不少大型律师事务所只从事特定领域的业务,不少律师也只从事特定领域的法律服务;在规模化方面,一家较大律师事务所光合伙人就有800多位,律师有2000多位。美国律师的收费以计时收费为主,具体程序为:律师事务所与客户签订委托合同;律师事务所针对案件形成一个具体的案号;此后,所有律师的工作都由此案号下的客户付费。美国律师一般每年的计时收费时间都在2000到3000个小时,很勤奋;同时,美国律师特别注意外在形象。

美国律所在这样高效、规则的管理模式下呈现出清晰的层次结构、超高工作效率以及良好的工作效果,律所系统为国家的财政作出了巨大贡献。这告诉我们,完善的治理运营体系、先进的管理模式对律所至关重要。但是,反观国内律所,管理模式单一,多数律所不能根据自身的特点形成品牌优势,这样的管理现状不能为律所长远发展作贡献。为了更好地适应市场经济、"互联网+"时代,我国律所也应借鉴美国律所的管理模式,进行有效的组织体系管理,以求利益的最大化。

(二)法国律所管理创新机制

在"互联网+"时代,法国的律师行业受到了英、美法律服务业的巨大冲击与挑战,为了更好地适应市场需求的变化,提高法国律师事务所的整体竞争力,法国政府推行了一系列的改革、创新措施。

1. 修订新的法律推动有限责任制公司化律所的建立

法国律所通过专业人士建立有限责任公司,规避律所的整体经营风险,提高律所的核心竞争力,更好地应对法国律所行业日益增大的压力。

2. 扩大使用公司化律所投资的人员范围

法国律所准予律师以外的其他专业人士使用律所资本的四分之一进行投资,这样为律所扩大发展规模提供了资金上的支持和保障。

法国律所管理创新的成果、机制告诉我们,适时地调整、修改法律,培养高质量的专业人才,给予律师授薪权有助于律所在整个行业内形成发展优势,提升在整个行业中的竞争力。但是,我国律师事务所的现有组织形式过于简单,限制了律所行业的整体进步。所以说,我国可以通过立法,提高人才准入门槛和确认律所外部投资的法律地位。

三、应对:我国律师事务所应对"互联网+"应采取的措施

时代在变化,律所的经营、管理如果墨守成规势必会被市场淘汰,所以为了更好地应对市场经济的长远发展、互联网经济的快速

进步,我国律所应积极采取措施,制定、确定律所管理战略,创新经济管理模式,制定律所做大、做强的长远计划。

(一)严格依法进行律所管理工作,坚持特殊普通合伙制的律所管理模式

随着我国律所行业的整体发展,普通合伙制的律所相较于国资所具有相对优越性,能在较大程度上调动律所合伙人的积极性,因而已经成为我国律所经营管理的主要形式。但是普通合伙制在责任承担、工作效率上存在不足,往往会阻碍大型律所的发展进程。比如,普通合伙人均需承担无限连带责任以及律所合伙人平等参与合伙事务的管理等,这些在一定程度上限制了合伙人工作的积极性。对此,我国已经规定了特殊普通合伙制,以此来弥补普通合伙制的缺陷与不足。大型律所想要长久发展应坚持特殊普通合伙模式,主要原因有:

1. 帮助减轻律师风险责任

特殊普通合伙制的典型规则就是,对于一个或者数个合伙人在执业活动中因故意或者重大过失造成的合伙企业债务:第一,合伙企业承担首位责任;第二,对合伙企业财产不足以清偿的债务部分,有故意或者重大过失的合伙人应当承担无限责任或者无限连带责任,其他合伙人以其在合伙企业中的份额为限承担责任。这样相对于普通合伙制律所使认真负责的执业律师承担相对较小的执业风险。

2. 多元化投资主体有利于累积资本

不同主体均可以成为律所合伙人便于吸收更多的人才、资本进入律师行业,有助提升律所的整体规模和积累资本,对于律所长期发展具有诸多裨益。

3. 有助于提升律所整体竞争力

对内实行科学化的公司管理模式,对外实行公司化的操作方式,使律所的工作效率大大提升,在专业的团队模式下,律所的整体竞争力水平提升就水到渠成了。

(二)改进律师事务所的组织架构

在法律服务行业日益成熟化,人才管理日益集中化,业务管理日益规范化的情况下,再由主任一人承担律所的行政管理的工作显然难以为继。而国际化、规模化的律所需要一个完善的管理体系,按此体系构建的律所需既具备专业知识又熟悉律师专业特点的专职行政管理团队和专业制度。构建律所的组织架构,笔者认为主要包括以下几方面:

1. 建立律所专业管理人制度

这包含专业管理人资格、专业管理人任免及其职权等各方面的管理,对专业人才进行专业管理,具有更强的针对性,有助于最大限度地调动其工作的积极性,展现专业人才的个人能力,让其收获最大的成就感,这样有助于律所吸引并且留住大量的专业人才。

2. 建立人才选拔制度

建立公平、公正的人才招收机制,向全社会招聘专业管理律所运行、财务管理、人才培养等各方面的人才,使律所在专业人才的管理运营下规范化发展。

3. 建立管理人才的激励和奖惩制度

根据律所的业务业绩、社会效益,来决定专业管理人的薪酬及奖励,这样有助于真正实现其权利义务的切实统一,增强专业管理人的事业心、责任心,实现自身的最大价值,更好地发挥才能。

4. 建立管理人才风险责任制度

律所需根据管理人才具有的流动性特点,来建立风险责任制度,以保证律所始终由专业管理人才在管理,且管理的理念、方式都具有相应的稳定性,这不仅可以规避人才流失的风险,而且对律所整体风险的降低也有重要作用。

5. 建立纪律监督小组

该小组的主要工作内容是监督所内职业律师的操守、职业道德,受理、调查有关投诉,提出处理意见供合伙人会议决定,在组织上保证人才的管理与任用,保证律所的工作人员各司其职,认真负责,提高工作效率。

(三) 实施品牌发展战略

品牌化发展在我国显然已经成为一种不可逆的时代潮流,律所行业亦然。现在大多数的当事人,或者是企事业单位在选择律所进行合作时,一般优先考虑的是规模大、信誉良好、服务水平高、质量优、综合水平高的律所,因为只有这样的律所才会给他们最为专业的、全面的法律服务。由此观之,品牌化发展显然已经成为律所行业竞争的关键点。当然,品牌化的律所也会增强律所的凝聚力、归属感和荣誉感,有助于提升专业团队整体竞争力。

(四) 引进来与走出去相结合,实施国际化战略

随着中国的对外交流水平不断提升,越来越多的境外法律机构、法律案件涌入,使国内律所在面临巨大挑战与冲击的同时,也带来了大量的机遇。在此背景下国内律所行业主要有三方面的特点:其一,市场国际化;其二,服务对象国际化;其三,服务内容国际化。在此环境下,律所当然不能止步不前,而应积极面对现状,采取走出去与引进来相结合的方式,不断提高服务水平,提升自己应对国际化的能力,努力占领国际市场,实施国际化战略。

(五) 人才引进与培养相结合

伟大的革命家孙中山说:"治国经邦,人才为急。"治国如此,管理律所更如此。当下,各省、市政府部门为了应对法律服务市场对

于律所的需求,积极出台各种优惠政策为职业律师提供各种各样的学习培训机会。律所自身当然也需要尽快出台配套的吸引人才的优惠政策,提高律所的人才的水平与质量,这是律所发展的最基本、最首要的任务。对于高端、大型律所而言,高端人才就显得更加重要,吸引更多的懂法律、经济、外语、管理等知识,具备综合素质的高端人才进入律所,之后再出台配套的政策,加强对职业律师的职业培训,长期下来,律所的整体竞争力必然会得到提升。

(六)采用公司化治理的模式

大量的成功经验告诉我们,在"互联网+"的时代,律所要想真正做到长效治理,必须采取公司化的治理方式。而大多数成功律所的公司化治理经验主要包括以下三方面:

1. 聚合资本

律师事务所的实质是合伙人律师、管理人、聘用律师、助理等利益相关主体根据契约形成的结合体。契约中的各方都向律师提供了相关要素,比如资本、场地、知识、实物等。根据市场经济的公平交易原则,各投资主体均要求按投资要素参加剩余分配和行使管理权。律所的合伙协议可以适当地安排各个要素所获收益以及各个要素投入者在控制系统中的地位,为实物资本、人力资本、关系资本创造相互协调合作的平台,将各类资本恰如其分地聚合在一起,实现权利义务关系的合理对接,各种资本的社会化生产,最终实现利益的最大化。公司制度的采用,也有利于实现律所规模化,提高律所抵御风险的能力,当然也有助于律师事务所长期生存,为客户提供持续、稳定和高品质的服务。

2. 律师参与组织经营

现代律所已然成为一种有组织、有体系的营利性机构,所以更加需要以公司制的管理方式来规范,为了实现利益的最大化,律所的各位律师需要有序地组织经营活动,合理安排各种生产要素的关系,尤其是针对大规模的企业、客户或者办理需要更多更专业的知识的业务,需要各个部门不同类型的律师协同、集体工作,并且与行政辅助人员、律师助理等合作,分工负责。应该根据公司体制,科学地配置资源,加强各种专业人员的协调,在共同的决策和执行机构的控制下,建立业务流程管理、市场管理和业务质量管理,提供完善和规范的服务,以满足获得投资回报的需要。

3. 律所管理权与所有权分离

随着律所组织的职业水平越来越高,律师团队规模越来越大,一些优秀的律师逐渐从一般律师变成高级律师、主任律师,但是随着管理事务的不断增多,越来越多的优秀律师执业时间大量减少,律所的投资者不得不聘请专门的管理人才,并将律所的日常管理事项交给经营管理班子处理,逐渐地,律所的经营权与管理权出现了分离,也出现了律所权力机构与决策机构的分立,律师事务所只有吸收公司制治理模式,才能满足律所治理的需要。

四、结论:我国律师事务所长效治理

(一)律所自律性管理是前提

苏联的作家高尔基曾说:"反省是一面清澈的镜子,它可以照见心灵上的污点。"同样,在律师事务所的管理中,自律、反省也对律所长效治理与发展具有至关重要的作用。所以说,改革、创新律师事务所的管理体制、机制,依照《律师法》以及相关法律建立一套律所规制体系,并且自觉、严格地去保证其执行以实现律所管理各方面的正常发展运行,这是实现律所长效治理的前提、基础性工作,律所必须长久贯彻执行。

(二)律所管理走向国际化是必然结果

科技改变了人们的生活、交流方式,拉近了人们之间的距离,律所管理走向国际化成为一种必然趋势。为了顺应律所管理的国际化浪潮,我国政府也开始关注律所的国际化管理与建设,逐步提出了律所国际化建设的宏伟蓝图,并给予一系列优惠政策以加速其实现的进程,而且还提出了两套切实可行的律所国际化建设的备选方案:第一,业务国际化,即中国律所、中国律师越来越多地接受国外客户的委托,或者说越来越多的中国人去委托涉外业务;第二,人员国际化,即律所的组成人员不局限于有中国国籍的人员,而是以包容的心态去面向全世界的专业人士。政府都在为律所走向国际化而保驾护航,律所为实现自己利益持久化、最大化当然需要更加努力。

(三)规模化的律所管理是必经阶段

律所管理规模化是律所发展到一定阶段的必然产物,是律所形成核心竞争力、打造良好品牌、提供优质服务的必然结果。"互联网+"时代律所间的竞争更为激烈,规模化管理、形成品牌有助于律所在竞争中脱颖而出。规模化管理的实现途径主要有三种:第一,兼并;第二,律所本身发展、扩张;第三,逐步培养优质律师,扩充人才队伍。

(四)专业化的律所管理贯穿始终

法律服务本身就是一项带有鲜明专业特色的服务,而律所之间竞争的核心就是专业水平的竞争。律所管理专业化就是律师在选定发展方向后,通过专业的文件标准、详尽的工作流程、有序的工作环节、高效的管理机制等来提升律所管理的专业化水平,让专业化管理贯穿于律所运行的各个环节,让律所管理的专业化成为律所整体进步的高效武器。专业化管理是律所立于长久不败之地的必然选择。

(五)品牌化是律所管理的最终归宿

品牌化建设有助于律所快速提升市场竞争力,增强律所内部凝聚力,从而实现律所的经济效益的最大化。律所品牌化建设主要有以下几种实现途径:其一,长期坚持高质量服务。律所若能长期提供有效的高质量服务,必定会获得当事人的认可与信赖,提高在业界的知名度自然是水到渠成。其二,实施高效的人才培训。在现代社会,人力资源越来越受到重视,核心人才培养已经成为律所品牌化建设的核心内容。其三,提升客户认可度。在竞争愈演愈烈的社会背景下,律所努力形成自己的品牌,其一定会在激烈的市场竞争中脱颖而出,取得长足有效的发展。

第十章

人本:律师事务所的人力资源管理

一、对律所的人力资源管理的基本认识

"人力资源"一词是由当代著名的管理学家彼得·德鲁克提出的,德鲁克认为人力资源拥有当前其他资源所没有的素质,即协调能力、融合能力、判断力和想象力。德鲁克要求管理人员在设计工作时要考虑到人的精神需求和社会需求,要采取积极的行动来实现对员工的激励,为员工创造具有挑战性的工作以及对员工进行开发。被人们誉为"经营之神"的松下幸之助曾说,松下公司的口号是"企业是人"。企业成功的关键在于人,在于那些富有激情和敬业精神的管理人才。律师事务所作为社会组织,也应遵循上述规律,人力资源战略的制定或定位,必须与律师事务所的统一战略保持高度一致,以律所的统一战略为统领,进行人力资源战略规划、布局。因此,在以"人和"为本的律师事务所中,人力资源的管理,人

才的引进、培训、使用,人力资源的配置与开发,是21世纪律师事务所竞争的主要内容。

在社会主义法治的进程中,法律人功不可没。在法律人中,律师又是重要的组成部分。对于律师来说,从事这一行业的人普遍受教育程度较高,有独立思考的能力,往往不愿意随波逐流也不愿意臣服于谁。因此对于律师个体的管理就要从其自身的特点入手,不能制定太过强硬的规章制度,要给其较为自由的发展空间,对他们的管理也要注重以人为本,这样才能够把律师个体和律师事务所有机地统一起来,提高律师的忠诚度,为律所的后续发展打下人力基础。律师事务所的人力结构能否帮助律所在竞争中脱颖而出,关键在于"人为",这必然仰赖以律师为中心的人才吸引、培养及提升策略,从而将这些人才与律师事务所融为一体。这一切能否实现归根结底在于律师事务所在人力资源战略方面是否有科学合理的规划。

律师事务所需根据自身对专业人才的需求,依托地缘优势,结合区域高校资源,打通周边邻近高校人才通道,重点突破,建立相关专业人才的实习通道与就业渠道,联动相关院校和利用当地校友会资源,形成畅通的人才资源采集、共享及输送渠道,建立专业人才的持续输送机制,促成新陈代谢良性循环,形成律师事务所人才的持续供给,建设律所人才梯队,打造一支高素质、专业型的律所人才队伍。

二、律师事务所人力资源管理的六大模块分析

在社会各项资源中,人力资源是最关键的资源,人力资源管理工作有六大模块:人力资源规划、招聘配置、培训开发、绩效考核、薪酬福利、员工关系管理。人力资源管理,是指在经济学与人本思想

指导下,通过招聘、甄选、培训、报酬等管理环节对组织内外相关人力资源进行有效运用,满足组织当前及未来发展的需要,保证组织目标实现与成员发展的最大化的一系列活动的总称。

(一) 人力资源规划

人力资源规划是人力资源管理工作的航标和指南,包括对组织机构的设置、企业组织机构的调整与分析、企业人员供给需求分析、企业人力资源制度的制定、人力资源管理费用预算的编制与执行。

律师作为高智商、高学历、高工作压力的"新三高人群",有自主性强、跳槽率高的鲜明特点,因此对律所人力资源管理的要求也与一般的企业存在差异,在进行律师事务所的人力资源工作规划时,一定要结合不同企业、律所的发展战略。在对律师事务所的人力资源分析中,要考虑需要什么样的人才、分别从事哪些专门业务;在产业结构调整中,对不同专业的人才要有不同的计划安排,形成有机的组合;在律师事务所的运行中,应有专门寻找客户、寻找项目、寻找市场的专业人员和律师,由他们负责公关、市场采购业务和获取相关信息。当然,也不能忽略组织、协调管理律所的领导者,其使律师等人员在不同的岗位上工作,避免人才的浪费,发挥最大的效果。

(二) 招聘配置

招聘与配置包括招聘需求分析、工作分析和胜任能力分析、招聘程序和策略、招聘渠道分析与选择、招聘实施、特殊政策与应变方案、离职面谈、减少员工流失的措施。

律师事务所的规划招聘工作和律师事务所的发展战略紧密有关,处于不同发展阶段的律师事务所,发展模式和招聘计划有所不同。有的律师事务所业务稳定、人员稳定,暂时不需要补充新的人员,而有的律师事务所已经发展到几百人、上千人甚至更多,律所发展处于扩张时期,此时其对于人才的需求量是很大的,而律所以个人为单位进行招聘工作,显然也有一定的难度,这时候如果采取挖团队、并购团队的方式将会大大地提高效率,也可减少团队的磨合时间,律师事务所也完成了不断吸收新的血液、新的力量的工作。

目前在招聘工作中,一些律师事务所只知道引进有高学历的人才,却不知道做学问与实务操作之间存在区别,如果只知道引进人才,却不知道如何区别使用,忽视了对人才的培训和终身教育,也会存在很多问题。人力资源主管(HR)负责律所人力资源的管理、规划工作,在为律所或律师招人时,如果其仅仅做到帮忙发布招聘信息,约应聘者面试,剩下的就交给合伙人或者律师来谈,这是不到位的,所以不妨转变一下工作模式:HR可以主动地了解律师的业务工作、了解各部门业务结构,统筹规划招聘人员编制,把好人力资源供给质量关,在招聘工作中,要能从知识技能、工作经验、工作能力、团队风格等几个方面综合考量应聘者的素质,在业务部门合伙人反复沟通确认后,使不同的专业人员和岗位达成最优匹配。在帮助业务部门组建团队的工作中,明确需要组建什么样的团队,做到准确定位。当部门业务量增多、团队现有成员需要补充助理、执业律师时,HR要有应对突发的人员流动的能力。如果律师业务部门项目多,则HR更多地是要做到及时地筹划项目组成员,根据具体情况考虑是否从别的业务部门借用、引进。

(三)培训开发

培训开发工作包括理论学习、项目评估、调查与评估、培训与发展、需求评估与培训、培训建议的形成、培训、发展与员工教育、培训的设计、系统方法、开发管理与企业领导、项目管理。培训工作很重要,对于刚刚加入律师事务所的律师,无论是否有经验,其到不同的

第十章 人本:律师事务所的人力资源管理

律师事务所都要适应不同的管理模式。培训这个模块的主要功能是"育人",即通过多种方式帮助员工适应工作、胜任工作。

律师事务所的人力资源配置,是一项十分复杂而艰难的工作。律师事务所除了其社会影响和声誉等公共资源以外,还有律师的个人才能、名声、客户等方面的私人资源。这一问题,不论对个人单独执业的律师事务所、小型专业事务所、大型综合性事务所,还是对全国性和跨国性的特大型律师事务所来说,都是一样的。律师事务所人力资源的合理配置和培训计划,不仅涉及大律师、合伙人律师、执业律师、律师助理、文秘等,还涉及律师事务所的管理者与财务人员。一些规模比较大的律师事务所,对人才的专业性要求比较高,分工也很细,类似于公司化运作,需要有专门开发市场、招揽客户和业务的人员,专门负责公关的律师和人员,还要有专门负责内部整理文件和出庭的专门律师。这种分工很细,类似于大型企业的规模化律师事务所,也会受到市场、行业兴衰周期及经济浮动的影响。比如房地产市场十分火爆的时候,常常是专事房地产法律服务律师事务所的良机。在金融风暴以后,也有律师事务所随之倒闭,这也会给律师事务所人力资源配置造成影响。一般来说,一些大型综合事务所和小规模的如专事诉讼的律师事务所,比较容易度过行业与经济收缩期。

对于一名大律师,一般会一个人负责接待客户、谈判,接收案件、项目,以至于协商收费,安排调查、出庭、取证、制作文件等,或最多带一两名助手或秘书。许多律师也会根据活动范围和客户圈子,依靠亲友和新老客户的介绍,接受案源,不管接到什么案件都只能自己去办,既有刑事案,又有经济案,既要办房地产案,又要办证券案,什么都要懂,什么都不精,成为"万金油"律师,这种现象很普遍。这种人力资源的低效使用,离合理配置很远,必须要下决心、花大力气去改变。比较理想的人力资源合理配置,就是要因人而用,充分发挥其特长、专长。对一名擅长出庭的大律师,不要再难为他将许多时间用于事务所的一般日常行政管理;对一名专事房地产案件的律师,不要硬叫他去代理刑事案件。所以,就需要合作,形成合作意识,并逐步完善内部与外部的业务协调与报酬分配机制。

  对律师的培训,是一项长期复杂的工程。新入门的律师不能依靠学校里学到的知识吃一辈子,必须不断学习、参加培训。我们是社会主义法治社会,法律也不是一成不变的,我国的法律处于不断完善的阶段,对于不同的案件也有不同的解释和判决,这就需要我们实时更新自己的法律知识。律师事务所在人力资源和培训工作上的投资应放在第一位,比买房子、买车子、买设备等要更多。当然,培训的方式有很多,不仅仅是从书本上学知识,还包括有计划地去国外作短期和中期的培训;请专家讲座;开研究会、案件分析会;在实践中与专家合作,办一些新类型案件和项目,特别是参加一些大项目的法律服务工作,这些都是很好的培训方式。对于律师专业知识和业务方面的培训,可以请法官或者高校老师来讲解。跨部门的业务交流、新员工入职培训、授课培训等形式也是可以采用的。也可以进行针对专业知识、专业技能的诉讼方面的培训如模拟法庭,另外,还可试行对客户企业领导层进行法律基础培训、对法务人员、HR、业务人员等进行特殊岗位培训。

(四)绩效考核

  从流程上,绩效考核包括绩效管理准备阶段、实施阶段、考评阶段、总结阶段、应用开发阶段;绩效改进的方法,包括行为导向型考评方法、结果导向型考评方法。一般来说,对于律师的考核也是律所对业务团队的全年业绩完成情况的考核,继而与员工切身利益相关。对律师个人,有工作业绩的考核,首先看工作量是否达标,然后看对其有效工作时间客户是否认可,接着看律师费率是多少,再对律师工作日常表现、工作完成情况、团队合作能力、自我学习能力、业务开发拓展等方面,按照其所占权重来综合衡量,律师业绩考核就完成了。没有规矩不成方圆,考核表面上是立规矩、看结果、行奖惩,其实是一种手段,目的是促进大家共同发展,比如每月考核工作单,是为了使律师形成良好的工作习惯,对日常工作进行时间管理。

(五) 薪酬福利

薪酬福利管理是激励员工最有效的手段之一。薪酬是每个员工最关心的切身利益,而福利的含义比较广泛,包括律所提供社交渠道,提供时间休息放松,增进情感交流,感受企业文化氛围,增加员工的归属感等。

可能影响薪酬体系的要素有三个:

1. 工作能力与客户源

律所律师的工作能力直接决定他的工作薪酬。一个律所的"合伙人",不仅是律所的管理者,也是业务承担者。律所归合伙人所有,所以他要承担下属律师在工作时产生的费用。并且,由于律师的工作结果在一定程度上决定了律所的收益,所以他的薪酬不能仅仅只有自己工作范围内的所得工资,这也是合伙人的工资会比普通律师工资高的原因。律所应该根据实际情况来进行利益分红,影响因素包括律师的工作效率、管理人员的工作效率、业务部门的工作能力等。

除了律师的工作能力,客户源也是决定一个律师事务所收益的重要因素,所以有客户源的员工是律所的关键人才。不论在哪一个企业,这类员工永远是薪酬较多的人。想要确保自身在律所的重要性,就要保持和客户的友好关系,这能够给律所带来实际利益。

2. 履历和专业素质

在律所中,履历和个人持有律师资格证的年限就是一个律师的资本。对于一个已经在律所工作很多年的律师而言,他为律所做出的功绩是不可磨灭的,因而律师薪酬最高的阶段一般是他工作的第10年至第15年。

同时,律师事务所也需要具备专业素质的人才,即兼备高品质和高效率的专业人员。这样的律师不仅在知识储备、创新能力上表现突出,同时有优秀的交流能力和处理紧急事件的能力,使之在谈判中不落下风。

3. 管理者与企业"家"文化

在大多数行业,高层管理者的薪酬一定比普通员工高,但是这不适用于大部分律师事务所。因为一个律所的高层管理者,并不基于他传统意义上的工作而获得利益。

薪酬系统也要体现"家"文化,比如设立生日奖金、年终奖金、社会保障基金等,要让每位员工都能从律所中感受到律所的关心、律所的人文情怀。子曰:"富与贵,是人之所欲也,不以其道得之,不处也。"物质虽不是万能的,然而对于社会中的每个个体而言,基本的物质保障是必不可少的。作为法律服务人员,如果其薪资待遇与所从事的职业及提供服务的价值严重不匹配,自然心理不平衡。律师事务所要科学合理设置薪酬体系,可以选择公司制或提成制。采用公司制的律所,以贡献多寡进行科学合理的激励;采用提成制的律所根据团队中成员的具体情形给予不同程度的奖励。但无论哪一种,薪酬制度需要解决的是付出或贡献与收入合理匹配的问题,以免造成律师间合作的不快。除了兼顾相对的公平外,还需让律师明白,薪酬的多寡不是律师事务所决定的,也不是律师团队决定的,而是由个人能力决定的。要明白,薪酬的高低只是相对的、暂时的,律所是否能稳健发展、律师是否有所作为才是最重要的。

(六)员工关系管理

HR负责员工关系管理模块,应用先进的管理系统、先进的软件,帮助梳理繁杂细致的工作,帮助归纳总结流程。现在很多律所在不同地域开设分所,当地HR对当地政策比较熟悉,办事方便,把握政策导向、时间节点、手续进程、汇总总结等,解决了多地办公人力资源紧张的问题,还能把人力资源管理工作抓起来。另外HR需要熟悉《劳动法》《劳动合同法》《就业促进法》等,规范用工,规避风险,处理员工关系等复杂事务。

三、律师事务所人力资源管理现状分析

(一)律师事务所人力资源的特殊性

律师事务所作为高度知识化、专业化的组织,其人员主要是具有较高的专业知识与技能的律师,律师事务所的人力资源与其他行业相比,有以下的特殊性:

1. 律所人力资源的权属特性

律师人力资源的权属特性是指人力资源与律师个人的不可分离性,律师通过个人投资获取的专业知识、积累的执业经验和技能、客户关系、职业声誉总体上是律师的个人资源,其决定着律师职业规划的未来方向。

2. 律所人力资源的社会特性

律师人力资源总是要处于特定的社会关系之中,而人力资源的利用也必定要受到社会关系的制约。

3. 律所人力资源的组织依赖性

律师事务所的本质在于它是一种团队,而事务所的团队本质又

表现为人力资源与非人力资源之间的相互依赖性。一方面，没有律师之间的合作就不能实现人力资源的增值；另一方面，人力资源不与非人力资源结合就不能发挥作用。

（二）当前律师事务所人力资源管理中存在的问题和弊端

1. 律师行业起步晚，存在诸多问题

律师是西方民主制度的产物，中国律师行业从源头上讲肇始于晚清，属西方舶来品，在中国历史还很短，从1979年中华人民共和国恢复律师制度，我国律师行业的发展只有短短的几十年，律师制度在中国的发展跌跌撞撞，艰难无比，特别是在律师事务所的管理上更没有经验可以参照。现阶段，我国的律师行业仍存在诸多问题，如过多地看重经济利益，忽视律师的政治责任，律师事务所缺乏文化建设，律师行业产业化滞后，市场也不健全，中国律师执业风险较大等。

2. 法律人才供应与需求错位

近些年来中国的大学一再扩招，中国每年有大量的法律专业大学生毕业，表面上看法律专业的人力资源总量充裕，但由于法律教育内容与实践的严重脱节，大量的法律专业大学生缺乏法律实践，致使法律人才的供给和需求存在严重的错位。对于法律专业大学生，事务所往往需要投入大量的资源进行再培训，经过一段时间之后才能使其逐步掌握必需的执业技能，而律师事务所需要的高素质人才则非常稀少。法律教育有必要从培养理论研究人才向培养法律实务型人才转变，从根本上解决法律人才供给与需求错位的问题。

3. 外资律所驻华办事处及大中型本土律所对法律优秀人才的抢夺

从1992年起，中国法律服务行业正式对外开放，当年外国律师事务所获准在北京、上海、广州、深圳和海口开设办事处。此后,市场进一步开放。到2003年,中国按入世承诺全面取消了对外国律师事务所在华设立办事处的数量和地域限制。目前,根据2021年《中华人民共和国司法部公告第10号》,有188家外国律师事务所在北京、上海、广东、辽宁、浙江等地设有代表机构。与此相伴的是,中国律师业出现了高端法律人才纷纷向外资所跳槽的现象,一些国内名牌大学的法学院的优秀学生,有人一毕业就挤进了外资律师事务所。外资所之所以吸引众多跳槽者主要是因为其优厚的待遇。除了薪水之外,外资所的业务平台和良好的管理也是许多中国律师所向往的。

值得欣慰的是,近些年来,中国本土律所已经在人才市场,尤其是高端法律人才市场与外资所齐头并进,大有一争高下之势。许多在外资所从业多年的资深律师也纷纷加入顶尖中资所,成为合伙人,为本土高端律师事务所的发展撑起一片天空。

四、律师事务所人力资源管理的完善措施

(一)律师事务所应建立与职业规划结合的律师培养机制

律师行业实际上是一个竞争性极强的行业,我们必须努力创建学习型律师事务所,以适应变革、开拓创新。在律师事务所机制设定的过程中,也要解放思想,重新认识人力资源和智力的资本化运作。律师法律服务不再是过去单一的"法律服务",而是以法律服务为主流,以当事人所需服务为支流的全面综合系统服务。

对于当事人日益增长的服务需求,律师事务所应调整、匹配相应服务。律师事务所在制定人才战略时要高瞻远瞩,未雨绸缪,建设好人才库、专家库。应建立学习型律师事务所,把律所打造成

一个优秀的学习团队,让律师不断地学习,使其相互借鉴,在学习中追求自我实现,体会工作的乐趣。如今市场化程度越来越高,信息时代蓬勃发展,一家律所若不潜心在专业领域和专业化建设方面提早布局,落到实处,自然会被优胜劣汰的市场竞争法则淘汰,而作为律师个体也需在律所专业化建设中定好位、找准方向、扎根专业,才能有所作为。

加大律所专业化建设的广度与深度,有利于律师人才接踵而来,找到执业的坐标,并与志同道合的同仁一起学习,共同研讨,不断提高专业技能,从而提升在业界的地位和影响,实现人生价值。这就使专业化建设成为人才资源战略中的驱动引擎。同时,专业化建设少不了对律师的培养提升,若没有对律师的培养提升机制,专业化建设便为"空头支票",难有成效。

(二)转变专业性人才的培养模式

每家律所都面临对传统"师傅带徒弟型"模式的总结与反思,行业内的青年律师培养模式大多属于"师傅带徒弟型"培养模式,这一模式目前看来存在严重不足,由于青年律师流动性强,出于保持竞争优势地位的考虑,有经验的老律师一般不会轻易将其所掌握的律师业务的核心知识和技能传授给青年律师,这是一个不争的事实。再者,由于青年律师流动性强,即使老律师愿意传授,青年律师在短时间内也只能学到一些皮毛,很难成材。

律师事务所应尽可能避免"师傅带徒弟型"的培养模式,应在传统模式的基础上,不断深化研究制定出一整套规范、标准人才培养体系、课件、制度。律所想发展,绝不能对传统"师徒"模式抱残守缺,要学会打破常规,完善制度建设。比如,针对不同阶段的律师,培训课程设置需要具有针对性:针对实习律师,需要加强法学思维、基础技能、检索工具运用等方面的培养;针对成长型律师,需加强写作能力、专业产品研发等训练;针对成熟的律师,需尽量发挥其优势技能,培养专家型律师。

同时,律师事务所要通过内训机制和外部的法治宣讲、培训促使律师们主动参与学习、成长,研究法理,研判最高人民法院指导案例,拓展法外知识与技能,形成学习氛围,促进律师全方面能力提升,吐故纳新,将吸收的新鲜血液培养为嫡系队伍,同时塑造整体人格,有助于人才资源的合理分化。律师应当研究法律,而不是阅读法律,应当有不知满足地进行研究的精神。

(三)对人才招聘、识别,要严格把关

律师事务所最大的特点是"人合"而非"资合",因此人是事务所里最重要的要素,优秀的人才会给事务所带来良好的风气、名气和一定的经济效益,但培养人是需要付出成本和代价的。与培养人才相比较,直接引进一名优秀的人才,常常会意外地出现事半功倍的效果。但是,不懂规矩,不按规定的程序、章程办事的人,其带来的破坏可能在若干年内都无法弥补。小型律师事务所在管理者精力、经验不足的情况下,最简便的办法就是引进有职业道德、有业务能力的律师。在引进人才的问题上要抱有严格把关、宁缺毋滥的态度,争取在较少投入管理成本的情况下,获取最大限度的管理效益。中小型律所在人才选聘时,应尽可能避免一味挑选条件特别出众的法科毕业生,因为这些人往往眼界高,即便来到小所工作,过了几年往往也会另觅高枝。所以对人才的识别就非常重要,在招聘时应该准确识别、挑选与本律师事务所发展战略最吻合的人才,在甄别之后充分用人所长,发挥人的最大潜能。

一家律所若能有一两个人才在业界蜚声扬名、站稳脚跟,那么这对人才的吸引,自然有着"桃李不言下自成蹊"的效果,同时,也能在客户心中奠定良好的专业形象,进而根据客户的认同程度,决定律师人才的来往去留。在专业化律所建设的过程中，需根据政策的调整、市场的变动、区域的优势、对未来社会发展的预估及人才储备等因素进行专业部门的增与减、扩张与收缩，切不可一成不变，因循守旧。

全社会都知道人才的重要性，都在积极抢夺人才。可是，当我们费尽心思，吸引、培养一批又一批人才后，却常常发现，有一些优秀、品质优良的人，不愿扎根律师事务所发展。因而，在挖掘人才的同时，也应积极思考如何留住人才。律师事务所有必要建立健全人力资源管理机制，针对律师流动性进行调研，找出病症，开出有效药方。无论是律师与律师事务所的统一战略不相符、薪资待遇不匹配，还是律师与律所文化不相融、专业定位不相符等，律所一旦发现问题，就应立刻解决问题，研究并制定破解人才非正常流动的对策。律所要正确对待员工的流动，每一位律师都是律师事务所的财富，律师的流失必然会导致律所财富的流失，但我们不能因此就限制律师的流动，而应更加豁达地看待这个问题。另外，律师事务所也要做好人才资源的储备工作，以免有人离职后找不到合适的人来替代。

（四）重视律师事务所的文化建设

律师事务所的文化就是律师事务所的核心价值追求及宗旨，其不仅塑造律师事务所的文化形象和行业特质，而且有利于律师等人才形成认同感，从而以文化为向心力，形成优势文化软实力，奠定律所在行业的引领地位。决定事务所寿命的不是几名律师相对有限的社会资源组合，而应该是全所律师长期坚守的信念与文化。一个没有文化的律师事务所是不会有核心竞争力和旺盛生命力的，只有每一位律师都饱含热情，积极地从事创造性活动，律师事务所才能向前发展，吸引并留住律师人才。律所有义务提供良好、和谐的执

第十章 人本:律师事务所的人力资源管理

业环境,增强青年律师对事务所的认同感和归属感。

(五)采取有效的激励措施

在人力资源管理中,企业将员工视为资源,将其作为企业的宝贵财富,管理在形式上难免将员工角色物质化,管理的重点应从提高生产效率转移到人力资源的培养开发上,促进企业和员工之间形成良好的关系。律师行业人力资源的特征比较明显,一名年轻律师经过若干年的培养与积累,最终的归宿是成长为事务所的合伙人,因此作为律师事务所的管理者,要充分认识到人力的双重属性(既具有资源属性,又具有资本属性)。

在人才激励机制中,要建立一套科学完整的人才激励和保留制度。律师事务所人才激励应充分考虑不同类型的激励方式,包括薪金、福利、职务消费、职位、职务、上下级关系、工作条件等。根据激励的内容可分为物质激励和精神激励,前者包括现金、股票和期权等,后者包括表扬、授予荣誉称号、进修等。

总之,律师事务所的人才资源管理不是孤立单一的系统,而是律所战略系统中的关键一环,有牵一发动全身的效果。律师事务所以一种新的企业模式进入市场,需要的是一个稳固而强大的团队,这个团队必须要有共同的目标,并为了实现这一目标而努力。"人力资源管理"就是这个团队中的纽带,把每一位员工安排在最合适的位置上,帮助律所与员工建立相互信任的工作氛围,让律所在内部平稳的状态下参与外部竞争。要知道,探索建立具有中国特色的律师事务所人力资源管理新机制,还有很长的路要走。

第十一章
案例:部分律师事务所管理经验分析

管理不仅是一门学问,也是一门艺术,律所的管理也是如此。管理虽然无处不在,不管是律师行业还是其他行业,大到国家的运行,小到个人的日常生活,我们在各种场合都会运用管理,但是,真正能够管理好的可谓凤毛麟角。这也是有的律所能够管理得好,有的律所管理不当的原因。律师事务所能否在激烈竞争中长期生存与发展有赖于是否有良好的管理,管理这门学问不是所有律所都能运用好的,但也有管理比较好的律所,譬如国内大型综合性律师事务所隆安、金杜和盈科等。下面首先来谈隆安律师事务所的管理模式及一些经验。

一、隆安律师事务所管理经验

隆安律师事务所创建于1992年,是中国成立较早的合伙制律师事务所之一。在1992年之前,由于国家政策的原因,不存在由私人设立的律师事务所,律师及其所属机构都隶属于法院,由司法部

第十一章 案例:部分律师事务所管理经验分析

负责管理,律师的身份为国家工作人员。但在1992年之后,国家放开了对律师事务所的限制,允许私人设立律师事务所。根据司法部《合作制律师事务所试点方案》的规定,并经北京市司法局1992年12月29日批准,由笔者率领全部具有法学硕士学位的法律专业人士发起设立的合作制的隆安律师事务所就此诞生。随着律师制度的不断完善以及律师事务所的发展,1996年9月,隆安转为合伙制律师事务所,在国家刚开放允许私人设立律师事务所之初,合伙制是当时律所管理的最佳模式,毫无疑问隆安律师事务所及之后设立的诸多律师事务所都选择合伙制作为律所的管理模式。在允许私人设立律师事务所之前,对律师及其机构的管理主要采取国家行政管理的方式,这极大限制了律师事务所及其律师的发展。合伙制作为当时一种新兴的律所管理模式,相较于以往的国家行政管理模式具有极大的优越性,不仅提高了律师的积极性,而且也有力地促进了律师事务所的快速发展。所以,隆安律师事务所在成立之初选择合伙制管理模式在当时可谓一项明智之举。而后历经11年的发展,隆安已经初具规模,在2017年2月成功改制为特殊的普通合伙制律师事务所。隆安经历了合作制、普通合伙制、特殊的普通合伙制几个阶段,同时也见证了恢复律师制度后律师行业的飞速发展。但是,律师事务所经过30年来的快速发展,曾经比较优越的合伙制管理模式已经暴露出诸多的弊端,在一定程度上,律所的合伙制管理模式已经不太适应律师事务所走向国际化、规模化、专业化及品牌化的发展趋势。为了适应新时代的律所发展趋势,隆安律师事务所正在从过去的合伙制管理模式向公司化的管理模式转型。转型需要一段过渡时间,当前的管理模式主要还是合伙制的管理模式。

(一)**隆安律师事务所向公司化的管理模式转型的原因**

未来律师事务所必然走向国际化、规模化、专业化及品牌化,这种发展趋势对于律师事务所在管理方面会提出更高的要求。当前，隆安律师事务所在其管理方面仍实行合伙制的管理模式，要想实现国际化、规模化、专业化及品牌化的发展，在其管理方面必然要作出重大改变。隆安律师事务所在30年的发展过程中，其合伙制的管理模式已经显露出一些不足，主要在于其管理人员具有多重身份。律所的负责人往往既是律师又是管理者还是出资人，拥有多重身份，并且律所的所有权和经营权都掌握在其中一部分律师的手中，拥有所有权和经营权的律师往往也是律所的负责人及管理者。随着律师事务所规模的不断扩大，管理事务日趋繁重，律师行业的竞争日趋加剧，律所负责人及管理者在从事律师业务的同时还要对律所进行管理，由于人的精力有限，律所管理者不可能将很多的时间花费在管理方面，导致管理松散，制度不健全，更严重的是，当遇到利益冲突时，拥有多重身份的管理者往往会首先考虑有利于自身利益的选项，而不是有利于律师事务所的。这既损害了律所的整体利益，同时也损害了本律所的其他律师的利益，不仅不利于律所的长久发展，而且使得律师对律所的忠诚度下降，跳槽率升高。这些情况不仅仅是隆安律师事务所实行合伙制管理模式产生的问题，同样也是其他实行合伙制管理模式的律所都存在的问题，这是合伙制管理模式的通病。

　　为了弥补合伙制管理模式的不足，公司化管理模式应运而生。虽然律所公司化管理模式在理论方面已有诸多研究，在实践中，走得靠前的律所已经着手实行公司化的管理模式，但是，就当前来说实行公司化管理模式的律所还是较少的，毕竟，公司化管理模式比合伙制管理模式成本高得多，不是所有律所都有能力实行公司化管理模式的，况且，也不是所有律所都适合实行公司化管理模式的。只有达到一定规模的律所，实行公司化的管理模式才有利于其发展,提高律所效率,使得其更具有竞争力。为什么采用合伙制管理模式之后律所会青睐公司化的管理模式呢？或许是因为公司制度自创设以来就表现出强大的生命力,不管在理论研究方面还是实践当中,公司制度都得到了很好的发展,已经拥有科学和完善的体系,使其具有其他管理模式不可比拟的优势。公司化管理模式很好地弥补了合伙制管理模式的不足,使律师事务所的所有权和经营权分开,避免了律所管理者多重身份带来的弊端。此外,律所实行公司化的管理模式不仅可以引入现代企业管理制度,而且还可以降低律师的执业风险,同时,还有利于律所吸引外部投资,使其与国内外同行在竞争方面占有优势。基于以上的情况,隆安律师事务所也要向公司化管理模式转变。再者,隆安律师事务所要实现国际化、规模化、专业化及品牌化的发展,也离不开公司化的管理模式。

(二)隆安律师事务所的管理经验

隆安律师事务所实行合伙制管理模式虽然有其不足之处,但也有许多较好的管理经验。

1. 全国管理方面

隆安作为一家老牌大型综合性律师事务所,近年来发展迅速,但总所与各地分所之间的团结紧密程度不高的问题始终存在,为了解决这个问题,隆安在 2011 年成立了隆安理事会,总所及每一家分所是理事会的理事单位,各地分所统一向理事会缴纳会费,用于支持和推动隆安整体的建设和发展,由全国隆安各地办公室共同管理隆安事务、共同商讨未来发展。理事会下设若干个专门工作委员会、专业委员会。到 2015 年年底,隆安已经形成北京总所管行政、理事会管业务及品牌发展的"联动机制",逐步形成了"隆安特色的一体化"发展模式。此种模式不仅解决了隆安未来的国际化、规模化、专业化、品牌化发展的问题,同时提高了各地办公室之间、全国合伙人之间的黏合度。

2. 行政管理方面

律师事务所行政管理工作是律所事业发展的基石,事关律师事务所规模扩大、品牌提升,并且在律师事务所科学决策中也具有举足轻重的作用。行政服务工作做得好可使律师团队提高工作效率,创造无形的品牌价值。因此,隆安律师事务所一直着力于打造行政服务团队与律师执业团队荣辱与共的命运共同体。要实现这样的目标,就必须培养行政服务人员与律师团队的共识,建立统一的目标指向,树立统一的团队思想;此外还要培育精诚团结意识,形成融洽的合作关系,建立相互包容、相互协作的关系,唯有团结一心,方能形成合力。在此基础之上,还要追求团队成员相得益彰的整体效果。突出业务团队的经济效益和行政团队服务质量的关联性,坚持业务团队建设与行政团队建设两手抓。

在行政管理方面,拥有一支优秀的行政团队还不够,还须健全、贯彻落实各项规章制度。俗话说"没有规矩不成方圆",建立健全各项工作制度和工作细则,并使这些制度程序化、规范化并实际有效执行是非常必要的。但现在仍有许多律师事务所存在"靠人管人"的状态,长此以往,不能排除"奖惩均由人来决定"的情况,这里指的"人"包括律师事务所主任、合伙人、合作人,这样做的弊端是不能够完全"公平"管理,从而导致律师的不服从、不认可,进而损害律师事务所的团结,影响其凝聚力,发展将无从谈起。隆安律师事务所在这方面一直强调并依靠"制度管理",奖惩都事先由制度规定,并且严格执行落实,长期以来,实行的效果甚佳。拥有优秀的行政服务团队和全面科学的管理制度,管理上将会事半功倍,有利于更好打造律所品牌,实现律所国际化、规模化、专业化、品牌化的发展。

第十一章 案例:部分律师事务所管理经验分析

具有良好社会声誉和责任担当的律所,都非常重视发挥行政服务团队的职能作用,致力于将其当作律师事务所的形象和品牌来塑造,着力提升其管理能力和工作水平,为律所这台机器运转发挥独特的作用。所以,律所重视行政管理工作是非常必要的,并且也是律所实现国际化、规模化、专业化、品牌化发展的重要因素之一。

3. 人力资源管理方面

律师事务所最重要的资源无非律师和客户。作为提供专业法律服务的律师事务所,没有高素质的律师人才,就无法提供专业服务,也就不可能招揽与留住客户。培养人才、留住人才、合理配置人才,才尽其用是律师事务所人力资源管理的重要内容。在培养人才方面,隆安律师事务所通过与知名大学法学院展开合作,引进知名大学法学院的硕士生或博士生,使其入职后经过一段时间的专业化技能培训,然后跟随团队在业务开展中不断学习。这种"批量"培训与"师傅带徒弟式"培训两者完美结合的培养方式,使得一个法学院的毕业生能够快速成长为拥有执业能力和技能的专业办案律师。

隆安律师事务所人力资源管理一直致力于留住律师、用好律师两个环节的工作。留住律师需要了解律师的实际需求,让律师获得的收入逐年增长,开展提升律师的执业技能的培训,为律师提供优越的办公环境,以及营造轻松和谐的工作氛围。只有做好这些,才能让律师安心在律师事务所执业,让自己在执业之路上一往无前。留住律师,在于帮助其成长;用好律师,在于促成其职业目标的实现。用好律师的前提是懂得人才激励,其不只体现在物质激励、精神激励层面,而且包括民主激励,即让律师参与律师事务所的经营、管理决策;也包括感情激励,通过对律师的关怀、信任和包容,用真情实感去激励律师,使律师忠诚度提高。

4. 财务管理方面

财务管理活动包括财务规划（预算）和财务控制（管理）两方面。财务预算要求律师事务所中负责财务管理的人员对未来的收入、费用和收益率的变化情况作出预测。财务控制不仅要准确记录每日现金流动，准确报告每月财务结果（包括当前的收入和开销），而且还要实施一系列的内部程序。这些程序几乎涉及从最大化收入、减少费用支出到最基本的诸如开具发票之类的全部财务活动。一个不能规划和控制自己财务的律师事务所是无法保持经济上的生存能力的。所以，财务管理对律师事务所的生存发展具有相当的重要性。然而许多律师事务所在日常管理中往往容易忽视财务管理，且财务管理相当粗糙和落后，典型的表现就是律师事务所的财务管理还仅仅停留于简单的记账和统计上，财务管理所特有的许多作用，例如有效回避税收风险、为投资决策提供准确财务数据、为律师办案提供足够财务资源支持以及为律师事务所吸纳人才提供灵活和方便的财务帮助等，均未能有效体现。因此律师事务所的资本得不到充分利用，不利于律所长期健康发展。隆安律师事务所在财务管理方面，不仅对财务管理非常重视，设有专门的财务管理人员，而且财务预算和财务控制也实施得不错，使得律师事务所的经济收入可预期、费用支出明晰可控、资源利用有效且充分，能够最高效地进行资源配置，达到经济利益最大化。

隆安律师事务所为什么要编制财务预算？因为隆安律师事务所的一切计划和未来战略，包括战略发展、经营管理、人才吸纳等所有蓝图都必须依赖对事务所将来收入和开支的估算，所以编制科学和完整的财务预算是隆安律师事务所实施发展计划的前提和基础。一份完整的财务预算内容主要包括：固定资产、递延资产、折旧、成本（含可变成本和固定成本）、流动资金、收入、公共积累、利润、合

第十一章 案例:部分律师事务所管理经验分析

伙人权益等。按时全面科学地编制财务预算是隆安律师事务所的一项惯例,也是财务管理的重要内容之一。有了财务预算,财务控制也必不可少,要保证预算方案的顺利实施,就必须对预算方案中的成本实行全面监控,这里主要指可变成本,由于固定成本支付的金额和时间相对固定,因此不必将过多的精力投入此类成本监控。但对于可变成本的监控也要分清主次和项目,如对于律师团队开展业务支出成本与逢节日律所集体活动支出的成本,就要明确前者为主,后者为次。

此外,隆安律师事务所还专门设置了财务风险应急计划。随着政府部门特别是税收部门监管的日趋严格以及律师行业越来越严厉复杂的竞争环境,律师事务所的经营风险日益增加。另外,财务人员的欺诈及不正当行为与律师风险代理增多,都会影响律师事务所的正常财务状况。因此,有必要专门制定财务风险应急计划。该计划内容应包括:对可能产生的财务风险类型和内容的描述;可以动用的财务应急资源;相关的人事关系;紧急情况下财务处理方法;等等。

5. 业务管理方面

业务管理是律师事务所内部管理的核心内容,通过业务指导、流程管理、质量跟踪等制度,确保法律服务的质量,法律服务的质量是律师事务所竞争力和生命力所在。加强业务管理首先要搭建管理平台,隆安律师事务所在这一点上充分利用了现代网络信息技术,已建立一个内部案件管理系统,将案件登记、业务审批和监督、业务汇总等业务管理内容电子化,这极大地提高了律师业务管理的效率与效果,并且有利于追踪律师办案进程与办案质量监督。对于收到的那些疑难、复杂的案件,办案律师可以及时地在案件管理平台公布,使得律所内部律师能够不受时间、空间限制地进行交流与讨论。此外,还建立了对疑难、复杂案件的解决提供重要作用的其他律师可以得到一定的奖励的机制,进而促进其他律师参与疑难、复杂案件的积极性。成功结案的典型疑难、复杂案件也可以在案件管理平台公布,供内部律师学习,实现资源共享。这是隆安律师事务所业务管理的一大特点所在。

隆安律师事务所在律师业务管理方面,特别注重过程监控,通过建立委托合同管理、风险告知、证据收集与管理、文书质量管理、重大疑难案件集体讨论制度等,对律师办理案件的全过程实现有效监督。并且,还建立了有效的当事人意见反馈和投诉处理机制,对当事人反映的情况及时进行调查并与当事人沟通,使律所能够及时了解当事人反馈情况并作出处理,尽可能地使处理结果超出每位客户的期望值,提高客户对律所的忠诚度。

业务管理的具体内容包括：

（1）收案管理

隆安所承办律师业务,首先由执业律师接待客户,在双方谈妥并确定委托事项后,由行政主管统一审查是否应当接收,是否和本所或本所承办的法律事务存在利益冲突。审查通过后,同意接受委托,办理收案登记和相关委托手续,然后将案件移交承办律师开展工作。

（2）函件管理

行政主管对本所审查接收的案件统一出具相关函件,包括调查函或者委托鉴定书、会见函等法律文书。对本所执业律师以外的任何人拒绝出具函件等法律文书,在函件管理上,隆安所实行三个严禁:"严禁对本所执业律师以外的任何人出具办案公文""严禁对本所法律顾问单位案件、上级指派法律援助案件、本所统一接受委托案件之外的任何案件出具办案公文""严禁对本所执业律师出具空白的办案公文"。

(3)案卷管理

隆安所在律师业务正常办理期间,案卷均由执业律师个人保管,律师业务办理完毕后,执业律师将案卷按规定的档案装订顺序装订后移交行政主管审查,行政主管审查合格后归档管理,案卷从移送到借阅等均统一管理。隆安所对外出具的律师函、法律意见书等重要法律文书及收集的相关证据资料,也要求一并归档备查。

(4)文印管理

文印管理包括印章管理、文档管理。印章管理:隆安所的各种印章除财务印章独立保管外,其余印章均由行政主管统一保管,只有本所主任、会计有机会接触到本所印章。除正常的律师业务办案公文、财务上纳税申报事宜加盖印章外,其余需要启用印章的事宜均报请主任同意或知情。文档管理:文档管理是指本所对上级主管部门及其他相关行政管理机关下发的各种文件的管理,对这类文档的管理,本所参照国家机关对公文的收文、处理、归档办法统一登记,处理归档。此外,对于本所形成的各种文档,统一由行政管理人员进行分类保存,以备查用。

6. 质量管理方面

2001年12月6日,隆安律师事务所通过了 ISO9002 国际质量标准体系认证。隆安律师事务所不仅是国内首家通过该质量体系认证的律师事务所,也是目前国内为数不多的获得该项认证的律师事务所。通过该项认证是事务所秉持"服务质量至上"理念并由此建立科学规范的质量管理及监控体系的结果。

隆安律师事务所自建所之日起,其管理者便将提升并保证优质法律服务作为事务所管理的头等大事来对待。在长期的业务实践中,隆安律师事务所本着科学规范、实际可行及严谨缜密的原则建立了一套符合自身实际情况的质量管理体系并在实践中不断地进行完善。隆安律师事务所建立质量管理体系不仅在于为客户提供优质的法律服务,而且还有利于为隆安律师事务所的律师提供良好的执业环境和帮助其提升自身业务素质与能力。隆安律师事务所得到 ISO9002 国际质量标准体系认证,可以说是对隆安所建立的质量管理体系的一次检验,也是对隆安所长期坚持质量第一的服务理念的客观肯定。

科学规范的质量管理体系对律所的健康发展、做大做强具有至关重要的意义,西方发达国家律所的成功经验已经诠释了这点。欧美国家那些具有上百年历史的知名律所,也广泛应用了一套确保其服务质量的科学的控制办法,并在体制和组织结构中形成了多层次的质量控制体系。正是这些多年来形成的严密科学的质量管理体系确保了其百年品牌的偌大的规模与强劲的竞争力。这也是隆安律师事务所一直致力于构建质量管理体系的原因之一。

此外,律师事务所在构建质量管理体系时还遵循如下原则:

(1) 优化资源配置原则

律师事务所质量管理体系的构建必须尽可能地为律师的资源配置、力量整合提供契机,促使律师事务所根据律师的专长、业务水平以及其他资源,准确进行业务定位,促进业务的分工合作,促进管理方式的转型。

(2) 充分考虑行业特点原则

律师行业的最大特点就是通过提供法律服务与客户建立一定的关系,为客户解决法律问题。所以,律师事务所在构建质量管理体系时应将维持、改善与客户的关系纳入律所质量管理体系的范围,以为客户解决问题的效果以及客户满意度来评判法律服务的质量。

(3) 原则性与灵活性相结合原则

在构建质量管理体系时应考虑律师业务的灵活性与原则性,不能限制律师从事业务的灵活性,应在坚持原则性的前提下充分发挥律师自主的灵活性。此外,还应遵循国际惯例与中国国情相结合的原则。

构建律所的质量管理体系并不太难,难的是以持之以恒的信念去坚持贯彻及实施,并且在实施过程中要能够根据客观情况的变化而适时调整以使其符合时势的需要。隆安律师事务所在这一点上做得比较好,不仅构建了一套科学规范的质量管理体系,而且在贯彻实施质量管理体系中能够根据客观情况变化而适时地对质量管理体系作调整,使其能够不断地满足新的要求。

(三) 小结

隆安律师事务所从成立至今已经有30年的历史,可以说是中国律师事务所发展的一个缩影,见证了中国私人律师事务所从无到有、从少到多、从竞争态势平和到竞争激烈的过程。如今隆安律师事务所依然在不断壮大变强,在激烈的竞争中能够长期生存与发展,这都得益于隆安律师事务所拥有科学合理的管理体系和丰富的管理经验。这也是隆安律师事务所长期以来重视管理的原因之一。好的管理能够为律所培养出优秀的法律执业人员,进而能够为客户提供优质的法律服务,提高客户对律所的忠诚度,使得律所拥有更多的客户资源,获得更多的经济收益,能让律所拥有更多的经济资源去发展壮大,在激烈的竞争中长期生存与发展。这充分表明了管理对律所生存与发展的重要性。隆安律师事务所要实现国际化、规模化、专业化及品牌化的发展,就必须坚持重视对律所的管理,并在管理中不断创新,使其能够不断地适应时代变化的新要求。

二、大成律师事务所管理经验

自进入 21 世纪以来,大成律师事务所就开始进行不断的探索,逐渐地提出了专属于这个新时期、新阶段的创新思路:以一流的、大型的、综合性的、具有专业特色和管理特色的、不断开拓创新的大所、强所为目标;以改革管理体制、作业模式、分配制度为动力;以逐步实现规范化、规模化、专业化、品牌化、国际化为路径;以建立资源共享和有效控制业务质量两大机制为主线;以人为本,遵循自然法则、市场法则,充分运用现代信息技术搭建基础性、战略性律师服务平台,创建文化管理新模式。

遵循着这种先进的改革思路,大成律师事务所完成了飞跃式的发展,建立了属于自己的先进的管理体制、科学的制度体系和以专业化团队为主体的作业模式,奠定了全面有效控制业务质量的基础,探索出了以推行公共律师制度、实现人力资源计划管理为主线,全面建设资源共享机制的路径。建立了覆盖全国、遍布世界重要地区和城市的大成全球法律服务网络。目前大成不仅在北京设有总部,还在上海、武汉、成都等 34 个大、中、小城市均设有办公室。除此之外,还吸收了多家律师事务所和培训机构、媒体机构成为大成网络成员单位;大成还与税务、会计、审计、评估、管理咨询服务等行业的大型服务机构建立了长期稳定的合作关系。在境外的纽约、巴黎、洛杉矶、新加坡等地设立了 26 家分支机构、代表处及成员单位,与境外多家律师事务所建立了长期稳定的战略合作伙伴关系。

2009 年,大成作为中国区唯一成员加入了世界最大的、汇集全球顶级律师事务所、会计师事务所、投资公司、金融机构等专业性服务企业和公司的独立专业服务组织——世界服务集团(World

第十一章 案例:部分律师事务所管理经验分析

Services Group,简称 WSG),与 100 多个国家的律师事务所、8 万多名律师建立起了长期稳定的信息交换渠道和业务合作平台。使大成全球化法律服务网络与 WSG 全球网络实现了连接,使大成客户服务体系更广泛地覆盖全球,更有效地满足法律服务市场多样化、多层次的需求。

大成律师事务所总人数已经过万。大成律师事务所的律师多数毕业于国内和国际知名的法学院校,其中许多律师取得了美、英、法、俄、日、韩等国一流法学院校学位,并具有在国际著名律师事务所工作的经验。相当数量的律师还具备国际贸易、金融、建筑工程、工商管理、会计、税务等其他专业背景。凭借出色的律师团队,无论是在传统的民商事诉讼与仲裁、刑事、公司、房地产、银行金融、保险、外商投资、企业改制、税务、劳动争议、国际贸易等法律服务领域,还是在新兴的矿业能源、知识产权、海事海商、投资并购、私人股权投资、破产重组、证券与资本市场、基础设施建设与项目融资、金融衍生产品、电信传媒、城乡统筹、农村合作社等业务领域,大成一直处于业界的前沿和领先地位。

在提供优质法律服务的同时,大成事务所的律师凭借扎实的学识和长期的法律实践经验,在积极从事律师业务的同时,专注于法律理论与实践的研究,笔耕不辍,著述丰富。

依托优秀的法律人才,大成紧跟国际、国内市场发展和法律服务热点,组建了知识结构优化、专业方向明确、符合社会需求的专业法律服务部门。通过不断优化整合,逐步形成了专业化程度高、管理规范、运行有序、服务高效的法律服务团队。大成律师事务所已有公司部、外商直接投资部、资本市场部、并购重组部、国企部、金融部、矿业能源部、房地产部、知识产权部、诉讼仲裁部、刑事部、国际部、海事海商部等业务部门。各部门通过业务标准化建设和建立业务质量控制机制,确保了法律服务产品的专业化、品牌化、规范化和客户合法利益的最大化。

多年来,大成律师事务所进行了从个体化作业向规范化、规模化、专业化、品牌化方向发展的一系列探索和改革。特别是从2004年开始的管理体制、作业方式、分配制度的改革,取得了多方面的丰硕成果。通过制定科学的、符合律师事务所实际的发展规划,建立"议、决、行、监"的管理体制,在全面建立战略计划系统、制度管理系统、文化建设系统的基础上,创造性地完成了大成经营管理体系与法律服务体系的融合,形成了从个体化作业走向规范化、规模化、专业化、品牌化的大成发展模式。如今的大成,在律师人数、人员知识结构、客户拥有量、所占市场份额、创收总额、法律服务产品的品种、质量、管理水平、信誉等方面都已步入中国律师行业的前列,获得了社会各界的广泛认同和高度评价,走出了一条具有中国特色的律所发展之路。

在大成取得了这么多的成就的背后,规范的制度、以人为本的理念、精细化的管理发挥了主要作用。

(一) 规范的制度

追溯大成的内部管理改革,其起源于2004年,大成的内部管理改革也是其管理系统逐步成形的过程。初期,大成也遇到过许许多多的困难,但"做未来世界一流大所"的梦想,让所有问题从模糊变清晰、从复杂变简单。大成律师事务所董事局副主席王隽提出,"我们就是要趁自己还有力量拼一下的时候,联合起来做一个梦、实现一个理想,目标清晰,无论什么问题或困难,都以是否有利于实现我们的目标为衡量标准,那么成或不成、对或错就没什么好争辩的了",在他看来,管理很简单,制度是否能够贯彻始终、能否坚持是决定管理成败的关键。

目前来说,大成的制度简单说是"议""决""行""监"相对分离。"议"是指民主参与,"决"是决策,"行"是执行和管理,"监"是指有效的监督。这就意味着形成了民主决策、结构合理、职责分明、运行规范的管理制度。同时,也表明了决策机构的权限清晰、职责分明、运行程序规范。在如此规范化的管理制度之下,任何人都不可肆意妄为。例如,大成在发展高峰期急需招聘一批"海归",有一位非常优秀的人才因事不能参加原定的面试程序,考虑到他的综合素质确实突出,又是急需的人才,如果是在管理制度松驰的公司,其上司领导就会以公司所面临的大局为重而同意录用了。但是在大成这样看重管理制度的大所强所里,则完全不会存在录用这种人的情况。因为"没有规矩不成方圆",录用了这种人公司的制度就会失效,员工则不会严格要求自身。大成要规模化、国际化发展就必须严格执行所内规章制度,制度绝不能因为某个人或是某件事而改变。

(二) 以人为本的理念

管理学的核心问题是"人",因此大成形成了以人为本的管理理念。无论是何时何地,对于员工的利益分配并使其利益最大化始终是律师事务所管理的重中之重。坚持以人为本的理念,主要体现在以下方面:(1) 必备的内在需求,即充分调动管理人员和员工的积极性,以便提高管理和工作的水平,从而最大限度地去实现目标。(2) 依靠人,人是一切工作的前提,发挥整体功能,少数服从多数,注重协作和统一。(3) 尊重人,营造平等和谐的工作氛围。(4) 爱护和关心员工,创造良好的生活和工作环境。(5) 引导和教育员工,采用合适的方法和方式来达到激励员工的目的,从而塑造一流的队伍。(6) 加强员工必备业务素质的培养,这是其做好本职工作的前提和必要条件。(7) 理解员工,搭建合适的沟通平台。理解是肯定和支持,也是尊重员工的前提,有助于加强整体的凝聚力和发挥创造性。(8)解放人就是解放人的思想,在管理和工作中及时发现问题,报告新情况,最终的目的是解决问题。

在大成律师事务所,要让每个人都发挥自己的强项,作为律师,尽情发展业务能力,拓展客户,把业绩搞上去,而业务以外的行政辅助工作如属于管理范畴的培训、人员招聘等工作,则由专业管理团队去做。每年大成律师事务所会对全体合伙人、律师、行政人员等各部门进行考核,每个部门都有各自的考核体系。大成就是一个品牌、一个平台,让有识之士、有志之人在这个平台上各展身手、各显其能,分享这个品牌带来的荣耀与成功。

(三) 精细化的管理

不得不说,管理大所和管理中小所的角度与方式是完全不同的,王隽表示,"在大成永远不可能用简单的方式解决任何问题,哪怕只是'禁止在办公室内进餐'这样一条规定,我们在禁止令执行前就已经着手开辟廊桥、休闲通道等用于员工休息、用餐,并在通往廊桥的门口设置冰箱、微波炉,通过一些措施解决员工午餐问题,然后我们宣布禁令,针对初期的违规情况,我们会采取谈心、劝导等方式与其沟通。其实,对于我们的很多规矩大家都是从不太适应到习以为常。任何制度都需要一个缓冲期,让人适应、接受,毕竟改掉一个习惯不是一朝一夕的事情"。王隽认为,一个看似很小的问题,在大成这样的大所里面如果处理不当就有可能成为阻碍未来发展的"炸弹",所以"大成管理无小事"。

美国通用电气 CEO 韦尔奇曾提出过一个经营的最高原则:"管理得少"就是"管理得好"。在管理领域,管理的最高境界应该是无为管理,即将制度转化为每个人的自觉行动。在大成,我们也可以看到这种"无为管理"的效率,合伙人会议不议事,只做两件事:

一是通报情况,二是表决。其之所以效率高,是因为所议之事早已在会前由相关部门提供充足的材料供合伙人了解、研究,意见、建议已经在会前充分沟通、交流。在会上投票表决时,由于会前的准备充足,大成的民主化程度又已经达到一定高度,所以某个部门或某个人的提议没有通过,大家都没有异议,少数服从多数的原则已经深入人心。大成能成在于管理,管理能成在于无为,最好的管理就是没有管理。在大成,衡量制度好坏的标准只有三条:是否符合发展目标、是否得到大部分员工支持、是否具有可操作性。大成能成,仅此而已。

大成不仅仅是一家律师事务所,更是中国律师事务所专业化提升、规模化发展、规范化执业、品牌化运营、国际化管理的一个缩影。它的成长,我们共同见证,它的未来,我们难以估量。

三、盈科律师事务所管理经验

北京市盈科律师事务所是一家全球化法律服务机构,总部设在北京,在中国拥有46家办公室,在美国、巴西、墨西哥、英国、意大利等设有分部,盈科全球网络覆盖53个国家的113个城市。盈科律师事务所8000余名员工,致力于为客户提供全球商务法律服务,为客户创造价值。

盈科在发展中坚持"以人为本"的人才战略,逐步形成了由专业律师人才、专业市场人才、专业管理人才组成的人才队伍,保证了律师事务所整体战略目标的实现。业务范围涵盖国际贸易、海外投资、公司、资本证券、私募、投融资与并购、知识产权、房地产、环境保护、海商海事等专业领域。此外,盈科还聘请了在国内外法学理论及实务领域享有声誉的法学专家担任专家顾问。

为客户提供满意的法律服务是盈科矢志不渝的目标,盈科坚持"以客户为导向",专门成立"客户服务中心"和"投融资中心",始终以客户的需求为关注焦点,以顾客满意为工作目标,充分发挥盈科全球化法律服务体系的优势,整合全球各地办公室、各专业部门和全体律师的资源,不仅为客户解决法律问题,还为客户提供商业机会、促进客户合作,为客户提供专业化、综合性的法律服务。

作为一家具有全球法律服务能力的商务型律师事务所,盈科积极融入世界,构建全球化法律服务体系,并十分注重增进与国外律师事务所的交流与合作,引进和培养国际化的律师人才,坚持完善和发展律师事务所英语、韩语、法语、德语、日语、意大利语等多语种法律服务能力,全面提升律师事务所国际法律业务的服务能力。

在盈科取得了这么多成就的背后,正确的分配模式、独特的管理模式、创新的制度、和谐稳定的律师和律师事务所共赢关系这四方面起了主要作用。

(一) 正确的分配模式

人们有一个认识上的误区,总是认为公司制分配模式最科学,唯有采用公司制的律所才有条件成为超级大所、强所,提成制无法培育超级大所、强所。

盈科所仍然以提成制作为其分配模式,事实表明,该分配模式符合以人为本的理念以及市场法则,在盈科所体现出强大的生命力。

盈科所鲜活的例子表明:提成制与公司制并没有优劣好坏之分,合适的就是最好的,设计、经营得当,提成制同样能成就超大超强律所。

换言之,分配机制并不是约束律所规模化、专业化发展的绊脚石。只要律所能具备良好的机制,以及与机制相匹配的合适运作平台,不管分配模式如何,照样可以对律师进行有机整合,形成规模,组建专业团队,将律所运营成一个规模超大、不乏专业水准的律所。

(二) 在管理模式上采用"合伙人制"

在规模逐步扩大时,已经不能再简单地用传统意义上的劳动雇佣关系来管理事务所,否则,事务所将难以贯彻民主化的理念,继而慢慢流失掉大量的人才。

在对管理模式不断地摸索与创新中,盈科开始寻找一种属于自身的管理模式——独特的"合伙人制"。在这一点上,盈科充分建立了律师事务所与律师之间比较合理的分成与激励的管理机制,这是盈科自己独特的管理经营模式,并成为极为重要的而又不同于其他律师事务所的地方。

盈科律师事务所的合伙人协议,是调整合伙人之间关系的基本准则。该协议已经过多次修改,不断完善。按照合伙人协议的规定,盈科律师事务所的合伙人不论资历深浅,均享有一人一票的平等表决权。事务所的最高权力机构是合伙人会议。合伙人会议每年至少召开一次。合伙人会议负责决定事务所的所有重大事项。为了提高管理效率,在合伙人会议之下设立了管理委员会,由其负责事务所的日常决策和管理。管理委员会成员一般由德高望重、业务能力强的资深合伙人担任。另外,管理委员会下面设立了财务委员会、人事和薪酬委员会和专业委员会三个委员会协助管理委员会决策。

盈科律师事务所对总部和各分所在人、财、物三方面实行一体化管理,注意发挥事务所的整体优势。这种制度方便了客户,特别是在全国各地设有分支机构的大型企业集团。事务所在企业文化建设方面,特别讲究"团队精神",倡导合伙人之间、部门之间、总部与分所之间的相互合作，反对"单打独斗"，并形成了一套鼓励合作的制度。

例如，事务所要求所有业务工作至少应有一位合伙人和一位律师负责办理，重大疑难案件至少应有两位合伙人负责办理。在合伙人的业绩评价方面，强调应以完成业务收费定额和为事务所工作的时间总量并重为基础，由管委会依据合伙人协议规定的内容和要求综合评价。事务所设立工作时间评委会。如果一位合伙人年终未能完成管委会年初规定的相应收费定额，但其年终报告并附全年的工作时间清单交工作时间评委会审核后，能够合理地说明其全都在足时、尽职、有效地为事务所工作，而且能够间接地为事务所创造相应的利益，那么经管委会认定，可视该合伙人为完成甚至超额完成定额任务。

事务所对合伙人的年终评价应优先肯定和考虑那些业务收入额多且为事务所工作时间长的合伙人，并根据合伙人协议予以肯定、鼓励和奖励。工作时间评委会应对每一位合伙人的全年工作时间清单作出书面报告，且至少包括以下方面的内容：是否足时、是否尽职、工作的有效性、工作的收益。工作时间评委会应以事务所管理系统所记载的每位合伙人的工作时间清单为依据作出评判，并有权就工作时间清单记录的任何事项要求任何相关合伙人作出口头或书面解释，以便作出合理评判。

对于合伙人的加入，盈科有着十分严格的要求，新合伙人的业务水平一定要达到盈科的要求，不仅要有较好的执业声誉，能够改善所里现有的专业结构，还要对开拓新市场有帮助。成熟合伙人的加入，不仅使盈科降低了内部整合的难度，降低了培训的成本，还保证了盈科主体文化的清晰。盈科的合伙人认为，评价一个事务所，规模只是其中的一个指标，还有市场的占有量、合伙人的平均效益、事务所的人均效益、整体的稳定性等。如果律所规模扩大很快，机制僵化，若干年后，总体上可能和平稳发展的结果一样，但是成本却要高得多。

(三) 创新的制度

律师事务所要发展和创新，制度创新是根本。盈科不断寻求事务所在管理机制上的创新，以海纳百川的姿态让律师真正融入律师事务所，让律师事务所与律师共同发展，实现共赢。

2009年，盈科尝试实行了"职业经理人"制度，在各分所设置了执行主任，只做管理不做业务。执行主任组建一支专门的行政团队，负责律师事务所的行政管理、业务的市场运营。这项制度的不断完善，有力地推动了管理的专门化，盈科规模化发展也初见成效。多年来盈科总部坚持直接管理，并建立了人财物统一管理体系，实现了品牌标志统一、管理制度统一、办公平台统一，建成了联通全所的全国网络。这一管理制度的标准化建设，使得律师事务所资源实现了有效配置，律师事务所管理实现了统一。

为了广泛调动律师的积极性，盈科所搭建各种平台，提出了"集人、集智、集资、集力"的口号，畅通了从助理、律师到各级合伙人的晋升通道，为年轻律师的成长和发展铺平道路，搭建平台，实现了"不拘一格降人才"的目的。

为了强化管理，处理好律师事务所发展中经常遇到的"民主与集中、管理与服务"的矛盾，盈科在建立职业经理人制度后，又建立了合伙人管委会制度、监事会制度，让律师、合伙人参与律师事务所的管理，为理顺关系，建立了管委会领导下的执行主任负责制。这项制度既体现行政团队的服务功能，又突出职业经理人的管理协调作用，既让权力发挥最大的效用，又让权力受到监督和制约。

在律师事务所规模化推进中，盈科结合律师事务所发展的现状,一改过去律师事务所发展中的传统做法,变"引凤筑巢"为"筑巢引凤",在各地建分所时都为律师提供更好的现代化办公环境,搭建更大的平台、拓展职业的舞台,吸引更多优秀律师加入,不断提升、巩固和优化执业环境。规模化发展不但提高了盈科所的综合竞争力,也为律师事务所带来新鲜血液,对强化品牌效应起到了"催化剂"的作用。

律师事务所的横向发展是与企业全球化同步的,而中国企业全球化的步伐,也会推动中国律师事务所走向世界。2011年,盈科开始实施全球战略,跟随中国企业"走出去"的步伐,率先在布达佩斯设立了第一家海外机构。除了法律服务之外,盈科还充分发挥全球网络体系的优势,为中国企业"走出去"提供投资机会。

(四)和谐稳定的律师和律师事务所共赢关系

律师和律师事务所的共赢关系体现在如下几方面:

(1)律师事务所向市场提供的产品是法律服务,而律师是法律服务产品的具体提供者。只有高水平、高素质的律师才能为客户提供优质的法律服务。高水平、高素质的律师是律师事务所为客户提供优质法律服务的基础。所以说高水平、高素质的律师队伍是律师事务所最宝贵的财富,是律师事务所在竞争激烈的法律服务市场脱颖而出的基础条件。

为客户提供综合性、专业化、有价值的法律服务是律师事务所存在、发展、壮大的前提。符合客户法律服务需求的律师队伍是律师事务所生存发展的根本保障。

(2)律师事务所的品牌化是律师法律服务市场的必然选择,品牌是公众对律师事务所及其所提供法律服务的认知的总和。品牌就意味着市场占有率。未来律师事务所的发展将出现综合性专业化大所、专业化小规模特色所和个人所竞争的局面。但只有品牌化的律师事务所才能在竞争激烈的法律服务市场中生存和发展。律师个人专业化和律师事务所有组织的规模化是律师事务所品牌化的基础。无组织的规模化只能是乌合之众,只有统一、规范、有组织、有分工的律师事务所才能为客户提供全面有价值的法律服务。

(3)律师事务所的品牌化和律师个人品牌化的关系。律师个人的品牌化是律师事务所品牌化的基础,律师事务所的品牌化是律师个人品牌化的汇集和提升。品牌化的律师事务所必须拥有一大批在不同专业享有声誉的品牌化律师,律师事务所必须为律师个人品牌的形成提供支持。同时律师个人品牌的形成又促进了律师事务所品牌的进一步提升。

(4)律师事务所是律师执业的管理者,更是服务者。国家在建设服务型政府,律师事务所更要有为律师执业服务的意识。既要制定相应的约束机制,更要相信律师的自我管理能力。律师事务所在制定各项制度时,要站在律师和律师事务所双方的角度考虑,支持律师个人做大做强。

"乘风破浪会有时,直挂云帆济沧海。"盈科的发展正如盈科名字的寓意:"原泉混混,不舍昼夜,盈科而后进,放乎四海。"

四、京师律师事务所管理经验

北京市京师律师事务所成立于1994年,是中国最早成立的合伙制律师事务所之一,也是最早经国家司法部和中国证券监督管理委员会批准具备从事证券法律业务资格的律师事务所之一。京师自创建以来,以其优质、高效的法律服务赢得了国内外客户的广泛赞誉。京师拥有一支高素质的律师队伍,这是京师为客户提供优质服务的根本保证。京师律师不仅在国内外著名的法学院校接受过专业的法学教育和培训,拥有法学博士、硕士学位,具有扎实的理论功底,而且还具有丰富的执业经验。京师在发展国内业务的同时,还与美国著名的能源专业律师事务所洛克律师事务所,以及韩国美州合同法律事务所等国外事务所建立了密切友好的合作关系。

京师自成立以来一直向规模化、专业化、品牌化、国际化、电商化方向发展、探索及改革,现已建立了先进的管理体制及专业化团队作业模式。经过一系列的深入研究与改革,京师律师事务所已成功从传统律师事务所向新型律师事务所转型,实现了跨越式发展。京师律师事务所发展道路上的成就无不归功于其律师精湛的专业技能及优质的团队化作业。

经过所内全体律师的努力,京师律师事务所已取得了令人瞩目的成绩,有多名律师先后为数百家知名企业提供了与公司债券、股票发行相关的法律服务,为公司上市、私募等相关事宜提供了强有力的法律支持,并且担任多家知名企业、事业单位、政府机关的常年法律顾问。另外,京师律师成功代理了数百起有影响力的合同纠纷、股权纠纷、劳动纠纷、侵权诉讼、房地产纠纷、招标投标、知识产权纠纷、刑事等方面的诉讼、非诉讼案件,并且获得了客户的广泛好评。

京师之所以取得这么多成就,主要有以下几方面的原因。

(一)配套机制完善

京师所同时改革完善其原有的管理体制、作业模式、分配制度,建立资源共享和有效控制业务质量两大机制,配套措施以人为本,遵循自然法则、市场法则,充分运用现代信息技术搭建基础性、战略性律师服务平台,创建了一个适合京师所发展的全新管理模式。

(二)快速扩充拓展

在足够的场地储备和全新合理的管理模式的支持下,京师所相当有魄力地通过兼并、改组、投资新建等方式,在全国各地乃至全球成立分所或合作机构,律师数量大增,规模快速扩大,不到十年时间,当初的方略得到落实,京师所拓展成中国数一数二的大所,其他律师事务所很难望其项背,大所的品牌效果立竿见影,呈现滚雪球式的良性发展。

(三)专业化呈现

规模形成后,京师所特有的作业模式鼓励律师之间长期合作,总所内部、总所与分所、分所与分所、境内所与境外所之间全方位的相互合作,高度整合,不仅产生了意想不到的经济效益,更是顺理成章地形成了具有专业特色的律师团队。专业团队的形成,不仅令京师所的专业化得以呈现,而且更进一步提升了其专业品质。

(四)强所基础奠定

大所品牌、有效管理机制、高品质专业团队,各项利好因素高度融为一体,令京师所获得前所未有的良好社会声誉,获得客户肯定与认可,经济效益随之充分体现出来,大所强所的地位牢固地确立。在中国的律师事务所中,京师的发展速度一直引人注目。京师成立于中国律师业大发展的初期,当时成立的新所如雨后春笋,而京师一枝独秀,很快就成为中国一流的律师事务所。

(五)品牌成功塑造

是如金杜、中伦、君合那样,快速进行业务领域调整,走上综合化发展之路,还是坚持原来精品化的道路?这一难题摆在京师的面前。在 21 世纪初的中国,律所面对的是一个尚未稳定、充满未知的法律服务市场,一个机遇和挑战并存的法律服务市场,京师选择先将英美律师事务所的管理理念和模式引进自己的事务所,再一边发展,一边探索,走上一条属于京师自己的品牌化发展大道。

五、瀛和律师事务所管理经验

瀛和律师事务所自 2013 年成立以来,已以联盟或直营分所的形式在国内外布局 300 余家分所,有执业律师 3000 余名。其快速发展的基础是充分利用了"互联网+"。其秉承的宗旨是做"第一家具有互联网基因的律师机构、第一家连锁式发展的律师整合平台、中国第一家线上律师事务所、第一家 O2O 模式运营的商务性法律服务机构"。

与传统的律师事务所"总分模式"相比,瀛和采用互联网行业扁平化的模式,以开放、平等、协作、分享为团队理念,并将这种理念融入与成员所之间的沟通、协调及服务的每一个环节。瀛和律师事务所在各地的律师机构的名称都是"瀛"+各地城市的简称或缩写,并没有冠以统一的名称。这种方式让人知道其是"瀛和"的一部分,同时又具有分部特色。

瀛和律师事务所从创办以来,其管理思维的特点体现在:

其一,以律师事务所思维进行管理,瀛和不仅是律师事务所,更是一个平台。

其二,对业务涉及范围进行扩充,首先融合国内市场与国际市场,按照互联网化的形式做无边界律师事务所;其次,融合线上线下,进行进一步的法律服务模式创新;最后,融合法务和商务,形成一个更大的法律服务生态。

瀛和律师事务所的管理模式接近于 S2B(supply chain platform to business),严格来讲是一种服务而非管理,通过服务对各个律师

第十一章 案例:部分律师事务所管理经验分析

事务所、律师赋予能力。在瀛和总部有运营、品牌、信息、培训、市场、产品、业务等几大中心分别对各方面的问题予以处理,"通过服务打造链接,通过链接打造价值"。

律师事务所管理与律师事务所业务需要以不同的思维模式来构建,律师事务所管理不仅需要律师事务所思维,还需要企业思维或商务思维来补充。"管理是发散思维,更多是协调和平衡,而业务恐怕是较真,更多是线性思维、匠人精神",瀛和律师事务所主任、瀛和律师机构总部负责人孙在辰如是说。孙在辰认为,除了扁平化管理,"轻"也是瀛和与传统律师事务所的差别,瀛和也曾经尝试过传统模式,但是在运营过程中发现,传统的模式各种投入过"重",并不符合互联网的"轻"思维。做"轻"有利于整合,有利于打造无边界的网络体系。"这是互联网思维的产物。将一个个局域网连接成庞大、无线的互联网生态,即把全国各地优秀律师事务所组建成瀛和律师机构,相融共生,迭代发展。"孙在辰说。2016年1月,瀛和重庆瀛寰律师事务所成为交通银行重庆分行法律服务的供应商,显示了瀛和运营模式的成功。2015年,瀛和律师机构不良资产处置中心成立,而瀛寰所的主任何芳是该中心主要成员。虽然此前何芳也办理了大批有影响力的金融案件,但瀛寰所在成为瀛和律师机构的中国西南门户所后,迅速进入了高速的扩张和发展期。

"即便瀛和体系不产生这么多的法律电商,我们仍说我们是一家具有互联网基因的律师机构。"据孙在辰介绍,瀛和的战略合作伙伴有"赢了网""法大大"以及"赢在线"。据了解,"赢了网"是国内领先的一家互联网法律服务平台,专注提供法律服务。"赢了网"旨在通过将法律与互联网结合,让优质法律服务触手可及。基于竞标模式确保服务优质,以代管服务费用等方式让用户权益得到保障。"法大大"为企业和个人提供在线电子合同缔约,覆盖互联网金融、保险等行业。而"赢在线"作为瀛和的线上律师事务所,整合和服务于瀛和线下各个分支机构,提供在线法律咨询、案源推送、定制法律服务等,将法律服务产品化、价格化,律师自主定价、在线签约、订单交易,同时首创服务分级付费(一口价、分期付等)的交易模式,打造一个标准化的定制法律服务平台。孙在辰解释:"标准化也得具体解析,比如服务流程标准化、律师收费标准化、服务模式标准化、办案质量标准化等。"瀛和的这种电子商务模式的法律服务平台同时反哺线下律师和律师事务所,构造O2O电商发展模式。瀛和借力"互联网+"这种模式,对大客户,尤其是有外地或全国布局和分支的企业特别有吸引力。孙在辰认为银行、保险公司、金融机构等和瀛和合作,主要是因为瀛和这种全国布局和线上线下便利服务的优势。"不仅吸引律师,也吸引投资人。"孙在辰说,瀛和模式被行业和客户看好,但对于总体运营利润而言,很难通过"互联网+"的形式获得。"我们有着线下实体律师事务所的支撑,庞大的瀛和律师机构网络体系,这是和其他所有法律电商的明显区别。"

六、国浩律师事务所管理经验

1988年6月经司法部批准,上海市万国律师事务所与北京张涌涛律师事务所、深圳唐人律师事务所共同发起组建了中国第一家律师集团——国浩律师集团事务所(2011年3月更名为国浩律师事务所)。

以合伙制为基础发展起来的律师事务所,其最显著的特点就是注重人和,而人和又取决于合作者之间的相互信赖以及具有共同的行为准则和价值观,所以具有很大的不确定性。因此,要想持之以恒地壮大自己,就必须确立一个共同的目标,并围绕这个目标制定一系列的规章制度,以确保目标的实现。

质量与风险是负相关的,质量越高,风险就越低,风险降低了,质量就有了确实的保障。为此,国浩律师事务所制定了一系列确保质量、控制风险的规章制度,通过强化管理,不断完善治理结构,以创建国浩品牌,树立国浩文化,进而做大做强。

纵观国浩律师事务所多年的发展经验,可以发现其注重强化内部管理。加强文化建设发展是硬道理,管理是软实力,文化是凝聚力。发展理念确定之后,强化内部管理、加强文化建设,就显得尤为重要。为此,国浩律师事务所着重开展了以下几方面的工作:

1. 完善治理结构

自成立以来,国浩律师事务所始终注重事务所内部治理结构的建设,并采取了准公司化的管理制度。事务所的最高权力机构为合伙人会议,执行机构为合伙人会议选举产生的管理委员会,负责落实全体合伙人会议的决议,以及日常的内部管理事务。在业务管理上,实行专业化管理、合伙人负责的制度。事务所为此设立了金融投资部、涉外投资部、企业融资部、公司商务部、企业并购部、知识产权部及诉讼仲裁部。各部门负责人由资深合伙人担任,并组成若干律师团队,对外开展法律服务活动。

2. 加强规范化管理

借助公司化的管理模式,国浩律师事务所实行了规范化的管理体制,并要求在管理工作中力求做到以下几方面:一是制度化,以避免凭"个人意志"行事;二是公开化,以避免"暗箱操作";三是严格化,以防止"决策随意";四是前瞻性,以避免"急功近利";五是连续性,以防止"朝令夕改"。国浩律师事务所为此制定了一整套管理制度,包括一体化的财务制度、全体员工考核奖惩制度、专业化分工的业务整合制度以及利益冲突检索制度。其中,业务整合是事务所总体运作的基本内容,目的在于互补、协作、提高效率。只有这样,事务所才能在专业化的基础上形成规模化,并通过规模化效应做大做强,进而走向国际化。

3. 注重文化建设,保障员工利益

国浩律师事务所一向注重事务所的文化建设,并将其视为事务所走向国际化的一个基础性工作。而对于员工,国浩律师事务所始终视其为第一财富,因为人是事务所发展乃至整个社会进步的第一要素。为此事务所进行了以下几方面的工作:

第一,创办人文杂志,强化责任意识。为了更好地体现国浩律师事务所的文化建设成果,其创办了内部刊物《国浩人文》,通过这个平台,可以从律师和事务所这两方面来展示国浩律师事务所以及国浩律师的精神风貌。在《国浩人文》中,既有对自然环境、节能减排的关注,也有对人生意义、行为方式的解读,还有对社会现象、风土人情的观感,其目的就是要通过对生活与社会的观察,加深律师对于社会的理解,以提高律师的社会责任感。

第二,建立沟通渠道,加强业务培训。相互尊重、相互包容、团队合作、良性竞争、谋求共赢、关爱感恩、同舟共济是国浩律师事务所崇尚的团队精神。通过为律师提供完整的职业生涯规划,深入研究薪酬机制等措施,激活各团队的主观能动性,搭建全员平等合作的发展平台,创造良好学习氛围,积极为员工成长创造条件,以期满足员工的报酬期望、成长期望和成就期望,使每位成员发自内心地产生归属感和集体荣誉感。坚持业务培训是提高服务水平的重要保证,国浩律师事务所每年度都会制定一个全年的培训计划,定期对律师进行职业道德和业务知识培训。对于年轻律师,通过建立带教制度、制订培训计划,促其早日成才,成为独当一面的优秀律师。为了加快迈向国际化大所的步伐,还有计划地选派优秀员工赴国内

第十一章 案例:部分律师事务所管理经验分析

外知名律师事务所访问学习,并每年选派律师留学深造。

第三,完善用工制度,维护员工利益。面对不断增大的社会就业压力,国浩律师事务所坚持在不经济性裁员的基础上,力争增加招聘岗位。依法为员工建立了养老、医疗、失业保险,及时足额缴纳各项保险费用,积极推进补充医疗保险,进一步完善了薪酬福利制度和保障体系,最大限度地保障员工的各项合法权益。国浩律师事务所关心员工健康,积极开展丰富多彩的员工文化体育活动,倡导生活与工作的健康平衡。国浩律师事务所为了改善员工的工作条件和工作环境,为员工配备了先进的办公设施,设立图书室、餐饮室、更衣室,让员工有一个舒适的工作环境。

4. 注重发展理念,顺应市场发展

在作为现代服务业重要组成部分的律师服务业,律所没有自己的发展理念是难以在这个竞争激烈的市场上取得领先甚至是博得一席之地的。为此,国浩律师事务所确立了规模化、品牌化、专业化和国际化的发展理念。

首先,坚持规模化的发展方向。众多新兴产业以及庞大的资本、商业市场已经改变了原有的经济产业结构,特别是随着全球经济一体化时代的到来,以及市场经济自由化程度的不断提高,法律服务正日益渗透到市场经济的各个角落,服务的难度和广度也日趋增大。这就要求提供法律服务的律师事务所能以更专业、更全面和更有力的法律服务来满足经济发展的需要,要想做到这一点,没有规模化的发展理念是难以做到的。

其次,努力维护品牌价值。律师工作本质上是高附加值的劳动,是创造性的服务,其品牌价值不可低估。同时,品牌也是一种共识、一种理念、一种文化、一种服务,品牌是诚信,更是责任。国浩品牌的宗旨是,不仅要打造一个律师业务繁荣的事务所,而且要打造一个对国家、对社会有责任心的律师事务所,特别要打造一个有文化底蕴、有优秀传统的事务所。

再次,不断加强专业化建设。在激烈的竞争中,要既表现出极强的专业素质,又展现出扎实的专业知识,更进一步完善所内专业部门划分,以满足客户"个性化特色服务"的要求。

最后,实施国际化战略。随着中国资本走向世界,中国律所在国际舞台上发挥的作用越来越大,因此需要越来越多具有国际法务经验的律师。国浩律师事务所除了通过资助留学、交流访问、招聘海归等方式培养国际化人才、组建国际化服务团队,还凭借国浩集团在北美、欧洲开设的分支机构,加强了与各国国际伙伴的联系,进一步拓展了海外市场。

七、德恒律师事务所管理经验

德恒律师事务所(原中国律师事务中心,1993年创建于北京,1995年更名为德恒律师事务所),是中华人民共和国司法部批准建立的高层次、全球化的合伙制律师事务所。德恒在中国首倡全球合伙制度。其总部设在北京,先后在国内各地设立众多事务所,并在荷兰、美国、法国、德国等地建立了分支与合作机构,形成了跨国家、跨地区的全球化、网络化、紧密型服务体系。

目前,德恒律师事务所采取金字塔式管理,事务所的权力机构和管理机构相分离。合伙人会议为事务所最高权力机构,但仅决定事务所的重大事项。在主任之下,设立相应的执行合伙人,分为行政人事合伙人、财务合伙人、业务拓展合伙人。执行合伙人在一定任期内,在合伙人会议授权范围内,管理事务所行政、人事、财务、业务拓展等方面的日常事务,并制定和负责执行事务所的整体发展方案。主任和执行合伙人由合伙人会议依据合伙协议通过民主投票方式选举产生。

在这种管理体制之下,合伙人内部通常按约定比例分摊成本和分配律师费收入,各合伙人自己的律师费收入则按一定比例提留公共基金,其余自行支配,为整体核算式。这种管理模式的优点是合伙人的投资权和管理权适当分离,然后集中到富有效率的管理机构中,有利于律师事务所科学和民主决策。合伙人之间的联系更加紧密,增强了持续发展的能力,有利于律师事务所的规模化发展。

但是,律师服务国际化趋势的增强,必然要求律师事务所向规模化、集团化发展。德恒律师事务所的合伙人管理委员会意识到了客户是律师事务所的客户,而不是律师个人的客户。只有通过律师事务所的团队营销活动才能争取到长期稳定的客户,才不会因为律师的流失而导致客户资源的流失。同时,有组织的团队合作比散兵游勇式的活动更加容易获得客户的信任,因此,德恒律师事务所提倡以律师团队进行接案和工作,并且取得了相当优秀的成绩。

现代市场要求律师行业以市场为导向,辨认客户的真正需要,并针对其需要策划和设计不同的市场营销组合,从而保证客户需要得以满足,并在顾客满意的基础上获利。德恒律师事务所根据服务目标市场细分的结果,确定了如下的法律服务品种:

公司法律事务。包括:公司设立、公司登记、公司注册、企业股份制改造、公司改制、公司增资扩股、公司重组、产权交易公司财务、税务、保险安排、公司分立、并购、资产托管、公司解散、破产清算、拍卖、各类经济合同的制定和修改、中国企业境外设立公司、中国企业境外投资置产、境外公司在境内设立办事机构。

证券法律事务。包括:发起、募集设立股份公司,股票境内发行、上市,股票、债券境外发行、上市,存股证业务,企业债券、可转换债券发行,境内外资金筹集,科技成果资产化,资产证券反补贴,国际设备租赁,国际工程承包,海事海商,国际理赔,国际专利、商标、版权、软件保护,国际技术转让,国际投资,国际税务,国际商事仲裁、诉讼,劳务引进与输出,跨国移民。

代表投资者圆满处理原始投资及其后续各方面事务。风险投资退出机制包括通过首次公开发行上市、向第三方出售、管理层收购、投资人买入或卖出期权以及解散等各种方式帮助投资人实现安全而有效的退出。

合资企业和战略合作法律事务。与创业者和投资人一同选出最适合其需要的企业形式,将退出机制、税收、政府管制以及企业、所有者、投资人的终极目标等均纳入考虑。德恒律师事务所擅长通过合资合同、股东协议、技术服务安排和类似机制帮助企业实现平稳运营。

房地产业务领域和公共工程领域法律事务。包括:房地产项目开发及转让,起草楼宇预售、买卖、按揭的法律文件,办理楼宇预售、买卖及按揭登记手续。

知识产权法律事务。德恒律师事务所自从成立以来即一直为许多跨国公司和高科技公司提供整体的知识产权保护方案,律师事务所拥有一支在知识产权领域经验丰富的律师队伍,有效地为客户提供全方面的知识产权的法律服务。具体包括:专利方面,代理各类专利申请发明、实用新型和外观设计,专利复审、专利检索服务,专利许可、转让服务,专利年金、监视和提醒服务,专利管理服务。商标方面,商标保护策略谋划,商标管理服务,商标检索和跟踪服务,代理商标申请代理商标异议、驳回复审、争议和撤销、市场和公司调查服务、通过司法和行政途径行使商标权、商标权海关保护、商标许可和转让服务。此外,还代理域名注册和争议解决。

第十一章 案例:部分律师事务所管理经验分析

诉讼及仲裁业务。德恒律师事务所有丰富的经验,可以为客户提供富有建设性和实用性的解决商业争议的法律建议或解决方案,并能积极、有效地代理客户参加各类案件的审理活动,包括一审、二审、仲裁、执行等活动。

参考文献

[1] 宋晓霞:《律师事务所财务内部控制存在的问题及建议》,载《现代商业》2017年第8期。

[2] 李百超:《多措并举 加强律师业务档案管理》,载《兰台世界》2009年第15期。

[3] 钱雄:《律师事务所内部会计控制存在的问题及对策》,载《世界华商经济年鉴·科技财经》2012年第10期。

[4] 徐家力、宋宇博编著:《律师实务》(第8版),法律出版社2015年版。

[5] 龚楚:《中国律师事务所跨国商业存在研究》,法律出版社2015年版。

[6] 深圳市律师协会、深圳市福田区司法局编:《律师事务所行政管理实务手册》,法律出版社2017年版。

[7] 中华全国律师协会编:《律师法治中国建设的生力军》,法律出版社2015年版。